Pedagogia Emocional

Sentir para Aprender

Daniel Chabot

Michel Chabot

Pedagogia Emocional

Sentir para Aprender

Como incorporar a Inteligência Emocional
às suas estratégias de ensino

Tradução

Diego Ambrosini

Juliana Montoia de Lima

Sá editora

Título original em francês: *Pédagogie émotionnelle – ressentir pour apprendre*
Título original em inglês: *Emotional Pedagogy – to feel in order to learn*

Capa, Imagem da Capa e Projeto Gráfico
2 Estúdio Gráfico

Preparação e revisão
Arlete Sousa

Índice remissivo
Eveline Teixeira

Impressão
RR Donnelley

ISBN: 978-85-88193-31-4

SÁ EDITORA
Tel./Fax: (11) 5051-9085 / 5052-9112
atendimento@saeditora.com.br
www.saeditora.com.br

Sumário

Segunda Parte

Introdução

Todo professor, pedagogo, facilitador, educador, formador, quem quer, enfim, que esteja comprometido com o processo que consiste em conduzir outra pessoa a aprender, um dia faz a si mesmo aquelas perguntas fundamentais: Como se aprende?

Por que algumas pessoas têm tanta dificuldade para aprender e outras tanta facilidade?

Como podemos otimizar o aprendizado de nossos alunos?

E, claro, inquietam-se com a mais grave das nossas preocupações atuais: "por que tantos jovens fracassam no sistema escolar ou simplesmente o abandonam?" Nos Estados Unidos, cerca de 25% dos alunos de 13 anos não irão até o fim do ensino médio. Os dados variam enormemente conforme os estados e as cidades. Nas escolas públicas de Nova York e de Washington, por exemplo, este resultado chega a 45%. No total, de cada quatro crianças norte-americanas, uma abandona a escola sem ter adquirido o mínimo do conhecimento básico.[1] No Quebec, a porcentagem de jovens que jamais obterão um certificado era de 17,5% no ano letivo de 2000-2001, enquanto a taxa de êxodo escolar estava estimada em 11,4% entre os jovens de 15 a 19 anos, 22,4 % para os de 20-24 anos e 26,4 % para os jovens entre 25 e 29 anos.[2]

---

1. Esses dados são fornecidos pela UNESCO. Ver www.unesco.org.
2. Boletim estatístico de educação, *Abandon et décrochage scolaires, les concepts*, n 25, mars. 2003, Ministério de Educação do Quebec, www.meq.gouv.qc.ca.

A psicologia define o aprendizado como "uma modificação relativamente permanente do comportamento ou do potencial comportamental, resultante do exercício ou da experiência vivida".[3] Mas, na educação, o aprendizado refere-se muito mais à aquisição de conhecimentos no âmbito das salas de aula, à aquisição de habilidades práticas ou técnicas, principalmente aquelas relacionadas à vida profissional, ou ainda à aquisição de hábitos como disciplina, responsabilidade ou motivação. Em educação, o aprendizado, aliás, é definido como "a aquisição e incorporação de novos conhecimentos, visando à sua reutilização funcional".[4]

Nos meios educacionais, esse aprendizado insere-se, em geral, em uma estratégia pedagógica, de tal modo que associamos um bom aprendizado a uma boa pedagogia. Assim, quando constatamos uma deficiência qualquer em nossos alunos, tendemos a questionar imediatamente nossos métodos pedagógicos. O aprendizado de uma língua é, provavelmente, o mais belo exemplo do florescimento de métodos pedagógicos. Nas últimas décadas, dezenas ou centenas de métodos foram inventados, experimentados e, infelizmente com freqüência, abandonados. A cada vez que um novo método chega ao mercado, seus defensores acreditam haver encontrado "o" método capaz de contornar ou mesmo resolver todas as dificuldades de aprendizado dos alunos. Quantas vezes esta história não se repetiu?

Esforços nesse sentido não poderiam ser mais nobres. Que um pedagogo questione seus métodos e suas abordagens é absolutamente legítimo. É mesmo bastante saudável. Pode ser, porém, que as questões propostas, ainda que pertinentes, sejam insuficientes; pode ser que não abranjam mais que uma pequena parcela do conjunto dos processos implicados no aprendizado. Parece-nos, de fa-

3. Huffman, K., Vernoy, M et Vernoy, J., *Psychologie en direct*, 2e édition, Montréal, Modulo, 2000.
4. Tardif, J., *Pour um enseignement stratégique, l'apport de la psychologie cognitive*, Montréal, Les éditions Logiques, 1997.

to, que a grande maioria das abordagens pedagógicas e dos questionamentos delas decorrentes dizem essencialmente respeito a questões de ordem cognitiva. A razão para isso é simples: dizemos que o aprendizado é essencialmente cognitivo, isto é, que ele repousa, em seu fundamento, sobre atividades de tratamento da informação.[5] É, pois, lógico considerar que, quando um aprendiz tem dificuldade para aprender, é porque o problema deve, necessariamente, ser de ordem cognitiva.

Neste livro, abordaremos a questão de outro ângulo. Não porque acreditemos que o aspecto cognitivo não seja importante, mas porque ele nos parece insuficiente e incapaz de responder a todas as questões relativas ao aprendizado e às suas dificuldades. Nossa ênfase, portanto, recairá sobre outro campo de competências e sobre as partes do cérebro que lhes são associadas: as competências emocionais.

Muitos e diversos indícios, tanto científicos quanto intuitivos, nos fazem crer que as competências emocionais explicam grande parte das dificuldades – como também dos sucessos – da aprendizagem. E não somos os únicos a pensar assim. No relatório "Compreender o cérebro: rumo a uma nova ciência do aprendizado", da Organização para a Cooperação e o Desenvolvimento Econômico (OCDE), lemos a seguinte afirmação:

> "... o aspecto emocional é, em parte, responsável pela matriz cognitiva global presente nas crianças e nos adultos, e devemos levá-lo devidamente em consideração. [...] As neurociências cognitivas contemporâneas fornecem instrumentos para analisar os componentes finos da maneira pela qual tarefas específicas são tratadas. Tais análises vêm se concentrando, tradicionalmente, sobre os aspectos cognitivos do aprendizado. Temos negligenciado as análises das zonas associadas às

5. Tardif, *op. cit.*

emoções e à afetividade, cujo papel nas funções cognitivas não foi, até agora, reconhecido. Conseqüentemente, a informação nesse campo é esparsa e incompleta. A ausência de medidas e fundamentos teóricos limita o progresso dos estudos a respeito da regulação emocional no âmbito da prática educativa".[6]

Um dos objetivos deste livro, justamente, é o de fundar os primeiros alicerces teóricos de uma nova visão da pedagogia e do aprendizado. Seu outro objetivo é propor aplicações concretas e integradas da inteligência em nossas estratégias pedagógicas.

É por essas e outras razões que propomos, aqui, uma nova visão da pedagogia: a **Pedagogia Emocional**, aquela que afirma que, para aprender, é necessário antes *sentir*.

6. OCDE, *Comprendre le cerveau: vers une nouvelle science de l'apprentissage*, Paris: Les Editions de l'OCDE, 2002.

Primeira Parte

Fundamentos biológicos da inteligência emocional e do aprendizado

1

Os campos de competências

Antes de iniciar este capítulo, propomos aos leitores um rápido exercício. Procure elaborar, rapidamente, uma lista das qualidades requisitadas para alguém ser considerado um bom aluno. Em seguida, faça o mesmo com as qualidades necessárias para ser um bom professor.

Tradicionalmente, reconhecemos dois grandes campos de competência: as competências cognitivas e as competências técnicas. As **competências cognitivas** estão associadas ao saber e ao conhecimento. São as mais solicitadas na escola. São elas, aliás, que você está mobilizando quando lê essas linhas. As **competências técnicas**, por sua vez, estão associadas ao *know-how* e a tudo que diz respeito às habilidades técnicas, sejam elas manuais, como a mecânica, a hidráulica ou a eletricidade, sejam intelectuais, como a programação de um computador, a contabilidade ou a prática do Direito. A esses dois campos de competências, digamos clássicos, acrescem-se as **competências relacionais**, que nos permitem interagir com outras pessoas. Essas últimas são muito importantes e estão presentes a cada vez que nos comunicamos. Finalmente, muito recentemente tomamos consciência da existência de um quarto campo de competências, as **competências emocionais,** que nos permitem sentir as coisas, experimentar emoções e, em conseqüência, reagir a elas.

Nós todos vivemos experiências que demonstram quanto nossas emoções interferem em todas as demais competências. Por vezes, as emoções vêm sombrear nossas capacidades intelectuais, procedimentais ou relacionais. Outras, embelezam-nas, iluminam-nas e facilitamnas. Por isso é tão importante prestar uma atenção especial ao desenvolvimento de nossas competências emocionais, no intuito de delas retirar o melhor proveito em nossas atividades cotidianas.

O cérebro e o aprendizado

Graças às pesquisas sobre o cérebro, sabemos hoje que os campos de competências descritos acima não são unicamente uma visão espiritual, mas uma bela e boa realidade biológica. Estudos recentes permitiram que compreendêssemos que cada um desses campos de competências apresenta seu modo de aprendizado particular, seu sistema de memória particular e até mesmo suas estruturas nervosas específicas.

As principais estruturas nervosas implicadas no aprendizado cognitivo são o hipocampo e o córtex pré-frontal. Assim, o *aprendizado das competências cognitivas* é possível graças à memória declarativa (memória semântica e episódica), cujos substratos neurológicos são o hipocampo e o córtex frontal. Os trabalhos do dr. Wilder Penfield e da neuropsicóloga Brenda Milner colocaram em evidência o importantíssimo papel representado pelos hipocampos no aprendizado cognitivo.[1] Suas pesquisas demonstraram que quando uma pessoa sofre a ablação súbita dos hipocampos, ela se torna incapaz de adquirir novos conhecimentos.

O aprendizado das competências técnicas relativas ao *know-how* e às habilidades apóia-se na memória procedimental, ou seja, na memória das ações e dos saberes operatórios. As inúmeras observações dos pesquisadores a respeito da memória nos permitiram

1. Ver Kolb, B. e Wishaw, I.Q., *Fundamentals of human neuropsychology*, 4ª ed., San Francisco, W.H. Freeman, 1996.

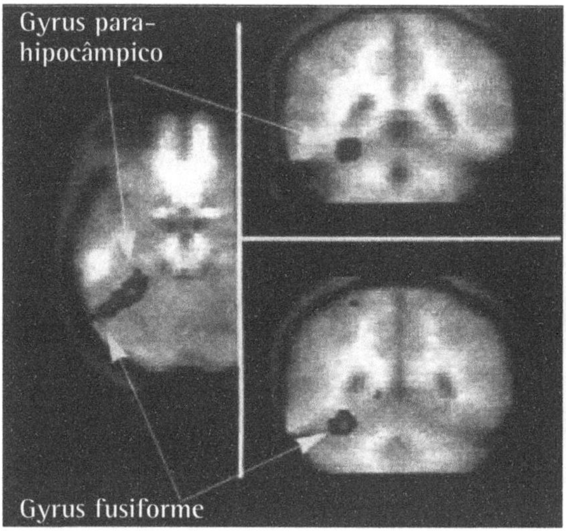

Figura 1.1 Hipocampo e gyrus fusiforme, duas estruturas implicadas na memória declarativa. Extraído de Eustachem F., "Arrêt sur images", *Science & Vie*, n° 212, p. 66-73.

compreender que a memória procedimental funciona independentemente da memória declarativa. Brenda Milner e Neil Cohen constataram, com surpresa, que pacientes que haviam sofrido uma lesão dos hipocampos podiam aprender tarefas motoras e intelectuais mesmo sem guardar qualquer lembrança de um dia tê-las executado.[2] Podiam mesmo aperfeiçoar-se na execução dessas tarefas, como um indivíduo "normal". Pesquisas com animais confirmaram a tese de que a memória procedimental podia funcionar de maneira independente da memória declarativa.[3] Ficou comprovado, então, que estruturas nervosas bem específicas intervinham neste tipo de memória e de aprendizado (ver figura 1.2). Pôde-se estabelecer uma nítida distinção entre a memória declarativa e a memória procedimental mesmo nos casos de tarefas cognitivas bastante complexas.

O aprendizado das competências relacionais é menos conhecido, mas podemos supor que uma estrutura nervosa e uma memória especí-

2. Ver Kolb, B. e Whishaw, I. Q., op. cit.
3. Jaffard, R., "Les labyrinthes de la mémoire animale", *Sciences & Vie*, n° 212, p. 44-51.

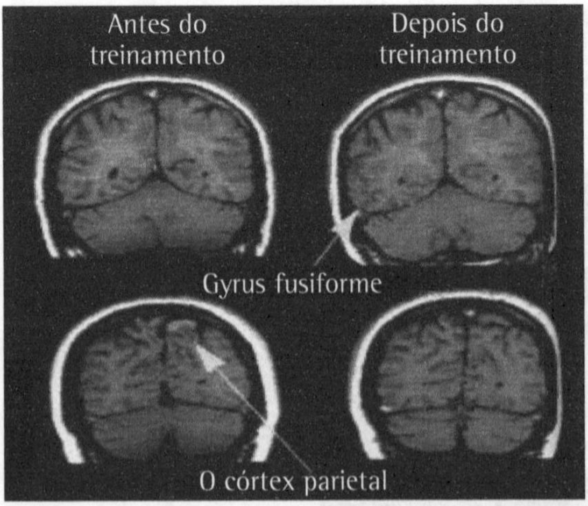

Figura 1.2 No aprendizado procedimental, duas estruturas parecem implicadas: o córtex parietal antes do treinamento e o gyrus fusiforme depois do treinamento. Reproduzido a partir de Eustachem F., "Arrêt sur images", *Science & Vie* nº 212, p. 66-73.

fica lhes correspondem. As numerosas pesquisas a respeito da comunicação, da linguagem, do reconhecimento de rostos e da decodificação não-verbal permitiram demonstrar o funcionamento desse gênero de competências.[4]

Enfim, *as competências emocionais* apóiam-se sobre uma memória emocional, relacionada por sua vez à amígdala e ao córtex pré-frontal. O aprendizado emocional, como veremos no próximo capítulo, utiliza um modo de aprendizado chamado de associativo. A figura 1.3 mostra a amígdala de um ser humano que sofreu um condicionamento aversivo. Um estímulo desagradável (um choque no pulso) foi associado a um quadrado azul na tela do computador. A condutividade eletrodermal dos sujeitos permitiu medir sua reação emocional no momento desse processo de aprendizagem. De início, as pessoas reagiam emocionalmente apenas quando sentiam o choque no pulso. Depois, após algumas associações entre o choque e o quadrado azul na tela, começaram a apresentar uma reação eletrodermal assim que viam o quadrado azul. Essa reação estava liga-

4. Ver Kolb, B. e Whishaw, I. Q., op. cit.

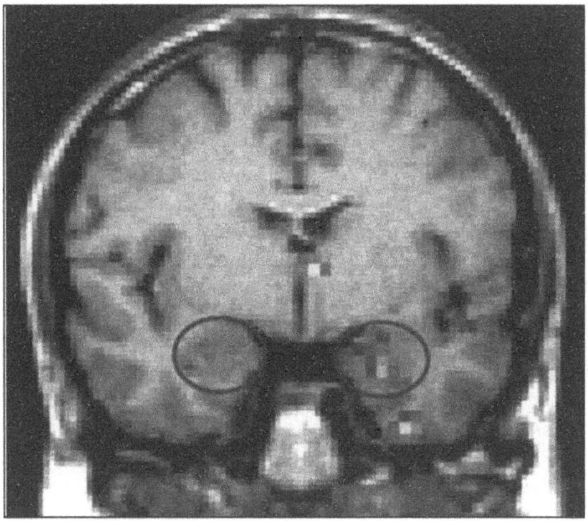

Figura 1.3 A amígdala (área dentro do círculo), principal centro da memória emocional. Reproduzido a partir de Phelps, E., "Quand l'émotion renforce la mémoire". *Science & Vie*, nº 212, p. 94-98.

da a uma ativação da amígdala. Várias experiências com animais demonstraram que lesões na amígdala relacionavam-se a uma ausência do aprendizado condicionado pelo medo.[5]

O neuropsicólogo Antonio Damasio fez observações com seres humanos e chegou a constatações similares àquelas efetuadas com os animais. Os sujeitos que sofreram lesão da amígdala mostram uma incapacidade a reagir emocionalmente em situações aversivas. Ora, o fato de não conseguir identificar o elo que se estabelece entre nossas ações e suas conseqüências emocionais tem repercussões extremamente importantes em nossas vidas. A história que segue é um exemplo:[6]

> Elliot era um ótimo marido e um bom pai de família. Tinha um excelente emprego em uma importante empresa comercial. Considerado por muitos um homem de status social, profissional e pessoal invejáveis, Elliot podia ser um modelo para seus amigos e colegas de trabalho. Tudo o que ele empreendia era um êxito. Um dia, Elliot começou a sentir sérias dores de cabeça. Decidiu, então, consultar seu

5. Segundo Phelps, E., "Quand l'émotion renforce la mémoire". *Science & Vie*, nº 212, p. 94-98.
6. Cf. Damasio, A., *L'erreur de Descartes, la raison des émotions*, Odile Jacob, Paris, 1994.

médico e, depois de diversos exames aprofundados, foi diagnosticado um tumor em seu cérebro. Os neurologistas convenceram-no a extrair o tumor, cuja localização pôde ser bem estabelecida. Porém, como toda cirurgia desse tipo implica certos riscos, decidiu-se avaliar previamente as faculdades cognitivas e intelectuais do paciente. Os testes confirmaram o que todos já haviam notado: com um Q.I.130, Elliot possuía uma inteligência acima da média.

A cirurgia, que consistia em extrair o tumor responsável por suas terríveis dores de cabeça, foi bem-sucedida. Após alguns dias de convalescença, os médicos e os neurologistas constataram que Elliot conservava toda a vivacidade e que suas capacidades intelectuais e motoras estavam intactas. Mas sua personalidade havia mudado, algo que sua família e seus amigos não puderam deixar de notar.

Depois de receber alta, Elliot voltou ao trabalho. Rapidamente constatou-se que era agora incapaz de administrar seu tempo de maneira racional ou seguir um cronograma estabelecido. Por exemplo: suponhamos que ele devesse ler e classificar documentos relativos a um determinado cliente. Era perfeitamente capaz de compreender seu significado e de classificar adequadamente os documentos. Mas podia subitamente abandonar a tarefa para se pôr a ler atentamente um dos dossiês, e assim passar o resto do dia. Inútil dizer que a qualidade e o progresso de seu trabalho foram enormemente prejudicados; incapaz de inserir suas tarefas em uma perspectiva global mais ampla, Elliot consagrava tempo e energia excessivos a aspectos secundários do trabalho. Logo todos perceberam que não podiam mais contar com ele. As admoestações de seus colegas e superiores eram inúteis; não surtiam qualquer efeito sobre ele. Como se pode imaginar, Elliot foi demitido. Ele lançou-se então no mercado financeiro. Envolveu-se em negociações suspeitas, apesar das muitas advertências dos amigos, que perceberam a armadilha em que estava se envolvendo. Resultado: suas poucas tentativas, todas infrutíferas, rapidamente o levaram à falência. Sua mulher, seus filhos e amigos não compreendiam como um homem experiente e bem informado como ele podia agir de maneira tão insensata e pouco razoável. Seu comportamento, aliás, logo lhe valeu o divórcio, e mais um segundo, depois do casamento com uma mulher que todos julgavam suspeita. Elliot estava só, e sem um tostão.

Os neurologistas, atônitos, acreditaram, inicialmente, que o paciente sofrera uma súbita degradação de suas faculdades intelectuais, como pode por vezes acontecer. Elliot voltou a ser submetido a diversos testes e exames e, uma vez mais, os resultados não acusaram nada de anormal. Os neurologistas não sabiam mais como avaliar seu caso. Nos testes psicométricos e neuropsicológicos, ele obtinha sempre resultados notáveis e até mesmo superiores à média. Mesmo os testes de personalidade revelavam traços normais, com resultados sempre excelentes, ainda que na "vida real" ele se comportasse de maneira totalmente deficiente. Não conseguia mais tomar as decisões acertadas, nem conduzir sua vida de modo conveniente. Os especialistas estavam desamparados. Um dia, porém, um dos médicos notou um detalhe que escapara aos demais: Elliot era capaz de narrar todos os infortúnios por que passara com um distanciamento emocional que contrastava fortemente com a gravidade daqueles fatos. Em suma, apesar de ter dilapidado todas as suas economias, arruinado sua vida afetiva e familiar, acumulando fracasso após fracasso, Elliot não parecia nada afetado por sua história. Era capaz de descrever adequadamente o caráter desolador da situação em que se encontrava, mas não manifestava nenhuma reação emocional. Os neurologistas descobriram então que a operação havia comprometido a parte de seu cérebro responsável pelas emoções, a tal ponto que, quando mostravam a ele imagens de cenas que deveriam provocar sua emotividade (crianças com fome, pessoas gravemente feridas, imóveis em chamas etc.), Elliot afirmava não experimentar emoção alguma. Ou, melhor dizendo: ele era capaz de descrever as cenas e qualificá-las corretamente, mas nada sentia diante delas. Não tinha, ademais, nenhuma dificuldade em admitir que não reagia como antes, no plano emocional, e que tudo o deixava indiferente: o sorriso de uma criança, suas peças musicais preferidas, os problemas do mundo e sua pobre vida em declínio. Em suma, Elliot conservava sua capacidade de *conhecer*, mas havia perdido a de *sentir*. Havia conservado o "saber" relacionado aos comportamentos sociais, morais e éticos, mas se mostrava incapaz de aplicá-lo para tomar decisões e levar a vida de modo correto.

Essa história é bastante reveladora. Durante muito tempo, acreditamos que, para tomar boas decisões e dirigir bem nossa vida, devemos ser lógicos, racionais e inteligentes (no sentido tradicional do termo). Mas eis que vemos um homem exclusivamente lógico, racional e inteligente, como Elliot. Alguém que é capaz de solucionar corretamente todos os problemas que lhe são propostos, e isto com uma lógica e uma racionalidade irrepreensíveis e implacáveis. Na "vida de verdade", porém, isso não bastava. Desprovido do caráter emocional e da capacidade de sentir as coisas, Elliot tornou-se um indivíduo profundamente deficiente. Percebia bem as conseqüências desastrosas de seus atos, mas não as sentia e, por isso, não tirava quaisquer lições de seus erros. A "moral da história", aqui, é a seguinte: não é apenas por compreender lógica e racionalmente as coisas que nos tornamos capazes de modificá-las. Não é por compreendermos certas coisas "com a cabeça" que mudanças de comportamento irão se produzir automaticamente.

Independência e interdependência das competências

A história de Elliot permite entender que o aprendizado de cada competência é, por um lado, independente entre si e que, por outro, essas competências são bastante interdependentes, como, aliás, seu aprendizado. Já vimos, por exemplo, que uma pessoa que tenha perdido a faculdade de usar os hipocampos, como conseqüência de uma lesão cerebral específica ou de uma intervenção cirúrgica, torna-se incapaz de adquirir novos conhecimentos. Suas competências cognitivas ficam totalmente perturbadas. Contudo, ela ainda pode melhorar suas competências técnicas e continuar a sentir emoções diante das coisas, e isso sem ter quaisquer lembranças declarativas da situação. Um outro caso narrado por Antonio Damasio pode ilustrar essa última afirmação.[7]

Trata-se de David, um indivíduo cujas lesões do hipocampo conduziram a um grave *deficit* de aprendizado: tornou-se absolutamente incapaz de aprender um fato novo, qualquer que fosse. Não conseguia aprender uma palavra nova, uma nova noção, um novo som ou o nome de um lugar novo, por exemplo. Sofria, portanto, de uma amnésia declarativa. Em conseqüência, não era capaz de aprender a reconhecer uma pessoa nova. David foi então considerado inválido e vivia em um ambiente que já lhe era familiar antes das lesões se manifestarem. Suas atividades cotidianas limitavam-se a freqüentar locais que lhe permitissem tomar uma xícara de café ou fumar um cigarro. Para isso, precisava abordar pessoas. Ora, o fato interessante é que David, embora não conseguisse reconhecer as pessoas com quem mantinha esse contato diário, nem recordasse seus rostos ou nomes, ainda assim demonstrava preferência por algumas e evitava outras. David teria desenvolvido afinidades, sem nem mesmo saber com quem lidava? Fascinado por essa questão, Damasio e um de seus colegas decidiram executar um teste empírico totalmente controlado, ao qual deram o nome de "experiência do bom e do mau garçom". Durante uma semana, David iria interagir com algumas pessoas, em três condições distintas: (1) ele devia entrar em interação com alguém que se mostraria extremamente simpático e agradável (o bom garçom); (2) entraria também em intera-

7. Damasio, A. *Le sentiment même de soi, corps, emotion, conscience*. Paris, Odile Jacob, 1999.

ção com outra pessoa, bem desagradável e distante, e que faria David cumprir tarefas enfadonhas e cansativas (o mau garçom); (3) por fim, ele entraria ainda em contato com alguém neutro, isto é, nem agradável nem desagradável (o garçom neutro). Durante cinco dias, a encenação dessas diferentes situações foi programada de modo que a ação se desenrolasse em locais diferentes e com pessoas distintas, cada qual incarnando o "bom garçom", o "mau garçom" e o "garçom neutro".

Após alguns encontros, Damasio e seus colegas convidaram David a realizar duas tarefas distintas. A primeira consistia em observar algumas fotografias com os rostos de todas as pessoas que ele havia encontrado ao longo da semana e dizer se reconhecia alguém. Evidentemente, como ele estava privado de sua memória declarativa, não conseguiu reconhecer nenhuma das pessoas nas fotos. A segunda tarefa consistiu em eleger, em meio a grupos de quatro fotos, a pessoa a quem ele recorreria caso necessitasse de ajuda ou a que ele considerasse ser seu amigo. Os resultados demonstraram que, mesmo incapaz de reconhecer os rostos mostrados nas fotos, ele escolhia, em 80% dos casos, o "bom garçom" como amigo ou como pessoa em quem poderia confiar e jamais escolhia o "mau garçom". Mas, se lhe perguntassem qual a razão que o levava a escolher essas pessoas, era incapaz de responder.

Essas pesquisas fascinantes comprovaram a distinção fundamental que existe entre importantes e diversas competências. Elas nos permitem perceber que as competências cognitivas, técnicas, relacionais e emocionais funcionam de maneira independente. Mas nos permitem também perceber a interdependência que se estabelece entre elas e nos levam a propor a hipótese de que *o cerne do aprendizado não está nas competências cognitivas, mas nas competências emocionais*. Eis um exemplo realmente notável:

> Pesquisadores desenvolveram uma usina virtual de produção de açúcar, que devia ser administrada virtualmente graças a um simulador

informático.[8] Seus gerentes virtuais precisavam tomar decisões rápidas, escalonadas sobre nada menos que noventa etapas. Os jogadores administrariam a produção e deveriam contratar trabalhadores. O objetivo era atingir um nível ótimo de produção (nove mil toneladas de açúcar). Por mais incrível que isso possa parecer, os testes demonstraram que o desempenho dos pacientes que sofriam de amnésia da memória declarativa melhorava, neste caso específico, do mesmo modo que entre os sujeitos normais. Apesar de sua incapacidade para conservar a mais insignificante lembrança declarativa de suas estratégias, os pacientes mostraram-se, apesar disso, perfeitamente capazes de aprender, como se não tivessem problema algum. Não guardavam nenhuma recordação do modo pelo qual haviam gerenciado a empresa virtual, mas alcançavam os mesmos resultados que atingiriam caso pudessem se lembrar.

Eis a conclusão a que chegaram Larry Squire e Eric Kandel, duas das maiores sumidades internacionais no estudo da memória e do aprendizado:

> "Ao aprender a tarefa da produção de açúcar, o indivíduo adquire uma habilidade cognitiva que, ao menos no início, depende do desenvolvimento de um 'sentimento' relativo à maneira de realizar a tarefa. O sujeito não memoriza os fatos relacionadas à tarefa, mas desenvolve um sentido geral, ou uma espécie de intuição, quanto à melhor maneira de proceder. Esse mecanismo é não-declarativo. Uma boa parte daquilo que chamamos de 'intuição' é, provavelmente, não-declarativa."[9]

Nossa concepção do aprendizado está intimamente ligada a essa conclusão de Squire e Kandel: *a aquisição de uma habilidade cognitiva ou técnica depende, em seu fundamento, do sentimento que desenvolve-*

8. Ver Squire, L. e Kandel, E., "La mémoire des habilités", *Pour la science*, dossiê nº 31, p. 86-93.
9. Squire, L. e Kandel, E., op. cit., p. 90.

mos quanto à maneira de realizar a tarefa. Somos obrigados a reconhecer que, atualmente, nada ou quase nada, nos métodos de ensino, leva em conta esse processo essencial de todo e qualquer aprendizado. Poderíamos até mesmo apostar que nenhum professor ensina do modo que ele mesmo aprendeu. Ensina-se, geralmente, a partir de um método que se aprendeu a aplicar. Voltaremos a esse ponto no capítulo 5, quando veremos como incorporar as competências emocionais em nosso ensino.

Em busca do bom cérebro

Um dos objetivos de nosso trabalho é ressaltar a importância do fator emocional no aprendizado e no êxito escolar. Uma das pesquisas mais importantes nesse tema é, sem dúvida, aquela levada a cabo por Thomas Oakland, na Universidade da Flórida.[10] Este pesquisador estudou 1554 alunos muito ou pouco talentosos, entre oito e dezessete anos de idade. Utilizou um questionário intitulado *Student Styles Questionnaire*, para verificar qual estilo de estudo preferiam os alunos menos dotados. O questionário permitia ressaltar quatro categorias de funcionamento: prático-imaginativo, pensamento-sentimento, organizado-flexível e extroversão-introversão. O estudo revelou que os alunos mais bem dotados preferem utilizar um estilo baseado mais nos sentimentos do que no pensamento. Fato interessante é que os garotos talentosos são 28% mais inclinados que os não talentosos a utilizar prioritariamente o recurso emocional, antes do cognitivo, ao passo que as meninas não se distinguiram particularmente nesse ponto. É importante notar, aqui, que os problemas de

10. Harmel Kristin, *Gifted students are more imaginative and emotional*, UF study shows. Ver www.sciencedaily,com/releases/2000/07/000710120608.htm.

fracasso e de desistência escolar atingem mais os meninos do que as meninas. Parece que o fosso que separa os garotos das garotas não é tão grande quando observamos os alunos mais talentosos, uma vez que os dois grupos optam pelo mesmo tipo de funcionamento.

Esses dados extremamente preciosos demonstram quão importante é solicitar o "bom cérebro" quando desejamos ajudar um aluno.

Quando estudantes apresentam dificuldades de aprendizado, nosso reflexo imediato é quase sempre questionar suas competências cognitivas ou técnicas. É muito raro que nos voltemos para as competências emocionais de alguém que apresenta dificuldades em matemática, em ciências ou no estudo da língua. Por exemplo, as pessoas próximas de Elliot, quando queriam ajudá-lo a tomar uma decisão ou a compreender seus erros de ajuizamento, tinham tendência a levá-lo a "racionalizar" seus atos. O mais desconcertante era que ele compreendia a lógica de seus erros. Mas isso não mudava absolutamente nada, simplesmente porque ele não sentia os efeitos de suas escolhas erradas. Num jogo como a roleta, em que cada gesto é determinante, perdia as partidas rodada após rodada. Corria riscos tolos sem medir as conseqüências. Se, por um lado, ele era capaz de avaliá-las em termos lógicos, por outro não sentia nada, emocionalmente, e assim era incapaz de controlar seus impulsos.

Em nossas salas de aula, encontramos com muita freqüência alunos que possuem dificuldades emocionais de aprendizagem. Quantos pais não se sentem desnorteados diante do fracasso de seus filhos na escola, quando sabem que, ao mesmo tempo, eles conhecem de cor a discografia inteira da Madonna ou do Eminem, que são capazes de criar um *website* ou de bisbilhotar no sistema todo do Windows quando seu computador é atacado por um vírus? O mais desconcertante para esses pais é constatar que seus filhos não parecem, nessas atividades, consagrar um décimo dos esforços que precisam dedicar à escola para realizar suas tarefas cotidianas. Todo professor conhece alunos que apresentam enormes dificuldades de aprendizado, mas que, por outro lado, são brilhantes quando discutem entre si diferentes assuntos. Muitas vezes ficamos surpresos diante de jovens que se expressam de forma inteligente a respeito de assuntos que acabamos de abordar em sala de aula, mas que fracassam lamentavelmente nas provas. É evidente que a dificuldade desses alunos não é de ordem cognitiva, mas de ordem emocional. Seria preciso ter em mira outro cérebro que não aquele habitualmente solicitado...

As competências emocionais são extremamente importantes para explicar o sucesso e o êxito em todos os campos de atuação. Quantas vezes não vimos atletas de alto nível revelarem um péssimo desempenho nos jogos olímpicos, desmoronando literalmente sob o peso da pressão e das emoções? No entanto, tecnicamente e fisicamente, eles estavam preparados. O problema é que as lacunas eram emocionais. E isso lhes custou muito caro. Acontece o mesmo com inúmeros alunos que têm uma "memória emocional" negativa para tudo o que se relaciona com o aprendizado escolar, com a escola e com certas matérias.

Se a escola e o meio educacional estimulam e solicitam consideravelmente as competências cognitivas, o mesmo não acontece com as competências emocionais, em geral negligenciadas pela educação e pela escola. A introdução da inteligência emocional em nossas estratégias pedagógicas parece-nos um caminho a ser explorado no futuro.

Solicitar o fator emocional em nossas estratégias pedagógicas

Doravante, quando falarmos de estratégias pedagógicas, será preciso levar em conta o peso das competências emocionais e das emoções no processo de aprendizado. Este é o cerne da pedagogia emocional. Dissemos, antes, que estamos todos muito impregnados da abordagem cognitiva na educação, o que faz com que, diante de um aluno apresentando dificuldades de aprendizado, questionemos imediatamente suas capacidades intelectuais ou ainda suas estratégias cognitivas, quando não nossos próprios métodos pedagógicos. Vamos tentar ilustrar o que acabamos de dizer.

Imagine que você não conheça nada a respeito do golfe. Um dia você decide interessar-se pelo esporte, com o objetivo de se transformar em um bom jogador. Irá, então, à livraria e comprará o melhor livro que encontrar sobre o golfe, suas técnicas, seus métodos de aprendizado e todos os truques para se tornar um grande jogador. Interessado e motivado como está, você lerá o livro com atenção e assimilará muito bem seu conteúdo. Você passará a utilizar com habilidade o vocabulário do golfe e se tornará capaz de discutir com especialistas de longa data. Aliás, só de ouvirem você falar, esses profissionais inquietam-se diante da idéia de o enfrentarem em uma partida, já que o tomam por um excelente jogador: ninguém – é o que pensam – discorreria com tantos detalhes sobre o assunto sem bem praticá-lo... Há uma questão aqui. Se é evidententemente óbvio que seu conhecimento do golfe não garante que você seja um bom jogador, será que o fato de deter conhecimentos intelectuais a respeito do tema facilitará seu aprendizado técnico? Quando, em nossos seminários, fazemos essa pergunta aos participantes, a grande maioria afirma que o aprendizado cognitivo terá certamente um efeito positivo sobre o aprendizado técnico. O fato de conhecer os elementos teóricos do jogo permitirá, por exemplo, evitar certos erros elementares ou, ainda, corrigir certos movimentos básicos. Mas coloquemos a questão de outro modo: é possível, ao contrário, que meus conhecimentos teóricos do golfe retardem meu aprendizado? A resposta, infelizmente, é sim. Minhas competências cognitivas podem favorecer um aprendizado técnico, mas podem também prejudicá-lo. Por quê? Justamente por causa das emoções.

Deixemos a idéia mais clara. Imaginemos que, tacada após tacada, quando você bate na bola, ela siga uma trajetória estranha, virando sistematicamente para a direita antes de cair no "green". Seu primeiro reflexo será tentar compreender por que a bola cai assim. Você buscará compreender por meio da lógica e racionalmente as razões que explicam esse insucesso. Ora, imagine que você encontre a explicação para isso em seu livro ou que o seu instrutor lhe diga. Isso mudará alguma coisa? Não, isso não mudará absolutamente nada. Pior ainda, você provavelmente dirá: "compreendo por que razão minha bola sempre acaba indo para o 'green', mas isso não muda nada... Quando a rebato, ela sempre volta para o mesmo lugar, sempre...". Então, se compreender não muda nada, o que é que pode mudar essa situação? A resposta será aquela que dará todo bom profissional de golfe ou qualquer treinador. Ele dirá: "pare de pensar e comece a sentir". Todos sabemos o que é um bom saque ou uma boa jogada. Dito de outro modo: o verdadeiro aprendizado, em qualquer área, faz-se não quando compreendemos, mas quando sentimos.

Pesquisas um tanto inquietantes na área da educação mostraram, por exemplo, que não há nenhuma relação entre o sucesso escolar e o sucesso profissional. Citemos Daniel Goleman: "quando retraçamos a carreira de oitenta ex-alunos da Harvard durante os anos 1940 – época em que o Q.I.dos estudantes das grandes universidades da Costa Leste dos EUA apresentavam maiores distâncias que nos dias atuais –, percebemos que aqueles que obtiveram melhores resultados nos exames não haviam obtido mais êxito, comparados com os demais, em termos de salários, produtividade e *status* profissional. Tampouco estavam mais felizes com seu mundo privado nem mais satisfeitos com a vida."[11] Outros trabalhos mostraram que as competências emocionais são duas vezes mais importantes que as competências cognitivas e técnicas reunidas para explicar o bom êxito em qualquer campo profissional.[12]

---

11. Goleman, D., *L'intelligence émotionnelle, accepter ses émotions pour développer une intelligence nouvelle*, Paris, J'ai Lu, 1997, p. 59.
12. Strickland, D., "Emotional intelligence: the most potent factor in the success equation", *Journal of Nursing Administration*, vol. 30 (3), p. 112-117.

O cérebro cognitivo em oposição ao cérebro emocional

Como já vimos, as competências são asseguradas por estruturas cerebrais bem específicas. A tabela 1.1 resume as principais características de cada uma das competências.

Descobriram-se múltiplas conexões entre o sistema límbico e o córtex pré-frontal. Um caso célebre na neurologia, denominado Phineas Gage, cujas conexões entre o sistema límbico e o córtex pré-frontal foram destruídas após um acidente, muito nos ensinou quanto ao papel dessas conexões. Constatou-se, pouco depois do acidente, que sua inteligência "racional" estava intacta. Sua inteligência emocional, contudo, parecia totalmente deficiente, como testemunhavam seus comportamentos impulsivos e irracionais sempre que era contrariado.

Estudos de caso como esse de Phineas Gage e de seus comportamentos permitem traçar um quadro bem distinto do modo de funcionamento do cérebro racional e do cérebro emocional. O cérebro racional, como seu nome indica, é racional e lógico. Funciona de maneira sistemática e ordenada. Ele conhece a linguagem e pode se co-

Tabela 1.1 – Os campos de competências e suas particularidades

COMPETÊNCIAS/ PARTICULARIDADES	COGNITIVAS	TÉCNICAS	RELACIONAIS	EMOCIONAIS
FUNÇÃO PRINCIPAL	Pensar	Fazer	Comunicar	Sentir
MODO DE FUNCIONAMENTO	Lógico e racional	Motor e intelectual	Verbal e não-verbal	Irracional e impulsivo
TIPO DE APRENDIZADO	Cognitivo	Procedimental	Experimental	Associativo
MEMÓRIA	Declarativa	Procedimental	Relacional	Emocional
ESTRUTURA DO CÉREBRO	Hipocampo e córtex	Córtex, gyrus fusiforme, cerebelo	Córtex	Amígdala e lóbulo pré-frontal

municar verbalmente. Funda seu ajuizamento sobre as percepções e a lógica. Sempre que uma nova informação ou um novo conhecimento chega até ele, examina-os e classifica-os em seu sistema conceitual. Se uma informação nova não entra em seu sistema, ele pode tanto rejeitá-la quanto questionar seu sistema de crenças, pois ele também é guiado por suas crenças e valores. São elas que orientam suas ações. Seu modo de aprendizagem, como já dissemos, é cognitivo e sua memória declarativa concerne aos hipocampos.

O cérebro emocional, por sua vez, é totalmente irracional. Ele é impulsivo e reage espontaneamente. Quando algo o contraria, quando se sente ameaçado, perturbado ou irritado, ele reage, sem analisar e sem levar em consideração os diversos matizes e todas as sutilezas da situação. Como as reações emocionais são, muitas vezes, intensas, o cérebro racional pode ser submergido por elas e ajuizamentos e percepções podem ser alterados, como veremos adiante. Passa a ser dominado e conduzido pelas pulsões e carências. Seu tipo de aprendizado, veremos mais à frente, é associativo e repousa sobre a memória emocional, que concerne à amígdala.

Sabemos, por outro lado, que todas essas competências influenciam-se mutuamente. Quem nunca viveu a sofrida experiência de fracassar em um exame escolar por culpa do estresse, mesmo dominando o assunto na ponta da língua? As emoções, nesse caso, vieram perturbar as competências cognitivas. Poderíamos citar exemplos similares para as competências técnicas ou relacionais. Por outro lado, pesquisas demonstraram que as emoções positivas podem melhorar as aprendizagens cognitiva e técnica. Isso levou os estudiosos a constatarem que 80% do êxito, em qualquer campo, deve ser atribuído à inteligência emocional e apenas 20% ao Q.I.[13]

No início deste capítulo, pedimos que você elaborasse uma lista das qualidades requeridas para ser um bom aluno e daquelas exi-

---

13. Segundo Goleman, D., op. cit.

gidas para ser um bom professor. A tabela 1.2 apresenta as quatro grandes categorias das competências emocionais implicadas no aprendizado e no bom desempenho escolar.

Tabela 1.2 – As quatro categorias de competências emocionais úteis ao sucesso escolar

COMUNICAÇÃO	MOTIVAÇÃO	AUTONOMIA	GESTÃO DE SI
Clareza de espírito	Curiosidade	Autonomia	Concentração
Escuta	Engajamento	Desembaraço	Autoconfiança
Empatia	Interesse	Disciplina	Autocontrole
Espírito de equipe	Paixão	Iniciativa	Otimismo
Segurança	Perseverança	Abertura de espírito	Paciência

Guia de observação das competências emocionais de seus alunos

Propomos aqui um guia de observação que você poderá preencher com o objetivo de determinar as competências emocionais de cada um de seus alunos.

Nome do aluno: ______________________________

Grupo: ______________________________

1	**Nada**	4	**Razoavelmente**
2	**Muito pouco**	5	**Muito**
3	**Pouco**	6	**Totalmente**

COMUNICAÇÃO

1. Quando se expressa, suas idéias são claras, mesmo que sob pressão ou emocionado. ☐
2. Quando falamos com ele, ele escuta e demonstra presença de espírito e atenção. ☐
3. Ele é sensível, tolerante e complacente com os demais. ☐
4. Quando trabalha em equipe, demonstra cooperação, participa do esforço do grupo e contribui com a união de seus membros. ☐
5. Faz perguntas, propõe respostas e expressa sua opinião. ☐

MOTIVAÇÃO

1. É animado pelo desejo de conhecer e de compreender coisas novas. ☐
2. Durante as aulas, ele não é um simples espectador, mas engaja-se no processo de aprendizado. ☐
3. Demonstra interesse pelas aulas. ☐
4. É apaixonado por seus estudos. ☐
5. É perseverante, mesmo diante de dificuldades. ☐

AUTONOMIA

1. Demonstra autonomia. ☐
2. É desembaraçado. ☐
3. Tem uma boa disciplina de trabalho. ☐
4. Toma iniciativas, tanto em suas ações quanto nas idéias que traz à classe. ☐
5. É receptivo a idéias novas e a maneiras diferentes de fazer as coisas ☐

GESTÃO DE SI

1. Tenho a impressão de que suas preocupações pessoais não interferem em seus estudos e em seu contato com os outros. ☐
2. Tem confiança em si e em suas capacidades. ☐
3. Guarda autocontrole na maioria dos problemas que deve enfrentar. ☐
4. Em geral, é otimista. ☐
5. É calmo e paciente. ☐

Compilação

Para os enunciados do quadro acima, você só precisa inserir o número atribuído a cada um deles em cada círculo abaixo, de acordo com o item correspondente a cada uma das seções (comunicação, motivação, autonomia e gestão de si). Em seguida, ligue cada um dos números com um traço, de modo a obter um gráfico representativo do conjunto das competências emocionais do aluno.

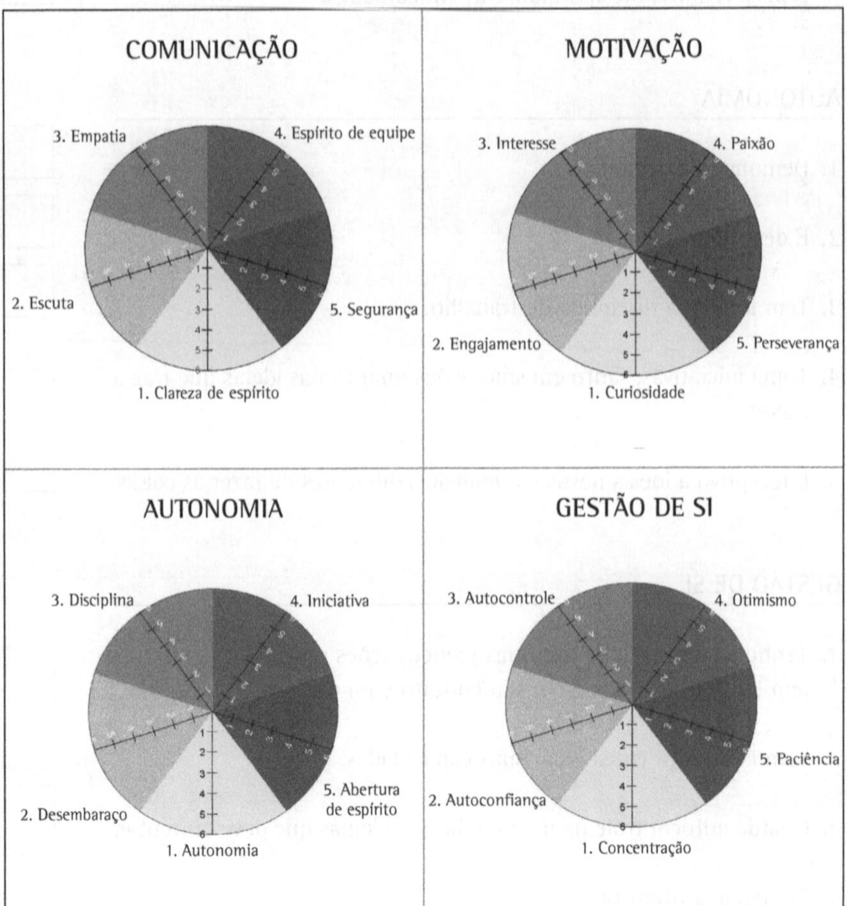

Você pode, agora, calcular o total de cada uma das seções e informar os resultados na figura-síntese abaixo. Em seguida, una cada um dos valores com um traço de modo a obter um gráfico representativo do conjunto das competências emocionais do aluno.

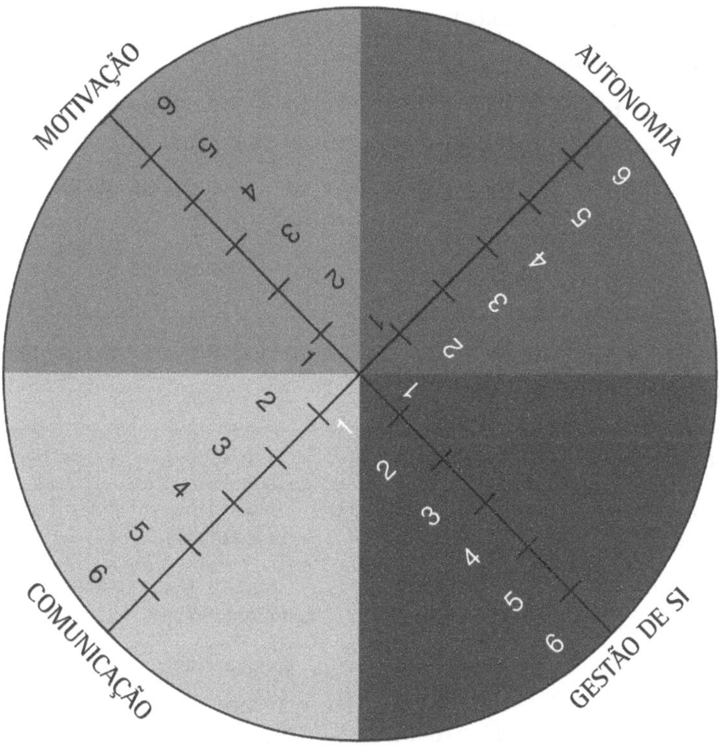

Na segunda parte deste livro, vamos nos deter no modo de solicitar as competências emocionais daquele que está em processo de aprendizado. Mas frisemos desde já que, para estimular essas competências, devemos partir das nossas próprias competências emocionais. Não existe nenhum método pedagógico que as ensine. É preciso, então, partir de si, daquilo que cada um sente; é preciso utilizar a inteligência emocional para conseguir estimular essa mesma inteligência nos alunos.

Vamos, portanto, examinar, em primeiro lugar, as competências emocionais de um bom professor e avaliá-las. A tabela 1.3 apresenta as quatro grandes categorias de competências emocionais úteis para ensinar.

Tabela 1.3 – As quatro categorias das competências emocionais úteis ao ensino

COMUNICAÇÃO	MOTIVAÇÃO	AUTONOMIA	GESTÃO DE SI
Aptidão para ler o não-verbal	Gosto pelo trabalho	Capacidade de adaptação	Calma
Carisma	Credibilidade	Espírito de comprometimento	Concentração
Clareza de espírito	Disciplina	Vanguardismo	Confiança em si
Escuta	Disponibilidade	Criatividade	Autocontrole
Empatia e complacência	Engajamento	Diplomacia	Otimismo
Entusiasmo	Aptidão para inspirar confiança	Habilidade	Paciência
Senso de humor	Interesse	Flexibilidade	Perseverança
Aptidão para estimular	Paixão	Abertura de espírito	Atitude positiva
Simpatia		Estratégia	Serenidade

Questionário

Auto-avaliação de suas competências emocionais como professor

Instruções: Para cada um dos enunciados abaixo, indique um número de 1 (nada) a 6 (totalmente). Não escolha em função daquilo que você gostaria de ser, mas em função do que realmente é. Seja espontâneo e indique o valor que primeiro lhe vier à mente. Em certos casos, você deve tentar imaginar de que maneira os outros o vêem.

1	Nada	4	Razoavelmente
2	Muito pouco	5	Muito
3	Pouco	6	Totalmente

COMUNICAÇÃO

1. Percebo o estado emocional de meus alunos a partir de seus sinais não-verbais, como a postura, o tom da voz, a expressão do rosto, a coloração da pele, a transpiração, o nervosismo. ☐
2. Tenho uma personalidade que suscita o respeito de meus alunos. ☐
3. Quando falo, minhas idéias não se confundem, mesmo sob pressão ou quando estou emocionado. ☐
4. Consigo sentir e compreender as emoções de meus alunos. ☐
5. Tenho o sentimento de compreender meus alunos quando eles me contam um problema. ☐
6. Transmito uma boa energia quando dou aulas. ☐

7. Tenho um bom senso de humor em sala de aula e no meu relacionamento com os alunos. ☐

8. Estimulo meus alunos na sala de aula. ☐

9. Facilito o contato com meus alunos. ☐

MOTIVAÇÃO

1. Meus alunos percebem meu amor pelo ensino e pela minha disciplina. ☐

2. Sinto que tenho crédito aos olhos de meus alunos. ☐

3. Adoto a mesma disciplina que exijo de meus alunos. ☐

4. Paro para ajudar um aluno que apresenta necessidades, mesmo que o tempo esteja corrido. ☐

5. Suscito a participação de meus alunos em seus trabalhos, projetos, provas etc. ☐

6. Estimulo um clima propício à colaboração e ao trabalho de equipe em minhas aulas. ☐

7. Minha abordagem suscita nos alunos um sentimento de confiança em si próprios. ☐

8. Provoco o interesse dos meus alunos pelas aulas. ☐

9. Sou uma pessoa apaixonada. ☐

ADAPTABILIDADE

1. Eu me adapto facilmente a situações imprevistas. ☐

2. Facilito as coisas para meus alunos na realização de seus trabalhos, provas ou projetos. ☐

3. Gosto de explorar novos caminhos em meu ensino. ☐

4. Sou inovador, inventivo e criativo em minhas aulas. ☐

5. Abordo meus alunos com cuidado, tato e diplomacia. ☐

6. Tenho facilidade em me relacionar com os alunos. ☐

7. Levo em conta as particularidades de meus alunos quando ensino ou quando converso com eles. ☐

8. Permito aos meus alunos optarem por outras estratégias, além daquelas que preconizo, para atingirem seus objetivos de aprendizado. ☐

9. Tenho uma abordagem pedagógica estratégica. ☐

GESTÃO DE SI

1. Permaneço calmo em situações estressantes. ☐

2. Minhas preocupações pessoais não interferem em minhas aulas e em meu contato com os alunos. ☐

3. Tenho confiança na minha capacidade de ajudar os alunos que têm problemas. ☐

4. Mantenho meu autocontrole diante da maioria dos problemas que preciso enfrentar. ☐

5. Sou, em geral, otimista. ☐

6. Sou paciente com meus alunos. ☐

7. Sou perseverante mesmo com os alunos que têm dificuldades. ☐

8. Tenho, e mantenho, pensamento positivo, mesmo quando as coisas não vão como eu desejaria. ☐

9. Raramente me deixo perturbar pelos acontecimentos. ☐

Compilação

Para cada uma das questões de sua avaliação, é necessário apenas inserir o número atribuído em cada um dos círculos abaixo, de acordo com o item correspondente de cada uma das seções (comunicação, motivação, adaptabilidade e gestão de si). Em seguida, ligue cada uma das notas com um traço, de modo a obter um gráfico representativo do conjunto das suas competências emocionais.

COMUNICAÇÃO

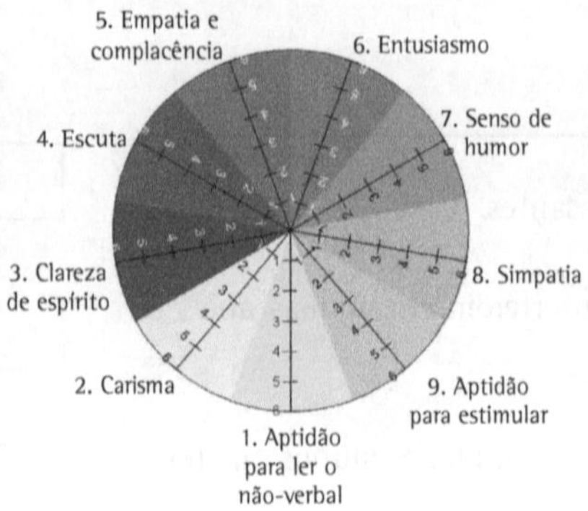

MOTIVAÇÃO

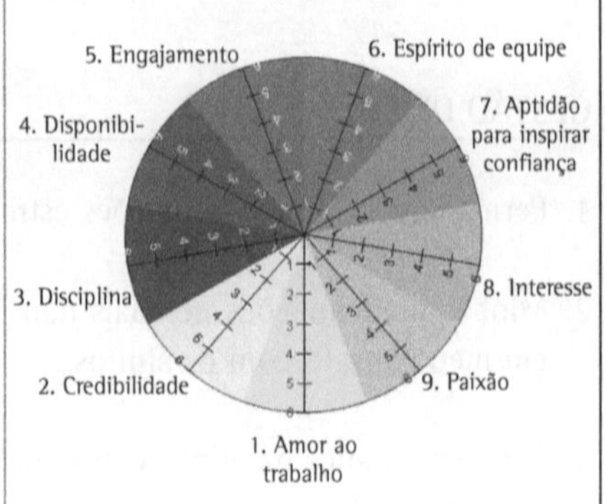

ADAPTABILIDADE

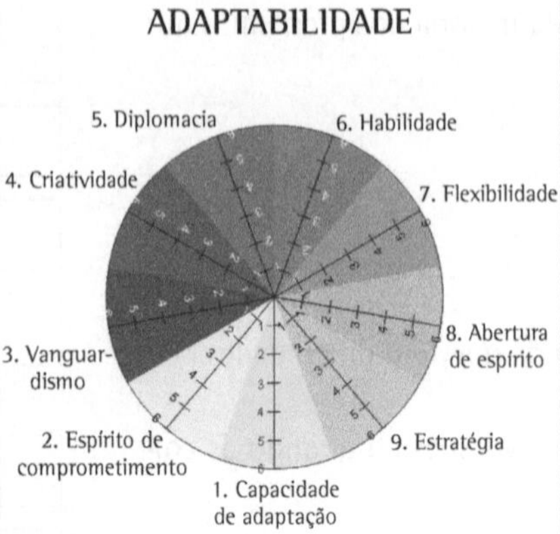

GESTÃO DE SI

Você pode, agora, calcular o total de cada uma das seções e informar os resultados na figura-síntese abaixo. Em seguida, una cada um dos valores com um traço, de modo a obter um gráfico representativo do conjunto das suas competências emocionais.

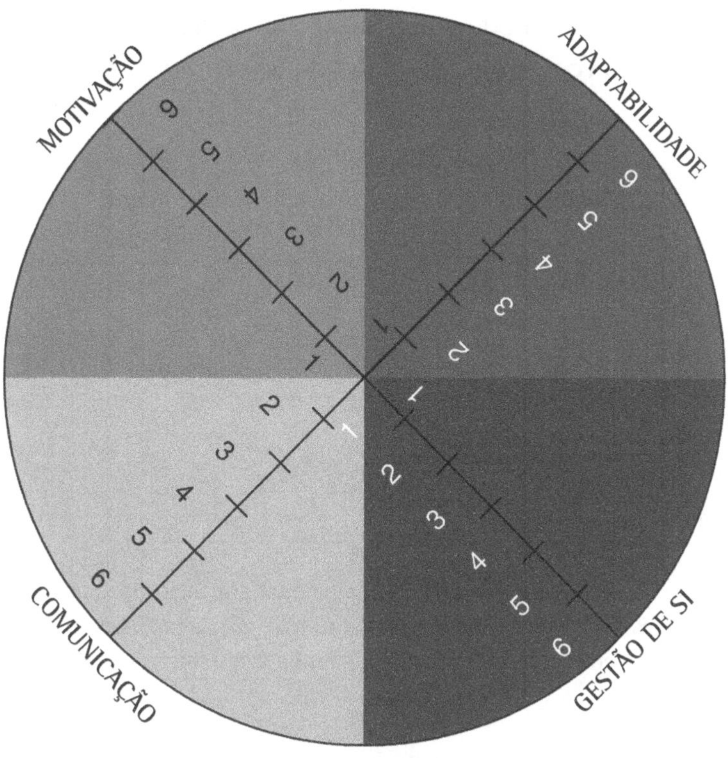

Questionário

Avaliação de seu professor

Para cada um de seus professores, informe um número entre 1 (nada) e 6 (totalmente) que corresponde ao que mais se aproxima do que ele é, ou do modo como ele age ou se relaciona com os alunos, incluindo você, ou do seu método de ensino.

1	Nada	4	Razoavelmente
2	Muito pouco	5	Muito
3	Pouco	6	Totalmente

COMUNICAÇÃO

1. Meu professor percebe meu estado emocional por meio de sinais não-verbais, como minha postura, meu tom de voz, a expressão de meu rosto, a coloração de minha pele, minha transpiração ou meu nervosismo. ☐
2. Meu professor tem uma personalidade que suscita o respeito de seus alunos. ☐
3. Quando meu professor fala, ele não se confunde, mesmo sob pressão ou forte emoção. ☐
4. Meu professor consegue sentir minhas emoções e me compreende. ☐
5. Meu professor me entende quando conto a ele um problema. ☐
6. Meu professor transmite uma boa energia quando ensina. ☐

7. Meu professor tem um bom senso de humor na sala de aula e nas relações com seus alunos. ☐

8. Meu professor é estimulante. ☐

9. Meu professor é acessível. ☐

MOTIVAÇÃO

1. Meu professor manifesta amor pelo ensino e por sua disciplina. ☐

2. Meu professor tem crédito aos olhos de seus alunos. ☐

3. Meu professor adota a mesma disciplina que exige de seus alunos. ☐

4. Eu sinto que meu professor tem disponibilidade para me ajudar, mesmo quando está muito ocupado. ☐

5. Meu professor estimula meu engajamento nos trabalhos, projetos, provas etc. ☐

6. Meu professor proporciona um clima propício à colaboração e ao trabalho de equipe em suas aulas. ☐

7. Meu professor sabe como inspirar autoconfiança em mim. ☐

8. Meu professor suscita o interesse em sala de aula. ☐

9. Meu professor é uma pessoa apaixonada. ☐

ADAPTABILIDADE

1. Meu professor adapta-se facilmente a situações imprevistas. ☐

2. Meu professor me ajuda na realização de meus trabalhos, provas ou projetos. ☐

3. Meu professor gosta de explorar novos caminhos em suas aulas. ☐

4. Meu professor é inovador, inventivo e criativo em sala de aula. ☐

5. Meu professor me trata com cuidado, tato e diplomacia. ☐

6. Meu professor tem facilidade para estabelecer uma relação comigo. ☐

7. Meu professor leva em consideração minhas particularidades, nas aulas ou quando conversa comigo. ☐

8. Meu professor me permite optar por outros meios além daqueles que ele preconiza para aprender ou alcançar os objetivos da aula. ☐

9. Meu professor usa estratégias quando ensina. ☐

GESTÃO DE SI

1. Meu professor mantém-se calmo diante de situações estressantes. ☐

2. Eu tenho a impressão de que as preocupações pessoais do meu professor não interferem em seu ensino e em seu contato com os alunos. ☐

3. Meu professor parece ter confiança em sua capacidade de ajudar os alunos que têm problemas. ☐

4. Meu professor tem autocontrole diante da maioria dos problemas que deve enfrentar. ☐

5. Meu professor é otimista a maior parte do tempo. ☐

6. Meu professor é paciente com seus alunos. ☐

7. Meu professor é perseverante mesmo com os alunos que têm dificuldades. ☐

8. Meu professor mantém pensamento positivo mesmo quando as coisas não andam como ele desejaria. ☐

9. Meu professor raramente parece atropelado pelos acontecimentos. ☐

Compilação

Depois dos alunos preencherem o questionário, você poderá tirar a média de cada questão e inserir o número atribuído em cada um dos círculos abaixo, de acordo com o item correspondente a cada uma das seções (comunicação, motivação, adaptabilidade e gestão de si). Em seguida, ligue cada um dos números com um traço, de modo a obter um gráfico representativo do conjunto das suas competências emocionais.

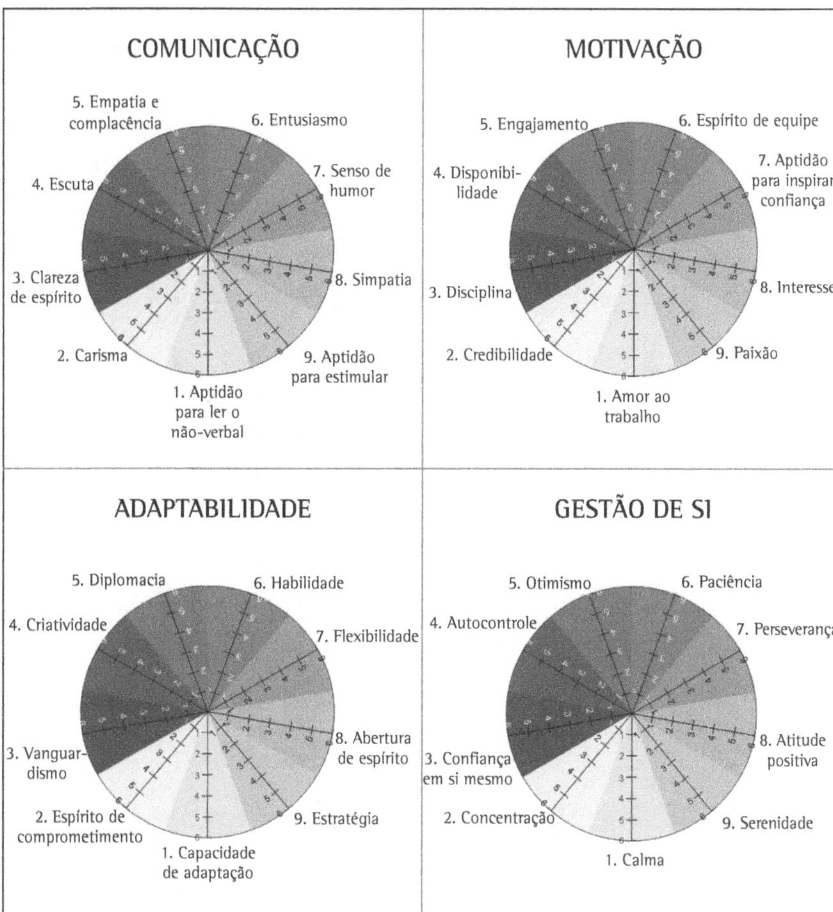

Você pode, agora, calcular o total de cada uma das seções e informar os resultados na figura-síntese abaixo. Em seguida, una cada um dos números com um traço, de modo a obter um gráfico representativo do conjunto das suas competências emocionais.

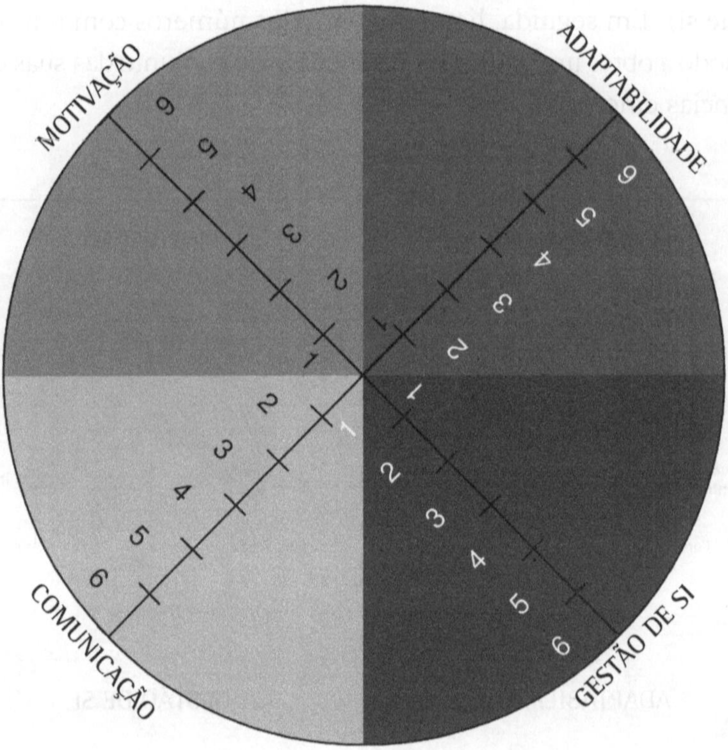

2

As emoções e seu impacto sobre o aprendizado e o rendimento escolar

No capítulo anterior, insistimos no fato de que as competências emocionais realmente constituem o cerne do aprendizado. Sem a intenção de subestimar as demais competências, é forçoso constatar, porém, que a competência emocional é, provavelmente, a mais importante dentre elas. A razão para isso é bem simples: o ser humano é um ser fundamentalmente afetivo. Vamos examinar agora, com mais profundidade, o que são essas emoções e qual seu impacto sobre o aprendizado.

A palavra "emoção" tem sua origem no verbo latino *emovere*, que significa "pôr em movimento", "movimentar-se". É por isso que às vezes dizemos, quando nos emocionamos com algo, que "aquilo mexeu comigo". Na palavra "emoção", há o termo "moção", que possui a mesma raiz da palavra "motor". Podemos, portanto, dizer que nossas emoções são como possantes "motores" que "mexem" conosco, nos movimentam de um modo sensível, tanto interiormente quanto exteriormente.

As emoções primárias

Muitos estudiosos já se interessaram pelas diferentes facetas das emoções. Um deles, Paul Ekman[1], pesquisando grupos diversos, iden-

1. Ekman, P., *Emotion in the human face*, 2ª ed., Cambridge University Press, 1982.

tificou seis emoções primárias: o medo, a raiva, a tristeza, a aversão, a surpresa e a alegria. A estas seis, podemos acrescentar ainda uma sétima emoção, particularmente presente nas relações humanas: o menosprezo.[2] Ekman constatou que cada uma dessas emoções possui suas particularidades e podem ser encontradas em todas as culturas, quaisquer que sejam a raça, a língua, a religião ou os costumes.

Os pesquisadores puderam estabelecer, também, a relação que existe entre as **emoções**, seus **disparadores**, ou aquilo que as provocam, e os **comportamentos** que delas resultam. Sabe-se, particularmente, que a sensação de medo é disparada quando uma ameaça potencial se anuncia e que ela provoca, como conseqüência, um comportamento de fuga. A raiva, por sua vez, liga-se a um obstáculo que impede a consecução de um objetivo qualquer e engendra o ataque, destinado a eliminar a fonte da frustração. A tristeza está associada a uma perda e provoca um comportamento de retração interior, o retraimento. Quanto à surpresa, ela é provocada por uma situação inesperada à qual sucede uma resposta de busca de orientação, cujo papel é colocar o organismo em estado de alerta, a fim de que possa avaliar os riscos potenciais de uma situação. O sentimento de aversão, ou o desgosto provocado por uma substância ou uma situação aversiva, conduz à rejeição e à deglutição e pode, assim, nos salvar a vida. O menosprezo é engendrado por algo repulsivo e produz um comportamento de condescendência em relação à pessoa que provoca esse sentimento. O menosprezo é quase sempre direcionado a uma pessoa, ao passo que a aversão pode ser experimentada tanto com relação a um objeto quanto a uma pessoa. Por fim, a alegria é disparada quando uma situação desejada se produz, induzindo um comportamento de aproximação. Vistas a par-

---

2. Ekman, P., *Emotions revealed, recognizing faces and feelings to improve communication and emotional life*. Times Books, Henry Holts and Company, 2003.

tir de um ângulo puramente biológico, nota-se facilmente quanto nossas emoções primárias são importantes e parte integrante da sobrevivência individual e coletiva.

Tabela 2.1 – Os disparadores, as emoções e os comportamentos

DISPARADORES	EMOÇÕES	COMPORTAMENTOS
Ameaça	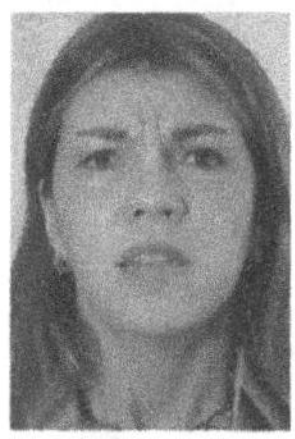 Medo	 Fuga
Obstáculo	 Raiva	 Ataque
Perda	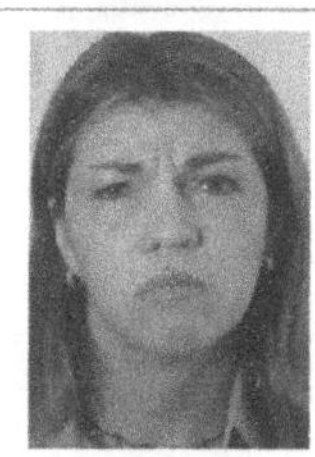 Tristeza	 Retraimento
Substância ou situação aversiva	 Aversão	 Rejeição

Tabela 2.1 – Os disparadores, as emoções e os comportamentos

continuação

DISPARADORES	EMOÇÕES	COMPORTAMENTOS
Repulsão	 Menosprezo	 Condescendência
Situação inesperada	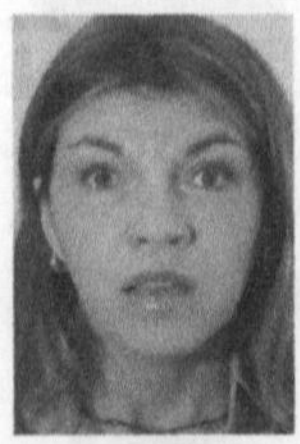 Surpresa	 Orientação
Situação desejada	 Alegria	 Aproximação

As emoções secundárias e sociais

As seis emoções primárias descritas por Ekman servem, portanto, para garantir nossa sobrevivência. No entanto, às vezes experimentamos algumas dessas emoções mesmo quando nossa sobrevivência não está em risco. Na realidade, as emoções primárias são como uma matéria-prima, a partir da qual podemos fabricar todas as outras emoções. É pelo aprendizado que podemos adquirir as emoções relacionadas a uma série de situações e circunstâncias de nossa vida cotidiana. Falamos, então, de emoções secundárias ou sociais (ver tabela 2.2).

Tabela 2.2 – Emoções secundárias e sociais

MEDO	RAIVA	TRISTEZA	AVERSÃO	MENOSPREZO	SURPRESA	ALEGRIA
Angustiado	Exasperado	Magoado	Exasperado	Repugnado	Assombrado	Apaixonado
Culpado	Agitado	Abatido	Amargurado	Desdenhoso	Espantado	Satisfeito
Temeroso	Contrariado	Prostrado	Contrariado	Desprezível	Impaciente	Confiante
Amedrontado	Acuado	Afetado	Desagradado	Distante	Impressionado	Contente
Incomodado	Enraivecido	Aflito	Desgostoso	Enojado	Incomodado	Encantado
Incerto	Exasperado	Aniquilado	Enciumado	Arrogante	Surpreendido	Bem-humorado
Indeciso	Frustrado	Ferido	Enfastiado	Repugnado	Estupefato	Entusiástico
Inquieto	Enfurecido	Entristecido	Enojado	Revoltado	Incomodado	Eufórico
Vulnerável	Agressivo	Decepcionado	Envergonhado			Confortado
Intimidado	Hostil	Deprimido	Escandalizado			Alegre
Horrorizado	Nervoso	Desolado	Ferido			Feliz
Com inveja	Irritável	Envergonhado	Humilhado			Otimista
Desconfiado	Invejoso	Humilhado	Intimidado			Apaixonado
Perplexo	Impaciente	Enciumado	Irritável			Excitado
Acuado		Melancólico	Ofendido			Amoroso
Preocupado		Pesaroso	Repugnado			Lisonjeado
Ridículo		Saudoso				Seguro
Desassossegado		Taciturno				Aliviado
Aterrorizado		Vulnerável				
Tímido						
Atormentado						

Podemos nos defrontar com uma insegurança qualquer decorrente de nossa ignorância em determinado assunto, com uma frustração resultante de um fracasso ou ainda com uma decepção provocada por resultados insatisfatórios naquilo que queremos e buscamos. São as nossas experiências da vida que nos fazem sentir essas emoções. Isso ocorre também no caso de emoções relacionadas à educação e à moral, como o sentimento de culpa, a vergonha, o ciúme, a timidez, a inveja ou a humilhação. Nesses casos, torna-se ainda mais evidente quanto essas emoções são fruto de aprendizado. As sensações de culpa e de vergonha não são algo inato. São sentimentos aprendidos em função de uma associação que estabelecemos entre as mais diversas situações e suas conseqüências. Todas as emoções secundárias e sociais são adquiridas por meio de aprendizado e são constituídas a partir das emoções primárias. A educação e a cultura, portanto, são extremamente importantes na aquisição dessas emoções. Assim como ocorre com as emoções primárias, as emoções secundárias induzem a uma série de comportamentos. A tabela 2.3 mostra alguns exemplos de emoções secundárias e sociais relacionadas ao aprendizado escolar.

Tabela 2.3 – As emoções secundárias e sociais em relação à escola

DISPARADORES	EMOÇÕES	COMPORTAMENTOS
Desconforto no sistema escolar (ameaça)	Insegurança (medo)	Evasão escolar (fuga)
Dificuldades em algumas disciplinas (obstáculo)	Frustração (raiva)	Crítica do sistema escolar (ataque)
Fracassos (perda)	Decepção (tristeza)	Desmotivação (retraimento)
Reprimendas e desprezo (situação aversiva)	Humilhação (aversão)	Descompromisso (rejeição)
Feedback negativo da parte do professor (repulsa)	Menosprezo	Réplica desrespeitosa ao professor (condescendência)
Resultados inesperados (situação inesperada)	Estupefação (surpresa)	Nervosismo (orientação)
Sucessos e encorajamentos (situação desejada)	Entusiasmo (alegria)	Motivação, interesse (aproximação)

Se examinarmos bem essas emoções, notaremos que, dentre as seis emoções fundamentais, apenas uma é verdadeiramente positiva. Por isso, é fundamental desenvolver a inteligência emocional no intuito de otimizar todas as emoções que derivam da alegria, gerar comportamentos orientados para a aproximação e a motivação e obter, assim, uma série de benefícios em nossas escolas e salas de aula. Ao longo de todo o processo de aprendizagem, essas emoções estão onipresentes e nele interferem grandemente. As emoções podem até mesmo alterar a aprendizagem. Voltaremos a essa questão um pouco mais à frente. Por ora, convidamos o leitor a mais um exercício:

Exercício 2.1

Distinguindo os disparadores, as emoções e os comportamentos

A partir das seguintes histórias, procure distinguir o(s) disparador(es), a(s) emoção(ões) e o(s) comportamento(s).

História de Mélanie[3]

Mélanie nunca inquire seu professor quando não entende as explicações que ele dá em sala de aula. Embora o professor sempre incite seus alunos a fazerem perguntas, Mélanie sente-se incapaz de formulá-las. O resultado é que, em casa, Mélanie muitas vezes fica em dúvida na hora de fazer suas lições.

Resuma brevemente os fatos:

____

____

____

3. Respostas para a história de Mélanie:
   Fato: o professor incita os alunos a fazerem perguntas.
   Emoções: constrangimento, timidez.
   Comportamentos: evita fazer perguntas.
   Disparadores: O julgamento de seus pares ou do professor representa para Mélanie um perigo, uma ameaça.

Emoção(ões) sentida(s) por Mélanie:

Disparador(es) dessas emoções:

Comportamento(s) induzido(s) por essas emoções:

História de Jacques[4]

Jacques sente-se realmente incomodado com a idéia de montar um projeto com outros colegas de sua classe. Como o trabalho é obrigatório, Jacques precisa participar do projeto. Na primeira reunião da equipe, Jacques permanece quieto e distante e quase não se manifesta. No final do encontro, os membros da equipe repartem entre si as várias tarefas. Mais tarde, Jacques encontra seus amigos e reclama dos colegas do grupo, afirmando que "é sempre a mesma coisa" e que ele, mais uma vez, terá que se encarregar da parte mais difícil do trabalho.

Resuma brevemente os fatos:

---

4. Respostas para a história de Jacques:
Fato: fazer um trabalho em equipe.
Emoções: inquietação, incômodo, insegurança, frustração, contrariedade.
Comportamentos: hesitação em levar adiante o trabalho, permanece distante e fala pouco, queixa-se dos colegas.
Disparadores: para o medo (inquietação, incômodo, insegurança); a possibilidade de trabalhar mais do que seus colegas representa uma ameaça para Jacques; para a raiva (frustração e contrariedade); dificuldade em dividir as tarefas; para a aversão (contrariedade); situação aversiva relacionada ao fato de que ele desejaria que as coisas se passassem de outra maneira.

Emoção(ões) sentida(s) por Jacques:

Disparador(es) dessas emoções:

Comportamento(s) induzido(s) por essas emoções:

História de Pierre[5]

Pierre acaba de receber o resultado de seu trabalho de final de semestre. A nota recebida está abaixo do esperado. Ao ver sua nota, Pierre estremece e, em seguida, xinga o professor, criticando-o porque o trabalho não era fácil e ele foi rigoroso demais na correção. Em seguida, amassa seu trabalho e lança-o ao lixo. Em casa, Pierre não cumprimenta seus pais e tranca-se imediatamente em seu quarto, dizendo que vai estudar.

Resuma brevemente os fatos:

---

5. Respostas para a história de Pierre
Fato: recebe uma nota ruim para o trabalho entregue.
Emoções: surpresa – frustração – contrariedade – desgosto – decepção – aflição.
Comportamentos: estremece – xinga – critica o professor – amassa seu trabalho – não cumprimenta seus pais – tranca-se em seu quarto.
Disparadores: para a surpresa: nota não esperada; para a raiva (frustração, contrariedade): obstáculo ao bom desempenho de seu curso; para a aversão (contrariedade, desgosto): a nota ruim constitui uma situação aversiva; para a tristeza (decepção, aflição): perda relacionada à nota que não obteve.

Emoção(ões) sentida(s) por Pierre:

Disparador(es) dessas emoções:

Comportamento(s) induzido(s) por essas emoções:

História de Manon[6]
Manon anima uma oficina de comunicação. O telefone celular de um participante do grupo toca uma primeira vez. Manon lembra que todos devem desligar seus aparelhos. Poucos minutos depois, o celular da mesma pessoa toca novamente. Manon eleva o tom de voz e adverte, novamente, que os aparelhos devem ser desligados. Depois de alguns minutos, a mesma coisa se repete. Manon, ainda mais severa, exige que o participante saia da sala para atender à chamada.

Resuma brevemente os fatos:

---

6. Resposta para a história de Manon:
Fatos: enquanto Manon anima uma oficina de comunicação, um telefone celular não pára de tocar.
Emoções: irritação – frustração – raiva.
Comportamentos: pede aos participantes que desliguem seus aparelhos – aumenta o tom – obriga o participante a sair da sala.
Disparador: os toques repetidos do telefone e a atitude do participante representam um obstáculo para Manon.

Emoção(ões) sentida(s) por Manon:

Disparador(es) dessas emoções:

Comportamento(s) induzido(s) por essas emoções:

Descreva agora uma situação que você viveu e tente analisá-la do mesmo modo.

Resuma brevemente os fatos:

Emoção(ões) sentida(s) por X:

Disparador(es) dessas emoções:

Comportamento(s) induzido(s) por essas emoções:

O aprendizado das emoções

O aprendizado das emoções opera de forma associativa. É uma aprendizagem do tipo pavloviano. No início do século XX, o célebre fisiologista russo Ivan Pavlov interessava-se pelo sistema digestivo. Fazia suas pesquisas com cachorros e percebeu que a produção da saliva participava do processo de digestão. Pavlov, na verdade, constatara que os cachorros salivavam abundantemente diante do alimento. Mas um dia, para sua grande surpresa, ele percebeu que os cachorros começavam a salivar não quando se viam diante da comida, mas já quando escutavam o barulho das gamelas que continham o alimento. Intrigado com a observação, Pavlov decidiu fazer uma experiência mais controlada.

Seu método consistia em introduzir no focinho do cachorro um tubo para recolher e medir a quantidade de saliva. Utilizou o som de um sino como estímulo neutro e um pedaço de carne como estímulo incondicional.

A experiência desenvolveu-se em três etapas:

ETAPA 1

Antes da experiência, o som do sino produz apenas um reflexo de orientação, mas não é capaz de provocar a salivação. É por essa razão que nós o qualificamos como um estímulo neutro.

Sempre antes da experiência, a carne tem a capacidade de provocar uma resposta de salivação. É por isso que dizemos que um estímulo incondicional é capaz de provocar uma resposta incondicional (a salivação).

ETAPA 2 Pavlov associou o som do sino (estímulo neutro) à apresentação do alimento (estímulo incondicional).	
ETAPA 3 Depois de várias associações, apenas o som do sino é suficiente para fazer o animal salivar, sem que ele tenha necessidade de ver o alimento. Dizemos, então, que o estímulo neutro proveio de um estímulo condicional, capaz de produzir uma resposta condicional, que, neste caso, é a salivação.	

Por essa mesma época, um psicólogo americano chamado John B. Watson tomou conhecimento dos trabalhos de Pavlov. Watson ficou a tal ponto fascinado pelas descobertas de Pavlov que chegou a afirmar que todas as nossas emoções e os nossos comportamentos originavam-se de uma aprendizagem por condicionamento do tipo pavloviano. Esse tipo de afirmação suscitou evidentemente algumas polêmicas e controvérsias. Watson[7] tentava demonstrar cientificamente que o aprendizado emocional funcionava do mesmo modo daquele demonstrado por Pavlov. Decidiu, então, condicionar uma criança de nove meses chamada Albert. E, para isso, seguiu os mesmos passos das etapas de Pavlov.

7. Watson, J.B. e R. Rayner, "Conditioned emotional reaction", *Journal of Experimental Psychology*, nº 3, 1920, p.1-14.

ETAPA 1

No começo do experimento, a criança não sente medo de rato. Ao contrário, acostumou-se a brincar com um rato branco, a puxar seu rabo, acariciá-lo etc. O rato é, então, para o pequeno Albert, um estímulo neutro.

Por outro lado, ao ouvir um barulho repetido e estridente, a criança manifestava medo e chorava. É bem sabido que o medo do barulho é uma emoção dita incondicionada nos bebês e nas crianças pequenas.

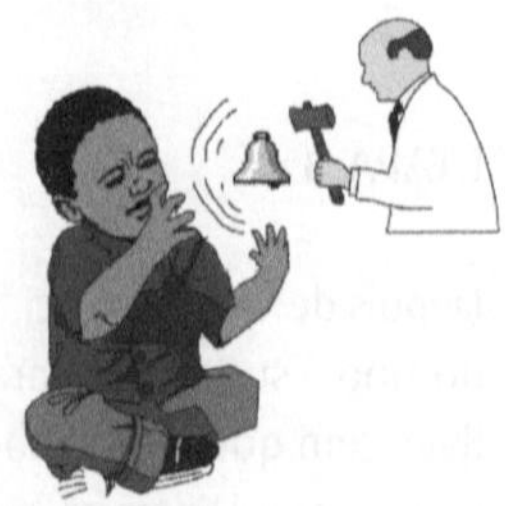

ETAPA 2

Enquanto a criança se diverte com o rato, Watson bate bruscamente em uma placa de metal com um martelo. Surpreso, Albert reage energicamente e começa a chorar. Watson recomeça a mesma ação repetidas vezes: quando Albert se aproxima do rato branco, ele faz soar o barulho infernal e a criança, apavorada, recomeça a chorar de medo.

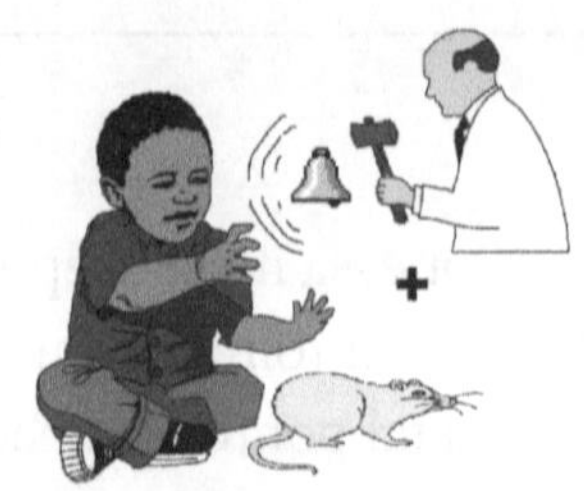

ETAPA 3

Essa ação é repetida várias vezes até que Albert, ao ver o rato, se põe a chorar e a tremer, e isso sem que Watson tenha feito o barulho. Watson acabava de provar, então, que nós podíamos condicionar uma emoção relacionada ao medo. O pequeno Albert sentia medo cada vez que se via na presença de um rato branco.

Depois dessa aprendizagem emocional, Albert começou a apresentar reações surpreendentes. Tinha medo de coelhos brancos, de ursinhos brancos, da barba branca do Papai Noel etc.; em suma, ele tinha medo de todo objeto ou de qualquer animal de pelugem branca. Nomeamos esse fenômeno de "generalização": consiste em reagir a todo estímulo que apresente características similares a um estímulo condicionado. Esse fenômeno é muito importante, já que ele nos permite compreender a maioria de nossas reações emocionais. Podemos ter esquecido quando e como essa ou aquela situação nos fez reagir emocionalmente. De fato, como vimos no início, distinguimos a memória emocional da memória dos fatos (memória declarativa). É muito freqüente que não nos lembremos de fatos relacionados a uma aprendizagem emocional, apesar de muitos dos traços emocionais persistirem. A memória emocional não retém os detalhes precisos, mas apenas os aspectos gerais da situação. Assim, logo que um indício se apresenta, a reação emocional é subitamente disparada e a emoção emerge.

Podemos facilmente imaginar múltiplas situações que se desenrolam nas escolas e nas salas de aula. Por exemplo, um aluno que apresente dificuldades numa determinada matéria, e que é humilhado por seus colegas, além das críticas que recebe do professor. Todos esses elementos amalgamam-se em seu cérebro emocional e criam uma memória emocional que pode se tornar intensa. A escola é um ambiente em que se podem produzir inúmeras associações emotivas entre situações, matérias escolares, professores, em suma, entre variadas situações e estados emocionais que podem ser tanto positivos quanto negativos. De todo modo, podemos entender que as emoções conduzem a comportamentos nem sempre desejados. Por exemplo, um professor que chama de "burro" um aluno que não entende o que ele ensina, pode imprimir marcas no cérebro emocional do aluno, marcas que poderão, posteriormente, conduzir a comportamentos de evitamento, repúdio, retraimento, bloqueio de aprendizagem de uma ou de várias matérias, quando não leva diretamente ao fracasso escolar propriamente dito.

Sem dúvida, professores sempre buscam fazer o melhor, como pais buscam o melhor para seus filhos. Mas, apesar das boas intenções, pode ser que adotemos condutas que provocam efeitos exatamente opostos àquele desejado.

As emoções de segundo plano

A noção de emoção de segundo plano não é utilizada com muita freqüência quando se aborda o conceito de emoção. Com efeito, quando falamos de emoções, fazemos geralmente referência às emoções primárias descritas por Ekman (o medo, a raiva, a tristeza, a aversão, a surpresa e a alegria). Pensamos também nas emoções secundárias e sociais que são o embaraço, a timidez, a inveja, a vergonha, a culpa ou o orgulho. Qual seria, então, a característica da paisagem emocional de segundo plano tantas vezes perceptível?

Para usar uma imagem "cinematográfica", pensemos em uma cena de filme. Percebemos o primeiro plano, que aqui é análogo às emoções primárias e secundárias, explícitas e bem visíveis. É aí que se situa a ação principal, aquilo sobre o que concentramos nosso olhar e que descreve o que se passa entre os personagens. Pode ser, por exemplo, um animado diálogo entre duas pessoas. Mas esse diálogo acontece em algum lugar; na calçada de uma rua movimentada, por exemplo. Em segundo plano, notamos pessoas, carros, uma mulher com seu cachorrinho etc. Enfim, existe uma animação que serve de ambientação à cena principal, sobre a qual nossa atenção está diretamente concentrada. Mas o ambiente em segundo plano é também muito importante. Imaginemos, por exemplo, que os dois protagonistas discutam na chuva, a água escorrendo sobre seus rostos; decidem então parar numa esquina onde outras pessoas reúnem-se agitadas por causa do mau tempo. Esse "clima" vai induzir a um estado particular muito diferente do que se produziria caso o encontro se desse em um parque florido numa bela tarde ensolarada. As emoções de segundo plano correspondem àquilo que sentimos conforme estamos tensos ou, ao contrário, relaxados, preguiçosos ou bem dispostos, desencorajados ou entusiásticos, ansiosos ou serenos etc.

A emoção primária principia de modo brusco e espontâneo, com um pico de alta intensidade e um rápido declínio. A emoção secundária pode durar mais tempo, mas as sensações que a acompanham são muito marcadas. As emoções de segundo plano apresentam um caráter ondulatório e duram muito mais no tempo. Imaginemos, por exemplo, que você tenha acabado de receber uma má notícia, que o deixou com bastante raiva, provocada por um aspecto bem preciso da informação recebida. Uma vez passado o pico emocional da cólera, pode ainda persistir um sentimento duradouro de irritabilidade. Isso significa que você é capaz de cuidar de suas ocupações cotidianas, mantendo, porém, em segundo plano, esse sentimento de "raiva difusa" acompanhando-o. Você conseguirá, apesar de tudo, sorrir para seus alunos quando os cumprimenta. Mas,

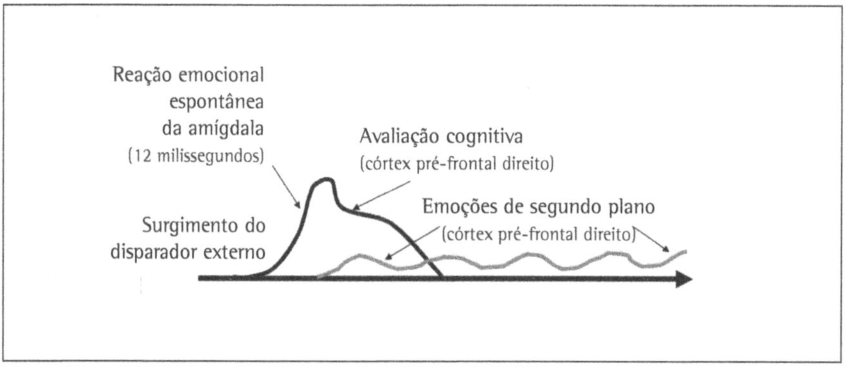

Figura 2.1 Esquema representando a intensidade e a evolução no tempo das emoções primárias e secundárias, provocadas diretamente na amígdala, e das emoções de segundo plano, que costumam passar pelo córtex pré-frontal. Assim, podemos constatar que a duração da atividade das emoções de segundo plano é muito mais longa do que no caso das emoções primárias e secundárias.

interiormente, você se manterá contrariado o dia inteiro por causa do que aconteceu de manhã e encontrará dificuldade para dormir à noite. Uma observação mais minuciosa, todavia, permitiria localizar alguns aspectos particulares de sua emoção de segundo plano. Veríamos em seu olhar qualquer coisa de ausente ao sorrir, sua expressão traria um certo mal-estar e o tom de sua voz estaria menos fluido. Em suma, as emoções de segundo plano comportam também elementos de expressão não-verbal, mais sutis que aqueles próprios às emoções primárias e secundárias, mas não menos importantes, nem menos reais. Entre outros sinais reveladores das emoções de segundo plano, mencionemos a postura do corpo, o grau de mobilidade dos membros em relação ao tronco, a oscilação entre movimentos mais ou menos convulsivos e outros harmoniosos, a animação do rosto, a luz nos olhos, a inflexão da voz etc. Tudo isso, o professor deve saber ver, deve saber "ler" no corpo de seus alunos, pois essas informações serão muito úteis para avaliar o andamento de suas aulas.

Antonio Damasio,[8] que foi o primeiro a definir adequadamente as emoções de segundo plano, estabeleceu uma nítida distinção entre as emoções primárias e secundárias. A tabela 2.4 resume bem essas distinções.

Se não há nenhuma dúvida de que as emoções primárias e espontâneas, como o medo, a raiva ou a tristeza, interferem no processo de aprendizagem, é muito provável que as emoções que provocam mais danos são as de segundo plano. Examinemos com mais detalhes seu impacto sobre o aprendizado.

---

8. Damasio, A., *L'erreur de Descartes, la raison des émotions*, Paris, Odile Jacob, 1995.

Tabela 2.4 – Distinção entre as emoções primárias, secundárias e de segundo plano

EMOÇÕES PRIMÁRIAS	EMOÇÕES SECUNDÁRIAS E SOCIAIS	EMOÇÕES DE SEGUNDO PLANO
Os disparadores geralmente são externos. Por exemplo, a ameaça, o obstáculo ou a perda que provocam o medo, a raiva ou a tristeza são agentes externos a nós.	Os disparadores podem ser externos (por exemplo, a visão de um rosto conhecido) ou internos (por exemplo, a lembrança de um amigo que acaba de falecer).	Os disparadores, em geral, são internos. Por exemplo, rumina-se mais ou menos conscientemente aquela crítica mal velada feita por um colega. A imagem que se tem da situação é tão de segundo plano quanto a emoção que a acompanha.
O disparo é imediato e é ativado diretamente na amígdala.	O disparo é imediato e ativado na amígdala. Entretanto, a manutenção da emoção solicita o córtex pré-frontal.	O disparo, se bem que relativamente rápido em alguns casos, é progressivo e apresenta um caráter ondulante. Faz trabalhar o córtex pré-frontal e o hipocampo, que envia os sinais para a amígdala.
A manifestação dos disparadores acontece mais no nível musculoesquelético: é o caso da tensão muscular nos membros e da aceleração do músculo cardíaco, ações necessárias em situações de fuga ou ataque.	A manifestação dos disparadores passa-se no nível musculoesquelético e visceral.	A manifestação dos disparadores ocorre no meio visceral: por exemplo, os "nós" no estômago e no plexo solar, o chamado "aperto da garganta" e a sensação de ter o "coração partido".

Impacto das emoções sobre o aprendizado e o rendimento escolar

Onde você estava e o que estava fazendo no dia 11 de setembro de 2001, quando soube que as torres gêmeas do World Trade Center haviam sido destruídas? A maioria das pessoas possui uma lembrança muito precisa desse momento histórico. Vejamos o que diz Daniel: "Eu estava no meu carro, com pressa para chegar ao Centro de Ensino, onde eu lecionava. Soube da notícia pela rádio. Minhas lembranças são bem nítidas e ficarão gravadas na minha memória talvez por toda a vida, sem dúvida como a lembrança que guardo do dia em que o presidente John Fitzgerald Kennedy foi assassinado. Foi no dia 22 de novembro de 1963, eu tinha acabado de chegar da escola e, como de costume, ia assistir ao meu programa favorito de TV. Mas, naquele dia, todos os canais estavam voltados para Dallas, onde tinha acontecido o drama".

Quando solicitamos à nossa memória que nos transporte ao passado, as recordações que nos vêm à mente – como nosso primeiro beijo, a morte de um ente querido, nosso primeiro dia na escola ou a comemoração de um evento importante – têm todas um denominador comum: são carregadas de emoções. Mas qual foi mesmo a matéria dada no dia 11 de setembro de 2001? Não tenho a menor idéia, da mesma forma que não guardei lembrança das minhas atividades no dia 22 de novembro de 1963. Sem dúvida, o mesmo acontece com você, leitor.

Isso quer dizer que os acontecimentos mais carregados de emotividade inscrevem-se com mais força em nossa memória declarativa. Mas nem sempre as emoções reforçam nossa memória. Em casos de stress, por exemplo, a reação emocional que o acompanha pode reduzir ou comprometer o desempenho da memória.[9] As emoções, portanto, são capazes de produzir um impacto tanto reforçador quanto redutor sobre a memória e o aprendizado. A tabela 2.5 resume os efeitos das emoções positivas e das emoções negativas sobre o rendimento escolar.

Tabela 2.5 - Impacto das emoções sobre o rendimento escolar

EMOÇÕES NEGATIVAS	EMOÇÕES POSITIVAS
Bloqueio	Motivação
Evasão	Interesse
Absenteísmo	Engajamento
Perda de tempo	Perseverança
Sabotagem	Colaboração
Procrastinação	Flexibilidade
Resistência	Abertura de espírito
Má comunicação	Complacência
Conflitos interpessoais	Aceitação
Ausência de colaboração	Criatividade
Insegurança	Harmonia

Como se pode explicar o fato das emoções tanto interferirem no processo de aprendizado? A razão principal vem da constatação de que as emoções possuem um forte impacto sobre nossa percepção, sobre nossa capacidade de ajuizamento e sobre nossos comportamentos. Os processos fundamentais que explicam essa alteração de nossas faculdades mentais são por demais longos e complexos

9. Phelps, E., "Quand l'émotion renforce la mémoire", *Sciences & Vie*, nº 212, 2000, p. 94-98.

para serem explanados em detalhes aqui, mas podemos dizer, para simplificar, que são todos de ordem biológica e química.

Retomemos as seis emoções primárias propostas por Ekman: o medo, a raiva, a tristeza, a aversão, a surpresa e a alegria. Note-se que, dessas seis emoções de base, apenas uma é positiva, e todas as outras, exceto, em certas circunstâncias, a surpresa, são negativas e, por conseguinte, engendram comportamentos pouco favoráveis ao aprendizado. A fuga, a agressividade, o retraimento ou a rejeição são, todas elas, reações comportamentais provocadas por emoções primárias negativas. As emoções de segundo plano negativas possuem um impacto ainda maior sobre as funções cognitivas e intelectuais, como a atenção, a percepção, a capacidade de ajuizar e, ainda mais claramente, sobre a memorização. Sabemos, com efeito, que a ativação da amígdala está associada à modulação dos processos motores, cognitivos, de atenção e de memória.[10] Examinemos, então, o impacto das emoções sobre cada uma dessas funções.

Emoção e atenção

A atenção não é apenas o primeiro elo da cadeia do aprendizado, mas também, muito provavelmente, dentre todos, o mais sensível. Já demonstramos que as emoções possuem um impacto sobre os mecanismos de atenção. Descobrimos, também, que os elementos carregados de negatividade têm o poder de captar nossa atenção. Para estudar esse fenômeno, uma equipe de pesquisadores desenvolveu uma experiência em que se pedia aos sujeitos para que detectassem um intruso em meio a um grupo de imagens neutras.[11] Os intrusos podiam ser, por exemplo, uma cobra entre várias flores

10. Dolan, R. J., "Emotion, cognition, and behavior", *Science*, 298, 2002, p. 1191-1194.
11. Ohman, A., "Mémoire et phobie", *Pour la Science*, dossiê 31, 2001, p. 110-115.

ou uma flor em meio a diversas cobras. Os pesquisadores concluíram que o tempo que se leva para descobrir um intruso amedrontador (a cobra entre as flores) é menor que para detectar um intruso anódino (a flor entre as cobras – ver figura 2.2). Em um contexto primitivo como aquele em que viviam nossos ancestrais, essas reações emocionais certamente permitiram salvar a vida de um bom número deles. Assim, ter medo diante de um predador ou de um urso em plena floresta sem dúvida ajudou vários de nossos antepassados a preservarem suas vidas, incitando-os a fugir e a proteger-se.

Figura 2.2 O tempo gasto para detectar uma flor em meio a diversas cobras é, em média, de 1060 milissegundos, ao passo que o tempo necessário para descobrir uma cobra entre um grupo de flores é de apenas 915 milissegundos.

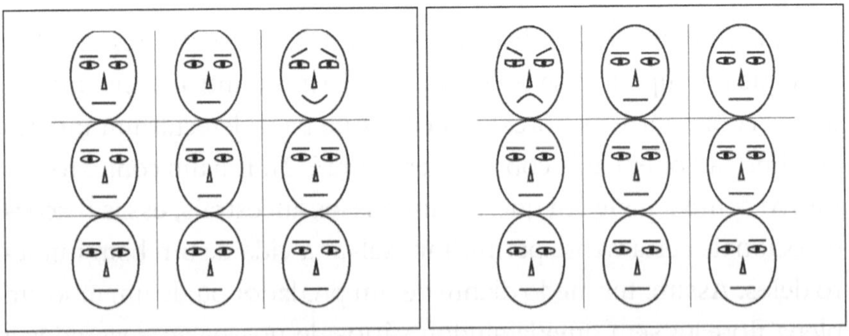

Figura 2.3 O tempo necessário para detectar um rosto sorridente em meio aos rostos neutros é superior (cerca de 1600 milissegundos, em média) do que o tempo que se leva para detectar um rosto ameaçador entre rostos neutros (1500 milissegundos, em média). Esse último intervalo de tempo é ainda mais curto entre as pessoas que se sentem mal integradas à sociedade.

E este fato não se limita apenas às imagens de cobras repulsivas. Ao contrário, parece aplicável a todas as situações que possam, porventura, representar uma ameaça para nós. O mesmo tipo de fenômeno foi observado quando se trata de detectar pessoas com aparência ameaçadora. Examinemos bem a figura 2.3. Pode ser que você não tenha se dado conta, mas seu cérebro identificou mais rapidamente o rosto zangado em meio aos neutros (à direita) do que o rosto sorridente entre os rostos neutros (à esquerda).

Ao que tudo indica, somos biologicamente programados para detectar mais facilmente e mais rapidamente fatos negativos do que aqueles positivos. Mas isso não é tudo: ao ver a imagem do rosto agressivo, seu organismo reage. Tão rapidamente quanto percebe a suposta ameaça, ele começa a ativar-se e a se preparar para fazer frente a um eventual agressor. Seu ritmo cardíaco acelera-se levemente, suas glândulas supra-renais liberam um pouco de adrenalina e seus músculos contraem-se ligeiramente. Depois, diante da ausência de ameaça, tudo volta paulatinamente à normalidade. Tudo isso é inconsciente e feito de maneira reflexa e espontânea, e a uma velocidade ultra-rápida. E, um dado, ainda mais impressionante: se você não se sente integrado a uma sociedade, sua percepção do rosto negativo por entre os rostos neutros torna-se ainda mais rápida e suas reações fisiológicas ainda mais intensas. Ademais, se você voltar a olhar as fotos das seis emoções primárias apresentadas no início deste capítulo, talvez passe ainda mais tempo, em média, observando as figuras ligadas às emoções negativas do que aquelas relacionadas às emoções positivas.

Ao tomar conhecimento dessas pesquisas científicas a respeito das emoções, um de nós, autores deste livro, conscientizou-se de uma reação sua: "Sempre que vou apresentar um seminário ou um curso para pessoas que não conheço, sinto disparar em mim um mecanismo espontâneo: tento identificar, naquele novo grupo, as pessoas que poderiam constituir uma ameaça ao curso. Como? Baseando-me nas expressões de seus rostos e em certos traços de suas fisionomias, detecto aqueles e aquelas que me parecem mais agressivos e antipáticos. Esse comportamento tem como conseqüência modificar a minha própria conduta em relação a essas pessoas. Preparo-me a "domesticá-las", de certo modo, e isto se deve, provavelmente, ao medo de que venham perturbar meu curso. Adoto, portanto, uma abordagem destinada a integrar essas pessoas. Ao primeiro intervalo, vou ao seu encontro, converso com elas, faço-lhes algumas perguntas; logo, procuro integrá-las, torná-las simpáticas a mim e a meu curso. Geralmente, o resultado é bom, pois a maioria dessas pessoas torna-se positiva a meus olhos e minhas primeiras impressões a seu respeito se modificam. E o inverso também é verdadeiro. As pessoas sorridentes e de comportamento simpático provocam sobre mim um efeito tranqüilizador. Nelas me apóio no início do curso, como se fossem meus aliados". Esse reflexo inconsciente pode variar de pessoa a pessoa. Para outros, alguém que se comporte de maneira antipática ou agressiva pode disparar, ao contrário, um comportamento hostil e agressivo. É como uma espécie de preparação inconsciente para a necessidade de enfrentar esse indivíduo que seu cérebro emocional identificou como um adversário em potencial.

Nosso cérebro está programado para reagir a todo e qualquer sinal que possa representar uma ameaça potencial para nós. E cinco das seis reações emocionais (o medo, a raiva, a tristeza, a aversão e a surpresa) asseguram esse tipo de comportamento.

O elo existente entre o aprendizado e as emoções torna-se, aqui, evidente. Cada vez que nossa atenção é monopolizada por uma carga emocional negativa, nosso aprendizado e nosso desempenho são afetados. Como explica Daniel Goleman: "as emoções com forte carga negativa atraem nossa atenção para as preocupações que lhes são próprias, opondo-se a qualquer tentativa de conduzi-las em outra direção".[12] Há muito se constatou que os distúrbios de aprendizagem tinham maior incidência entre pessoas ansiosas e estressadas. Bettina Seipp empreendeu uma meta-análise de publicações que tratavam dos efeitos da ansiedade sobre os desempenhos escolares.[13] Repertoriou 126 estudos realizados com 36 mil estudantes. Ela descobriu que quanto mais um indivíduo estiver inclinado a inquietar-se, menos ele terá êxito em seus estudos, qualquer que seja o critério de referência: média anual, provas parciais, exames de fim de ano etc. Mas só mais recentemente os mecanismos subjacentes a esses fenômenos começam a ser esclarecidos. Os pesquisadores puderam demonstrar que os processos de atenção são os primeiros atingidos pelo stress e pela ansiedade, o que explicaria, conseqüentemente, o motivo pelo qual desempenhos de todo tipo são afetados negativamente por nossas emoções negativas.[14]

---

12. Goleman, D., *L'intelligence émotionelle, accepter ses émotions pour développer une intelligence nouvelle*, Paris, J'ai Lu, 1997, p. 124.
13. Seipp, B., "Anxiety and academic performance: a meta analysis", *Anxiety Research*, vol. 4(1), 1991.
14. Janelle, C. M., "Anxiety, arousal and visual attention: a mechanistic account of performance variability", *Journal of Sports Sciences*, vol. 20(3), 2002, p. 237-51.

Emoção e percepção

Um outro efeito importante que produzem as emoções diz respeito a nossa percepção. As emoções agem, cada uma delas, de forma diferente sobre a percepção. Sabe-se, por exemplo, que uma carga emocional possui um impacto negativo sobre a visão periférica. Já foi demonstrado, aliás, que a capacidade de perceber as informações na periferia de nosso campo visual ficava profundamente perturbada em indivíduos que apresentavam sinais de ansiedade.[15] Em outras palavras, nossa percepção fica limitada quando sofremos emoções negativas. Em conseqüência, se houver falta de informações, a memória e a aprendizagem serão diretamente afetadas. Esse fenômeno é bem explicado por David Rudrauf: "Sabemos que um estado de humor eufórico conduz a uma concentração sobre os indícios de bom desempenho, ao passo que o stress e a ansiedade levam, ao contrário, a uma focalização sobre os indícios de perigo".[16]

Um outro fenômeno ligado às emoções concerne à alteração, pura e simples, da percepção. Essa alteração pode consistir tanto em escamotear certas informações que se apresentam a nosso campo de percepção quanto fazer surgir outras informações que simplesmente não estavam ali. Um fenômeno perceptivo bastante simples e bem conhecido na psicologia pode ajudar a compreender os mecanismos de alteração da percepção das emoções. Esse fenômeno leva o nome de "fechamento". Trata-se de um princípio que consiste em completar uma forma incompleta, como é o caso dos exemplos da figura 2.4.

---

15. Shapiro, K. L., e A. Lim, "The impact of anxiety on visual attention to central and peripheral events", *Behaviour Research and Therapy*, vol. 27(4), 1989, p. 345-51.
16. Rudrauf, D., "Éprouver pour apprendre", *Science & Vie*, n° 222, 2003, p. 82-91.

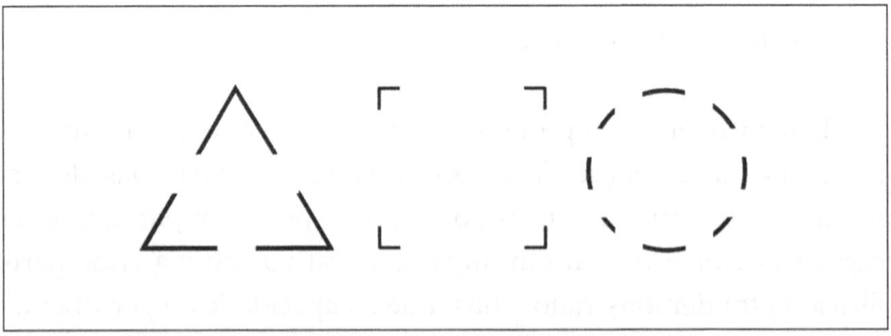

Figura 2.4 O exame das figuras acima mostra que, mesmo elas sendo incompletas, nosso cérebro as reconhece pelo princípio do fechamento. Ele completa as formas.

O fenômeno do "fechamento", que consiste em completar as lacunas de um objeto qualquer, é fácil de compreender. Também se pode compreender com facilidade quanto ele é útil para apreender informações incompletas. No entanto, pode ocorrer que, em função do contexto, nós interpretemos mal essas lacunas, como demonstram os exemplos da figura 2.5.

De fato, os princípios que explicam os fenômenos ilustrados acima dizem respeito, simplesmente, à percepção e à interpretação das formas. Mas, quando se trata de compreender uma realidade mais complexa, outros fatores vêm interferir: não apenas nossas experiências anteriores, como também nossas emoções. Vejamos um exemplo bastante simples. Imagine que você chegue em casa um pouco mais cedo que de hábito. Um carro esporte está estacionado em frente à sua garagem. Você decide olhar pela janela para ver o que se passa no interior da casa. Então, você vê sua companheira recebendo um buquê de flores de um homem e, em seguida, pulando em seus braços. Da mesma forma que no caso do triângulo, do círculo ou do quadrado incompletos, você tem imediatamente o impulso de completar as partes que faltam nessa história. O contexto também influi, certamente, no modo de perceber os fatos. Mas serão, sobretudo, suas emoções que causarão o maior impacto sobre sua

Figura 2.5 Observe bem a imagem à esquerda. Se perguntar a um grupo de pessoas o que vêem espontaneamente aí, cerca de 50% dirá enxergar o algarismo 13 e cerca de 50 % dirá que vê a letra B. Mas se modificarmos o contexto (imagens à direita), as percepções serão diretamente influenciadas por ele.

percepção. Esta última será induzida por coisas diferentes: o carro esporte, o homem com o buquê de flores, sua mulher agarrada ao pescoço dele. À medida que a emoção cresce, todo o processo de percepção e de interpretação da situação é diretamente afetado por ela. Você se arrisca, portanto, a tirar conclusões completamente errôneas, sob a influência das emoções. A maioria das pessoas enxerga o algarismo 13 quando esta figura está colocada entre dois números e enxerga a letra B sempre que o contexto corresponde às letras. Ora, aqui, na situação exposta, a maior parte das pessoas veria uma mulher nos braços de seu amante. Mas, na realidade, trata-se de um apresentador de televisão que veio entregar-lhe o automóvel que ela acaba de ganhar em um concurso televisivo. Radiante com a notícia, ela se joga espontaneamente em seus braços...

Se as emoções podem alterar consideravelmente a percepção, como acabamos de demonstrar, elas podem também, conseqüentemente, afetar nossa capacidade de ajuizar.

Emoção, memória de trabalho e resolução de problemas

Lembremos, em primeiro lugar, que a memória de trabalho está relacionada à memória de curto prazo e permite efetuar a maior parte das tarefas cognitivas explícitas. Podemos compará-la à nossa mesa de trabalho, onde reunimos os objetos e o material necessários ao cumprimento de uma tarefa. Seu espaço é limitado, assim como sua duração. Podemos compreender, facilmente, que tudo aquilo que vier a ocupar nossa memória de trabalho terá o poder de afetar sua eficácia. Diversas pesquisas já puderam demonstrar que as emoções afetam negativamente o tratamento das informações em nossa memória de trabalho.[17] Descobriu-se, sobretudo, que o cortisol liberado em situações de stress era capaz de intervir no funcionamento dessa memória. Os sujeitos que apresentaram uma taxa alta de cortisol foram menos competentes para completar exercícios aritméticos que aqueles com uma taxa menor da substância.[18] Outros trabalhos mostraram que a pressão ocasionada pelo tempo afetava consideravelmente o bom desempenho em aritmética.[19] Descobriu-se também que os indivíduos que apresentam uma fobia pelas matemáticas possuíam, todos, uma deficiência na capacidade de inibir aquilo que pode distrair sua atenção. Essa deficiência dos mecanismos de inibição conduz a um alto consumo dos recursos da memória de trabalho por toda espécie de estímulos exteriores à tarefa a ser cumprida.[20]

---

17. Terry, W. S. e J. S. Burns, "Anxiety and repression in attention and retention", *The Journal of General Psychology*, vol. 128(4), 2001, p. 422-32.
18. al'Absi, M., K. Hugdahl e W. R. Lovallo, "Adrenocortical stress responses and altered working memory performance", *Psychophysiology*, vol. 39(1), 2002, p. 95-99.
19. Kellogg, J. S., D. R. Hopko e M. H. Ashcraft, "The effects of time pressure on arithmetic performance", *Journal of Anxiety Disorder*, vol. 13(6), 1999, p. 591-600.
20. Hopko, D. R., M. H. Ashcraft, J. Gute, K. J. Ruggiero e C. Lewis, "Mathematics anxiety and working memory: support for the existence of a deficient inhibition mechanism", *Journal of Anxiety Disorder*, vol. 12(4), 1998, p. 343-355.

Emoção, capacidade de ajuizamento e raciocínio

Vimos, no capítulo 1, com o caso de Elliot, a que ponto a ausência de emoções pode afetar o processo de tomada de decisões. Mas o inverso também é verdadeiro, o que quer dizer que uma grande carga emocional pode afetar tanto os processos cognitivos complexos quanto o raciocínio e a capacidade de ajuizar. Uma experiência original colocou em evidência esse fenômeno.[21] Os pesquisadores requisitaram a 170 sujeitos que lessem histórias em quadrinhos de teor violento. A metade deles leria histórias em quadrinhos extremamente violentas e a outra metade aquelas histórias pouco violentas. Depois, os participantes deviam ler cinco histórias hipotéticas em que eram narradas atitudes agressivas de crianças com relação a outras crianças, mas nas quais sempre pairava alguma dúvida sobre as intenções das primeiras. Em seguida, os participantes responderam a uma série de questões a respeito das intenções dos provocadores, do seu potencial de represália e do estado emocional desses últimos. Os resultados demonstraram que os sujeitos que haviam lido as histórias em quadrinhos mais violentas perceberam mais intenções hostis na ação dos provocadores (a quem atribuíam maior capacidade de represálias e uma carga de emoção negativa mais forte) do que aqueles que haviam lido as histórias em quadrinhos menos agressivas. Pode-se concluir, portanto, que foram as emoções negativas que influenciaram seu julgamento e sua capacidade de bem avaliar a situação.

Quando nosso nível emocional atinge um patamar elevado, nossas capacidades intelectuais e cognitivas ficam fortemente compro-

---

21. Kirsh, S. J. e P. V. Olczak, "Violent comic books and judgements of relational aggression", *Violence Vict*, vol. 17(3), 2002, p. 373-80.

metidas. Um interessante estudo sublinhou o impacto negativo da ansiedade sobre o raciocínio.[22] Cento e duas pessoas deviam resolver cem analogias geométricas, ora sob condições agradáveis, ora sob condições estressantes. O tempo de resposta e o número de erros cometidos foram calculados. Os resultados demonstraram que, em condições agradáveis, os sujeitos mais ansiosos foram mais lentos e menos precisos do que aqueles menos ansiosos. Sob condições estressantes, os sujeitos mais ansiosos foram mais rápidos, mas cometeram muito mais erros dos que os sujeitos menos ansiosos. As conclusões dos pesquisadores são interessantes. Eles afirmam que, em condições de stress, as diferenças de desempenho entre os dois grupos pode ser mais bem explicada por uma diferença de compromisso entre a rapidez e a precisão do que por um diferencial de habilidade cognitiva (tratamento da informação).

Quando nossas funções de base, como a atenção, a percepção, a memória de trabalho, a capacidade de ajuizar e o raciocínio, são afetadas pelas emoções, pode-se facilmente demonstrar seu impacto sobre o rendimento escolar. Um pesquisador italiano observou que, com efeito, são as inquietações que constituem o componente afetivo mais suscetível de afetar os desempenhos escolares.[23] Outras pesquisas trataram de outro fenômeno, que se costuma chamar de "a angústia dos estudos" entre os estudantes de medicina.[24] Descobriu-se não somente que essa forma de ansiedade era resultado dos desempenhos do primeiro ano de estudos, como também

---

22. Leon, M. R. e W. Revelle, "Effects of anxiety on analogical reasoning: a test of three theoretical models", *Journal of Personality and Social Psychology*, vol. 49(5), 1985, p. 1302-1315.
23. Comunian, A. L., "Anxiety, cognitive interference, and school performance of Italian children", *Psychol Rep*, vol. 73(3 Pt 1), 1993, p. 747-54.
24. Grover, P. L. e D. U. Smith, "Academic anxiety, locus of control, and achievement in medical school", *Journal of Medical Education*, vol. 56(9 Pt 1), 1981, p. 727-36.

que ela estava intimamente relacionada a sucessos anteriores. Outro estudo chegou às mesmas conclusões a respeito do stress.[25]

Exercício 2.2

Reflexão sobre minha jornada de ensino

Tarefa: Reserve alguns instantes de reflexão para lembrar-se do seu dia de trabalho. Descreva uma situação em que você reagiu emocionalmente e procure identificar a (ou as) emoção sentida, utilizando-se do quadro descritivo das emoções mais abaixo e indicando a intensidade do que você sentiu. Você pode observar novamente o exemplo de Manon apresentado no exercício 2.1. Em seguida, indique em quê as emoções sentidas podem ter tido um impacto importante sobre suas funções cognitivas e intelectuais.

Exemplo:
Descrição da situação: *Manon anima uma oficina de comunicação. O telefone celular de um participante toca uma primeira vez. Manon lembra que os participantes devem desligar seus aparelhos. Alguns minutos mais tarde, o celular da mesma pessoa toca novamente. Manon eleva o tom de voz e adverte, novamente, que os aparelhos devem ser desligados. Depois de alguns minutos, o mesmo telefone toca. Manon, ainda mais severa, exige que o participante saia da sala para atender à chamada. Afetada pela situação, Manon tem dificuldade em manter as atividades programadas.*

---

25. Stewart, S. M., T. H. Lam, C. L. Betson, C. M. Wong e A. M. Wong, "A prospective analysis of stress and academic performance in the first two years of medical school", *Medical Education*, vol. 33(4), 1999, p. 243-50.

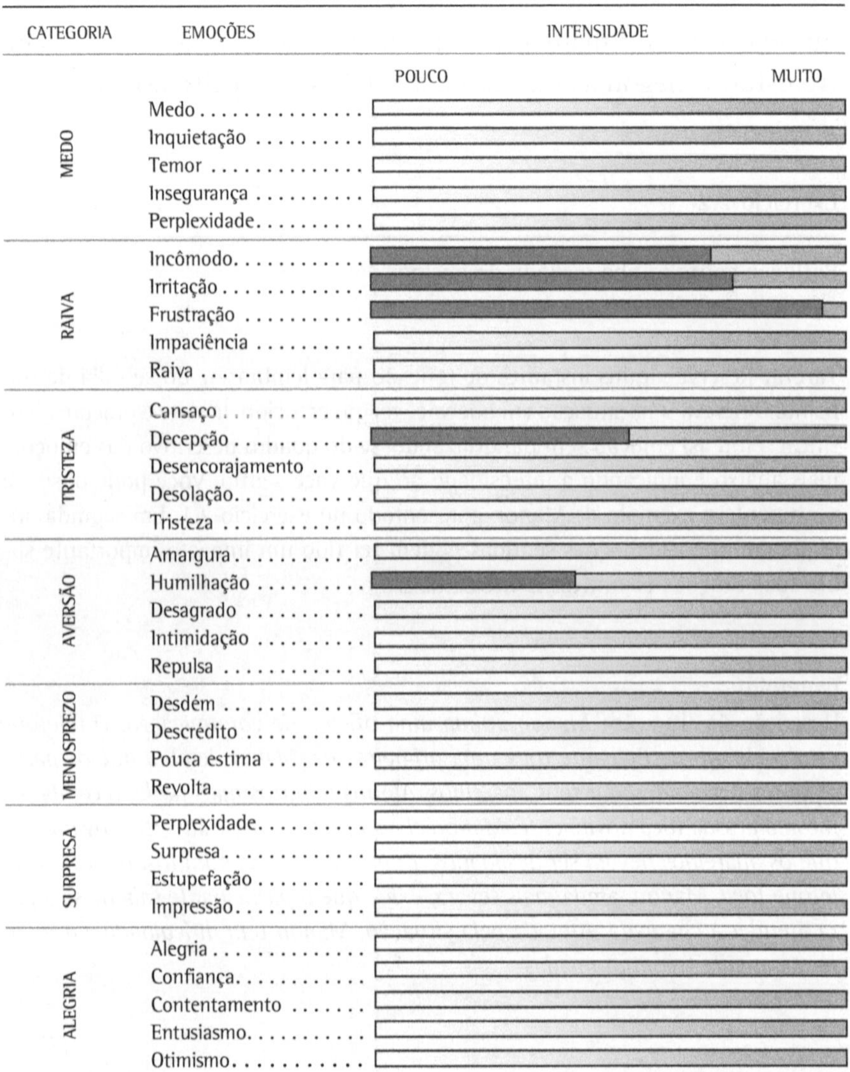
CATEGORIA
EMOÇÕES
INTENSIDADE
POUCO
MUITO
MEDO
Medo
Inquietação
Temor
Insegurança
Perplexidade
RAIVA
Incômodo
Irritação
Frustração
Impaciência
Raiva
TRISTEZA
Cansaço
Decepção
Desencorajamento
Desolação
Tristeza
AVERSÃO
Amargura
Humilhação
Desagrado
Intimidação
Repulsa
MENOSPREZO
Desdém
Descrédito
Pouca estima
Revolta
SURPRESA
Perplexidade
Surpresa
Estupefação
Impressão
ALEGRIA
Alegria
Confiança
Contentamento
Entusiasmo
Otimismo

Impacto das emoções sobre as funções cognitivas e intelectuais

EMOÇÕES SENTIDAS	ATENÇÃO	PERCEPÇÃO	MEMÓRIA DE TRABALHO E RESOLUÇÃO DE PROBLEMAS	AJUIZAMENTO E RACIOCÍNIO
Irritação Frustração Raiva	Toda a sua atenção voltou-se para a pessoa com o celular.	O som do telefone celular soava de modo agressivo em sua mente. Parecia mais alto e agudo do que era na realidade.	Ela passou a perder o fio das idéias em meio a uma explicação.	Ela desenvolveu uma tendência a exagerar a importância da situação.
Decepção	Sua atenção foi atraída pelas pessoas que suspiravam quando o celular tocava.	Ela passou a associar o menor sinal de impaciência dos alunos ao desinteresse pelo seu curso e não ao incômodo provocado pelo celular.	Ela esqueceu dois ou três aspectos importantes de sua explicação.	Ela não conseguiu mais explicar com correção e clareza o que normalmente explicava muito bem.
Humilhação	Ela começou a se concentrar em tudo aquilo que pudesse, de algum modo, perturbá-la.	Quando dois alunos começaram a rir da situação, ela logo interpretou que era dela que riam.	Suas idéias ficaram ainda mais confusas.	Idéias sombrias surgiram em seu espírito.

Descrição da situação:

____

____

____

____

CATEGORIA	EMOÇÕES	INTENSIDADE
		POUCO — MUITO
MEDO	Medo	
	Inquietação	
	Temor	
	Insegurança	
	Perplexidade	
RAIVA	Incômodo	
	Irritação	
	Frustração	
	Impaciência	
	Raiva	
TRISTEZA	Cansaço	
	Decepção	
	Desencorajamento	
	Desolação	
	Tristeza	
AVERSÃO	Amargura	
	Humilhação	
	Desagrado	
	Intimidação	
	Repulsa	
MENOSPREZO	Desdém	
	Descrédito	
	Pouca estima	
	Revolta	
SURPRESA	Perplexidade	
	Surpresa	
	Estupefação	
	Impressão	
ALEGRIA	Alegria	
	Confiança	
	Contentamento	
	Entusiasmo	
	Otimismo	

Os mecanismos neurológicos

O célebre pesquisador Joseph LeDoux, da Universidade de Nova York, afirma que o sistema emocional pode monopolizar todos os recursos de nosso cérebro.[26] Tudo se passa como se as emoções pudessem assumir o controle do conjunto de nossas funções cognitivas e perceptivas. Por isso, a partir de um simples indício, pode-se construir todo um cenário imaginário, como se o cérebro procurasse confirmar todas as possíveis hipóteses que alimentam o que sentimos. LeDoux explica que é mais fácil uma emoção assumir o controle de nosso pensamento do que nosso pensamento assumir o controle das nossas emoções.

Para ser mais precisos, devemos dizer que a amígdala, essa estrutura nervosa central de "nosso cérebro emocional", emite projeções neuronais para a maioria das partes de nosso cérebro, incluindo as regiões responsáveis pelas altas funções cognitivas. Mas que, ao contrário, as projeções provenientes dessas regiões em direção à amígdala são em número muito mais restrito. Isso pode explicar por que as emoções possuem tamanho impacto sobre os nossos comportamentos e nossas cognições e por que, quando atingem certo nível de intensidade, podemos perder o autocontrole. Veremos, mais adiante, que existem ainda vias descendentes que nós podemos estimular na gestão das emoções, mas, por ora, examinemos mais particularmente o impacto das emoções negativas.

Há muito que razão e paixão são vistas como entidades diferenciadas e mesmo diametralmente opostas. Ainda que a realidade seja mais complexa do que deixa presumir essa dualidade um tanto simplista, como já descrevemos no capítulo 1, existem, contudo, estruturas

26. LeDoux, J., "Peur et mémoire inconsciente", *Pour la science*, dossiê nº 31, 2001, p. 104-109.

cerebrais muito distintas ligadas ao funcionamento das competências cognitivas (racionais), técnicas, relacionais e emocionais.

Geralmente, quando queremos que alguém sob forte efeito de emoção "use a cabeça", dizemos que estamos tentando trazê-lo de "volta à razão". Mas todos já constatamos que esse método é, em geral, vão. O que explica a dificuldade de trazer alguém em crise emocional "de volta à razão" ou de fazê-lo "usar a cabeça" é o fato de que o cérebro emocional não reconhece a linguagem. Ele não compreende as palavras. Com efeito, a linguagem é algo próprio ao cérebro racional. É seu modo de comunicação, ou mesmo seu modo privilegiado de funcionamento. Por sua vez, o cérebro emocional comunica-se por meio de gestos, comportamentos, atos. Se somos capazes de falar quando estamos tristes, com raiva ou com medo, isto se dá, talvez, por duas razões: em primeiro lugar, porque o cérebro racional e o cérebro emocional comunicam-se entre si e funcionam em complementaridade. A outra razão, mais perniciosa, vem do fato de que o cérebro emocional é capaz de dominar o cérebro racional. Um pouco como o cavaleiro sobre seu cavalo, é geralmente ele quem domina e dirige seu animal, que lhe dá uma direção e que o guia. Mas quando o cavalo "toma o freio nos dentes", é o contrário que acontece: doravante, é o cavalo quem assume o comando e quem conduz o cavaleiro onde quer, por onde quer e como quer. É ele o senhor e mestre da situação e não há nada a fazer, senão acompanhá-lo até que se acalme. Da mesma maneira, quando o cérebro emocional toma a dianteira, ele tem a capacidade de dominar o cérebro racional e dirigi-lo à sua guisa. Toma-o como refém, de certo modo, e faz com que trabalhe para ele.

Levadas ao extremo, as reações emocionais vão alterar, consideravelmente, o aprendizado. Todos sabemos, apoiados por pesquisas científicas, que o stress pode afetar nossa capacidade de aprendizagem. Mas isto vai ainda mais longe. Os estudos da equipe do dr. Douglas Bremner, junto a veteranos da guerra do Vietnam que sofriam da síndrome do stress pós-traumático, comprovaram que seu hipocampo encontrava-se atrofiado quando comparado ao de sujeitos normais.[27] Esse mesmo tipo de observação foi também feito com crianças que haviam sido vítimas de intenso stress por um período relativamente longo.[28] Portanto, não apenas as emoções negativas intensas possuem a capacidade de alterar as faculdades de aprendizado, mas elas conduzem, além disso, à destruição das estruturas do cérebro nele implicadas.

Existem ainda outros fatores a levar em consideração. Diversas pesquisas a respeito daquilo que chamamos "assimetria afetiva" nos permitiram, com efeito, compreender melhor o funcionamento emocional. Assim, os trabalhos coordenados principalmente por Richard Davidson, da Universidade de Wisconsin, demonstraram que os estados emocionais são lateralizados no cérebro.[29] Sabemos há muito que as funções cognitivas, como a linguagem e o raciocínio lógico, alojam-se no hemisfério esquerdo do cérebro, ao passo que funções não-verbais, musicais e visuais-espaciais estão concentradas no hemisfério direito do cérebro. Posteriormente, graças aos estudos especializados em neurociências, descobrimos também a existência de uma lateralização das emoções. Davidson e sua equipe demonstraram que emoções negativas, como a tristeza, a aversão e o medo, estão lateralizadas do lado direito do cérebro, ao passo que as emoções positivas, como a alegria e o bem-estar, lateralizavam-se à esquerda do cérebro. Sabemos que a amígdala está implicada nas emoções e que a assimetria no nível do córtex cerebral concentra-se, mais particularmente, no nível da região pré-frontal.

Seria demasiado alongado e tedioso descrever, aqui, todas as ex-

---

27. Bremner, J. D., "Neuroimaging studies in post-traumatic stress disorder", *Current Psychiatry Reports*, vol. 4(4), 2002, p. 254-63.
28. Bremner, J. D., "Neuroimaging of childhood trauma", *Seminars in Clinical Neuropsychiatry*, vol. 7(2), 2002, p. 104-12.
29. Davidson, R., "Des humeurs bien partagées", *Sciences et Vie (hors série)*, n° 168, 1987, p. 50-57.

periências e observações que levaram a descobrir esta lateralização das emoções positivas à esquerda e das negativas à direita. Mas digamos, a título de exemplo, que as primeiras observações remontam à época em que os pesquisadores constataram que alguém com lesão cerebral localizada nas regiões pré-frontais esquerdas do córtex manifestava, na maior parte dos casos, uma sintomatologia depressiva. E, por outro lado, os pacientes que possuíam lesões comparáveis na mesma região do hemisfério direito apresentavam afetos positivos bastante marcados. Os estudos da atividade fisiológica do cérebro graças às técnicas de imagens e ressonâncias vieram confirmar essas observações. Descobriu-se assim que, quando conseguimos induzir nos sujeitos uma emoção negativa, é o seu hemisfério direito que se ativa, ao passo que, se induzirmos emoções positivas, é o hemisfério esquerdo que é ativado.[30] Mais recentemente, ficou demonstrado não apenas que as pessoas depressivas apresentavam uma redução da atividade da região pré-frontal esquerda do cérebro, mas que elas apresentavam, além disso, uma redução do volume de matéria cinzenta dessas mesmas regiões.[31] Outra pesquisa, feita com 56 crianças entre oito e onze anos de idade, demonstrou que aquelas que sofriam de ansiedade apresentavam uma atividade maior do lóbulo pré-frontal direito, quando comparadas a crianças normais.[32]

Outro elemento importante, e que já discutimos anteriormente, é que a amígdala tem um papel fundamental no funcionamento das emoções. Ela possui conexões extremamente importantes com o córtex pré-frontal. Joseph LeDoux, da Universidade de Nova York, de-

---

30. Sobotka, S. S., R. J. Davidson e J. A. Senulls, "Anterior brain electrical asymmetries in response to reward and punishment", *Electroencephalography and Clinical Neurophysiology*, 83(4), 1992, p. 236-47.
31. Davidson, R. J., D. A. Lewis, L. B. Alloy, D. G. Amaral, G. Bush, J. D. Cohen, W. C. Drevets, M. J. Farah, J. Kagan, J. L. McClelland, S. Nolen-Hoeksema e B. S. Peterson, "Neural and behavioral substrates of mood and mood regulation", *Biol. Psychiatry*, 52(6), 2002, p. 478-502.
32. Baving, L., M. Lauchet e M. H. Schmidt, "Frontal brain activation in anxious school children", *Journal of Child Psychology and Psychiatry and Allied Disciplines*, 43(2), 2002, p. 265-74.

monstrou que a amígdala envia projeções para quase todas as regiões do nosso cérebro, o que inclui, obviamente, as regiões pré-frontais.[33] No entanto, um número significativamente menos importante de projeções chega até a amígdala. Este fato explica a razão pela qual as emoções podem ter tanto impacto sobre as cognições. Explica também o fato de que o sistema emocional tem o poder de monopolizar os recursos do cérebro e que é mais fácil para uma emoção controlar a razão do que as emoções serem controladas pela razão.[34]

Contudo, uma nova fonte de informações proveniente dos laboratórios de Richard Davidson traz um esclarecimento suplementar aos dados de LeDoux. Davidson pôs em relevo o fato de que as projeções descendentes vindas dos lóbulos pré-frontais esquerdos em direção à amígdala são mais numerosas do que aquelas provenientes do lado direito.[35] Em outras palavras, a amígdala predomina na indução das emoções negativas e na emissão de projeções na direção das zonas pré-frontais direitas, enquanto é o inverso que se dá quanto às emoções positivas: as projeções descendentes dos lóbulos pré-frontais esquerdos para a amígdala são mais numerosas e, por isso, estão em condições de modular aquelas emoções. As pesquisas demonstraram, ainda, que um aumento da atividade do córtex pré-frontal esquerdo está associado a uma diminuição da atividade da amígdala.[36] Davidson constatou também que, quando os sujeitos de sua experiência tinham como tarefa indicativa reduzir voluntariamente suas emoções negativas, podia-se observar uma diminuição das atividades da amígdala. Davidson sugere, então, que

---

33. LeDoux, J. E., "Emotion, memory and the brain", *Scientific American*, 270(6), 1994, p. 50-7.
34. Benson, E., "The synaptic self without synaptic plasticity, learning - and the self - would be impossible, monitor on psychology", *American Psychological Association*, vol. 33, nº 10, novembro de 2002.
35. Davidson, R. J., "Toward a biology of personality and emotion", *Annals of the New York Academy of Sciences*, 935, 2001, p. 191-207.
36. Davidson, R. J., "Affective style and affective disorders: perspectives from affective neuroscience", *Cognition and Emotion*, 12(3), 1998, p. 307-330.

as conexões entre as regiões pré-frontais esquerdas e a amígdala desempenham um importante papel na gestão das emoções.[37] Ele sustenta que esses mecanismos podem ser responsáveis pela diminuição da intensidade dos afetos negativos e de sua duração no tempo entre pessoas que apresentam traços de resiliência.[38] Os pesquisadores descobriram, também, que crianças apresentando traços de resiliência mostravam ainda uma maior atividade do lóbulo pré-frontal esquerdo.[39]

* * *

Se quiséssemos resumir este capítulo em poucas palavras, diríamos que as emoções negativas possuem um considerável poder de influência sobre o conjunto de nossas funções cognitivas e intelectuais. As conexões nervosas governadas pela amígdala possuem ramificações que transformam esta última em mestre e senhora quando irrompe uma emoção intensa. A atenção, a percepção, a memória de trabalho, a capacidade de ajuizamento e o raciocínio são, todos, afetados pelas emoções negativas. Apresentamos neste capítulo uma série de dados científicos que sustentam essa tese e podemos, portanto, afirmar com certeza que as emoções negativas são responsáveis por um número considerável de dificuldades de aprendizado. E não é necessário que as emoções experimentadas pelo edu-

---

37. Davidson, R. J., "Affective style, psychopathology, and resilience: brain mechanisms anda plasticity", *The American Psychologist*, 55(11), 2000, p. 1196-214.
38. O termo "resiliência" designa a capacidade de viver, de desenvolver-se e mesmo de ser feliz apesar das adversidades e das experiências ruins que possamos ter vivido. Ver Cyrulnik, B., *Un merveilleux malheur*, Paris, Odile Jacob, 1999.
39. Davidson, R. J., "Toward a biology of positive affect and compassion", in R. J. Davidson e A. Harrington (dir.), *Vision of Compassion, Western Scientists and Tibetan Buddhists Examine Human Nature*, Oxford University Press, 2002, p. 107-130.

cando sejam intensas e agudas, como são as emoções primárias e secundárias. Elas podem ser mais difusas, tais as emoções de segundo plano. São, aliás, as emoções de segundo plano que se mostram mais ativas, pois, diferentemente das emoções primárias, elas podem durar mais tempo e provocar malefícios consideráveis. É bem verdade que uma crise de raiva ou de tristeza nos afeta enormemente. Mas, como a duração das emoções primárias é curta, podemos retornar a um estado "normal" mais rapidamente. As emoções de segundo plano, porém, que podem durar horas e mesmo dias, vão minando nosso bem-estar e nossas funções cognitivas. Sabemos, já há algum tempo, que os distúrbios de humor, como a depressão ou a ansiedade generalizada, têm a capacidade de conduzir a efeitos nefastos para a nossa saúde, destruindo nosso sistema imunológico, provocando lesões em nosso sistema cardiovascular ou em nosso estômago.[40] Mais recentemente, vimos também, notadamente com os trabalhos do dr. Douglas Bremner, que a síndrome do stress pós-traumático gera lesões dos hipocampos, sede da memória declarativa. Ora, é perfeitamente lícito supor que, se graves traumatismos podem imprimir suas marcas no cérebro, é bem possível também que seqüelas decorrentes de traumas menores, como os que sofrem muitas vezes nossos alunos, aí se instalem. Ora, se o aluno não for minimamente ajudado no plano emocional ao longo de seu período escolar, é possível que seu cérebro guarde traços emocionais negativos que afetarão, em seguida, suas capacidades intelectuais, relacionais e técnicas. É por isso que nós acreditamos que a Pedagogia Emocional é tão importante, além de ser fundamental que todos os educadores e formadores possam favorecer emoções de segundo plano positivas, tanto relacionadas à disciplina e à matéria que lecionam quanto ao simples fato de aprender. Veremos, no capítulo 5, como fazer para obter tal resultado com êxito.

---

40. Para uma descrição detalhada, ver Chabot, D., *La magie du plaisir, la plaisirologie*, Montreal, Quebecor, 2000.

3

A inteligência emocional

A longa tradição da psicologia da inteligência seguiu uma via puramente cognitiva. Até o início dos anos 1980, a maioria dos teóricos e dos pesquisadores preocupados em definir e conceituar a inteligência partilhou, para todos os fins práticos, uma mesma opinião, que pode ser resumida nos seguintes termos: *a inteligência é aquilo que nos permite obter êxito na escola e, conseqüentemente, na vida*. Retracemos, rapidamente, e sem qualquer pretensão de exaustividade, o percurso do conceito de inteligência.

1905: Binet e o cotidiano intelectual

Em 1905, o ministério francês da Educação pediu ao psicólogo Alfred Binet que concebesse um teste capaz de indicar de antemão quais as crianças inclinadas a ter dificuldades na escola e quais aquelas inclinadas ao êxito. Binet construiu, então, uma ferramenta que permitia avaliar algumas das atitudes intelectuais e cognitivas necessárias ao êxito escolar. Acabava de nascer o famoso Quociente Intelectual (QI). Alguns anos mais tarde, o teste de QI chegava aos Estados Unidos. Foi, então, modificado e adaptado à realidade norte-americana e deu lugar à Escala de Inteligência Standford-Binet. Esta última conduziu, em seguida, à Escala Weschler: a Escala de Inteligência Weschler para adultos e a Escala de Inteligência Weschler para crianças. A partir de então, as concepções da inteligência não cessaram de se multiplicar e evoluir.

1927: Spearman e o fator "G" da inteligência

Para Charles Spearman, aquele que é inteligente em um tipo de atividade demonstrará inteligência em todos os campos.[1] Esse autor presumia que existia um fator genérico e único de inteligência, reagrupando todas as funções cognitivas. Supunha que a inteligência era uma faculdade cognitiva única, a que denominou o fator *g*. A concepção unifatorial de Spearman fazia-o perceber a inteligência como constituída de um fator geral capaz de ser aplicado a todas as atividades que solicitassem, mais ou menos, a inteligência.

1938: Thurston e os fatores múltiplos da inteligência

Louis Thurston tinha uma concepção bastante distinta da inteligência. Para ele, ela não era unifatorial, mas sim multifatorial. Segundo esse autor, a inteligência constitui-se de sete atitudes cognitivas básicas, independentes umas das outras. Assim, para ser inteligente, é preciso uma boa capacidade de compreensão verbal, uma boa fluidez verbal, um bom raciocínio, aptidões numéricas, uma memória associativa, boa rapidez perceptiva e atitude espacial. Quando um desses fatores é frágil, a inteligência em seu conjunto se ressente. Por exemplo, se alguém tem dificuldades para compreender a linguagem ou se tem problemas de memória, sua inteligência será diretamente afetada por isso.

1. Spearman, C., *The abilities of man*, Londres, Macmillan, 1927.

1983: Gardner e as inteligências múltiplas

Para Howard Gardner, não existe um único tipo de inteligência, mas diversos. Suas observações conduziram-no a distinguir oito formas de inteligência: a inteligência musical, a inteligência sinestésica, a inteligência lógico-matemática, a inteligência lingüística, a inteligência espacial, a inteligência naturalista, a inteligência interpessoal e a inteligência intrapessoal.[2] Pode-se notar, nos tipos de inteligência estabelecidos por Gardner, que o autor levou mais em consideração seus aspectos pessoais e sociais. Esses conceitos de inteligência interpessoal e intrapessoal de Gardner inspiraram, aliás, o conceito de inteligência emocional que descreveremos mais adiante.

1988: Sternberg e a inteligência triárquica

Para Robert Sternberg, os processos cognitivos e intelectuais que nos permitem resolver problemas são mais importantes que boas respostas a um teste de inteligência.[3] Sternberg elaborou, então, uma teoria dita triárquica da inteligência, uma vez que nela distingue três aspectos: (1) os *elementos internos da inteligência*, que representam todos os processos mentais que utilizamos para adquirir conhecimentos e resolver problemas; (2) a *capacidade de adaptação da inteligência*, que utilizamos para adaptar ou modificar o ambiente que nos cerca ou para escolher novos ambientes que correspondam melhor aos nossos objetivos; (3) a *inteligência resultante da experiência adquirida*, que consiste em tirar proveito de nossas experiências para realizar a contento certas tarefas ou tirar lições de nossas experiências para resolver novos problemas.

---

2. Gardner, H., *Frames of minds: the theory of multiple intelligences*, Nova York, Basic Books, 1983.
3. Sternberg, R., *The triarchic mind: a new theory of human intelligence*, Nova York, Viking, 1988.

1990: Salovey e Mayer, da inteligência cognitiva à inteligência emocional

As visões mais abrangentes de Howard Gardner e de Robert Sternberg permitiram a Peter Salovey e a John Mayer trilhar o caminho em direção ao conceito de inteligência emocional. Estes últimos, com efeito, compreenderam que, malgrado a abertura de Gardner e Sternberg para realidades intelectuais mais amplas, implicando, especialmente, elementos sociais e pessoais, ainda fazia falta uma dimensão que escapasse ao paradigma cognitivo tradicional. Salovey e Mayer abandonaram, então, as barreiras cognitivistas de seus predecessores e puderam chegar à conclusão de que as emoções deveriam, também, ser levadas em consideração quando tratamos de inteligência. Elaboraram, assim, uma nova concepção de inteligência, a *inteligência emocional*. Foi em 1990 que Peter Salovey e John Mayer referiram-se pela primeira vez ao conceito de inteligência emocional.[4] Descreveram a inteligência emocional como "a habilidade de perceber seus próprios sentimentos e emoções, bem como os sentimentos e emoções alheias, de distingui-los e de utilizar essas informações como guia para suas ações e seus raciocínios".

Mas o conceito de inteligência emocional tornou-se realmente conhecido do grande público em 1995, graças à publicação do *best-seller* de Daniel Goleman, intitulado *"Emotional Intelligence: Why it Matters More than IQ"*. Apoiado na definição elaborada por Salovey e Mayer em 1990, Goleman definiu a inteligência emocional como "a capacidade de reconhecer nossos próprios sentimentos e os de outrem, de nos motivar e de bem administrar nossa emoções, seja internamente seja em nossas relações com outras pessoas".

---

4. Salovey, P., e J. D. Mayer, "Emotional intelligence", *Imagination, Cognition, and Personality*, 9, 1990, p. 185-211.

Em 1997, Salovey e Mayer revisaram sua definição de inteligência emocional, fornecendo-lhe maior precisão.[5] A inteligência emocional tornou-se então "a habilidade que permite perceber, apreciar e expressar corretamente nossas emoções; a habilidade para sentir e/ou gerar sentimentos quando estes facilitam nossos raciocínios; a habilidade para compreender as emoções e os conhecimentos emocionais; e a habilidade para administrar as próprias emoções no intuito de favorecer o crescimento emocional e intelectual".

Foi em 1996 que um de nós – Daniel Chabot – tomou conhecimento do conceito de inteligência emocional, quando redigia seu *Emoções e adaptação*,[6] um trabalho voltado para o ensino médio. A essa publicação seguiu-se, em 1998, um livro para o grande público intitulado *Cultive sua inteligência emocional*,[7] cujo objetivo era tornar mais palatáveis conceitos bastante interessantes, mas relativamente áridos, avançados por Salovey e Mayer. Posteriormente, percebemos que Daniel fora o primeiro autor francófono a abordar a questão. Depois de receber numerosos convites para tratar desse assunto (que teve uma recepção bastante favorável no mundo do trabalho), ele decidiu criar, em 1999, a Sociedade para o Desenvolvimento da Inteligência Emocional (SDIE), com o objetivo de oferecer formação profissional em inteligência emocional para variados setores. Mais recentemente, fundamos, juntos, a Academia de Prazerologia e de Inteligência Emocional (APIE), que se concentra, de forma inédita, sobre a importância do prazer e da inteligência emocional, particularmente para a pedagogia emocional.[8]

---

5. Mayer, J. D. e P. Salovey, "What is emotional intelligence?", in P. Salovey e D. Sluyter (dir.), *Emotional Development and Emotional Intelligence, Implications for Educators*, Nova York: Basic Books, 1997, p. 3-31.
6. Chabot, D., *Émotions et adaptation*, Quebec, CCFG e Ministério da Educação de Quebec, 1996.
7. Chabot, D., *Cultivez votre intelligence émotionelle*, Montreal, Quebecor, 1998.
8. Ver os sites http://www.apie.ca ou http://www.emotionalpedagogy.com.

Tabela 3.1 – Evolução do conceito de inteligência

ANO	PESQUISADOR	CONCEITO DE INTELIGÊNCIA
1905	Alfred Binet	É aquilo que nos permite obter êxito escolar
1927	Charles Spearman	Atitude cognitiva geral única
1938	Louis Thurstorn	Composta por sete fatores independentes
1983	Howard Gardner	Oito diferentes formas de inteligência
1988	Robert Sternberg	Três elementos distintos
1990	Peter Salovey e John Mayer	A inteligência emocional: uma forma de inteligência não-cognitiva
1996	Daniel Goleman	A inteligência emocional: aquilo que nos permite obter êxito na vida

Nossa definição de inteligência emocional

Buscamos sempre respeitar o mais possível a perspectiva de Peter Salovey e de John Mayer. Assim, para nós, a inteligência emocional é um conjunto de competências que permite:

- Identificar as próprias emoções e as emoções alheias;
- Expressar corretamente as próprias emoções e ajudar os outros a fazerem o mesmo;
- Compreender suas próprias emoções e as emoções alheias;
- Gerir suas próprias emoções e adaptar-se às emoções do outro;
- Utilizar suas emoções e as habilidades próprias da inteligência emocional nas diferentes esferas de atividade, especialmente para se comunicar bem, tomar boas decisões, administrar com êxito suas prioridades, motivar-se e motivar os outros, possuir boas relações pessoais etc.

Examinemos agora, uma a uma, cada uma das cinco competências básicas da inteligência emocional e tentemos observar suas implicações em nossas estratégias pedagógicas.

Identificar emoções

Para compreender corretamente os elementos que permitem identificar uma emoção, devemos ter idéia daquilo que constitui uma emoção. De modo geral, distinguimos cinco componentes particulares de cada emoção, quais sejam:

- Expressões não-verbais (faciais e corporais): as sobrancelhas arqueadas, a mandíbula retesada, os ombros arqueados, os olhos esbugalhados etc.
- Mudanças fisiológicas, como uma aceleração do ritmo cardíaco, uma elevação da tensão arterial e da transpiração, a boca seca, as tensões musculares etc.
- Comportamentos ditos "adaptativos", como a aproximação ou o distanciamento, a fuga ou a luta, a ternura ou a agressão etc.
- Raciocínio, ao qual damos também o nome de "avaliações cognitivas", diante da situação vivida. Este raciocínio consiste em perceber o que acontece à sua volta, identificar alguma espécie de risco, determinar se o que está acontecendo corresponde a nossas crenças ou valores etc. Na realidade, trata-se de todo o monólogo interior que mantemos conosco diante de uma situação que gera emoções.
- Sentimentos afetivos, que consistem em identificar e classificar a emoção experimentada.

Assim, quando experimentamos uma emoção, cada um dos componentes descritos acima entra em jogo. É, portanto, graças a eles que poderemos identificar nossas emoções e as emoções das outras pessoas à nossa volta.

A capacidade de identificar suas próprias emoções e as emoções alheias é uma capacidade que surge muito cedo em nossa vida.

A identificação das próprias emoções é possível graças às suas manifestações físicas e psicológicas, como os tremores quando experimentamos o medo; o coração que bate acelerado quando encontramos a pessoa amada; a voz trêmula e a boca que se resseca quando precisamos expor um texto em sala de aula. Devemos, portanto, ler corretamente esses parâmetros internos para bem identificar nossas próprias emoções. A questão é que algumas pessoas demonstram dificuldades para identificar suas próprias emoções.

A identificação das emoções do outro supõe uma leitura de diferentes parâmetros observáveis na outra pessoa. Para isso, podemos nos fiar em sua linguagem e em suas falas. Mas devemos, também, buscar suas expressões não-verbais (como punhos cerrados, sobrancelhas franzidas, ombros alteados, músculos retesados etc.) e seus comportamentos (ataque, recolhimento, fuga etc.).

Estudos a respeito do reconhecimento das emoções entre as crianças indicam que essa competência surge bem cedo no curso de nosso desenvolvimento pessoal. Desde os primeiros meses de vida, os bebês observam mais longamente as expressões faciais de felicidade que aquelas relacionadas a outras emoções.[9] A capacidade de identificar um estado emocional a partir da expressão facial aparece um pouco mais tarde. Por volta dos três anos, a criança é capaz de identificar, com certa exatidão, o estado emocional de alguém a partir da expressão de seu rosto.[10] Essa habilidade desenvolve-se durante a infância e atinge uma maturidade satisfatória por volta dos sete ou oito anos de idade.[11]

Um estudo demonstrou ainda que as crianças são capazes de decodificar as emoções examinando os movimentos do corpo. A partir dos quatro anos, podem começar a decodificar os movimentos corporais que expressam a tristeza; aos cinco anos, decodificam a

---

9. Labarbera, J. D., C. E. Izard, P. Vietze e S. A. Parisi, "Four- and six-month-old infants' visual responses do joy, anger, and neutral expressions", *Child Development*, 47, 1976, p. 535-538.

10. Field, T. e T. Walden, "Production and discrimination of facial expressions by preschool children", *Child Development*, 53, 1982, p. 1299-1311.

11. Gosselin, P., "Le développement de la reconaissance des expressions faciales des émotions chez l'enfant", *La revue canadienne des sciences du comportement*, vol. 27, nº 2, 1995.

tristeza, o medo e a alegria, e aos oito anos são capazes de decodificar todo tipo de emoções, tanto quanto um adulto.[12]

Algumas pesquisas demonstram também que a capacidade de identificar as emoções expressas na fisionomia varia segundo a idade. Por exemplo, observou-se pouquíssima diferença, quanto a isso, entre crianças e adolescentes.[13] Suas competências são relativamente similares. Entretanto, um estudo que comparou um grupo de pessoas com idades compreendidas entre vinte e quarenta anos a outro com idades entre sessenta e oitenta anos demonstrou que as pessoas mais idosas eram menos capacitadas que as mais jovens para identificar certas expressões emocionais (entre elas, a tristeza e a raiva).[14] Parece, com efeito, que, quanto mais idoso, mais dificuldades alguém terá para identificar as emoções e suas sutilezas.[15]

Essa competência emocional concerne também à capacidade de distinguir a expressão de uma emoção "real" de uma emoção ensaiada ou camuflada. Por exemplo, a expressão da criança que deseja obter qualquer coisa e, para isso, dissimula a tristeza e camufla as expressões do seu rosto, pois está "fingindo", ou a expressão do aluno que "cola" na prova, dissimulando um olhar perdido de concentração, ou, ainda, a expressão do aluno que aparenta ter entendido toda a explicação da matéria mas, no fundo, está totalmente perdido. Não é simples, de fato, detectar mentiras. Existem pesquisas demonstrando que, em geral, só descobrimos um mentiroso por acaso e assim mesmo apenas quando sinais evidentes de ludi-

12. Boone, R. T. e J. G. Cunningham, "Children's decoding of emotion in expressive body movement: the development of cue attunement", *Developmental Psychology*, vol. 34(5), 1998, p. 1007-1016.
13. Lenti, C., D. Lenti-Boero e A. Giacobbe, "Decoding of emotional expressions in children and adolescents", *Perceptual and Motor Skills*, vol. 89(3 Pt 1), 1999, p. 808-814.
14. Phillips, L. H., R. D. MacLean e R. Allen, "Age and the understanding of emotions: neuropsychological and sociocognitive perspectives", *The Journal of Gerontology. Series B, Psychological Sciences and Social Sciences*, vol. 57(6), 2002, p. 526-530.
15. Malatesta, C. Z., C. E. Izard, C. Culver e M. Nicolich, "Emotion communication skills in young, middle-aged and older women", *Psychol Aging*, vol. 2(2), 1987, p. 193-203.

briação apresentam-se na fisionomia ou na voz daquele que mente.[16] O célebre Paul Ekman e seus colegas fizeram outra descoberta impressionante: queriam saber se as pessoas incapazes de compreender o sentido das palavras (os afásicos) podiam ser capazes de obter melhores resultados na detecção de mentiras. Montaram um experimento para verificar a hipótese e puderam constatar que os afásicos tinham muito mais facilidade para detectar mentiras a partir de sinais emocionais não-verbais do que pessoas que não apresentavam nenhuma deficiência de linguagem.[17]

Para finalizar, acrescentemos que outras pesquisas demonstraram ainda que adolescentes delinqüentes possuem menos habilidade para classificar o estado emocional do outro.[18]

Expressar emoções

Essa competência emocional comporta dois aspectos: o fato de exprimir as próprias emoções e o de ajudar outras pessoas a exprimirem as suas.

É impossível, portanto, expressar suas emoções sem que estas tenham sido preliminarmente identificadas. Isto parece óbvio, mas muitas pessoas parecem ter dificuldades para reconhecer suas próprias emoções, e mais dificuldades ainda para expressá-las. Algumas jamais chegam a identificar aquilo que os demais sentem. Vi-

---

16. Ekman, P., "Why don't we catch liars?", *Social Research*, vol. 63 (3), 1996, p. 801-817.
17. Etcoff, N. L., P. Ekman, J. J. Magee e M. G. Frank, "Lie detection and language comprehension", *Nature*, vol. 405 (6783), 2000, p. 139.
18. Savitsky, J. C. e D. Czyzewski, "The reaction of adolescent offenders and nonoffenders to nonverbal emotion displays", *Journal of Abnormal Child Psychology*, vol. 6(1), 1978, p. 89-96.

mos que a identificação das emoções alheias é, em certos casos, algo bastante difícil. Mas a capacidade de incitar o outro a expressar suas emoções é certamente tão difícil quanto identificá-las, quando não ainda mais difícil. Examinemos, uma a uma, essas duas facetas da competência para "expressar emoções".

Expressar com exatidão e pertinência suas próprias emoções e sentimentos

Muita gente procura dissimular suas emoções. Essas pessoas revelam bastante dificuldade para expressar seus sentimentos por meio de palavras. Tal dificuldade, por sua vez, reflete-se na capacidade que possuem, ou não, para bem administrar suas próprias emoções. Além disso, a não-verbalização das emoções está ligada a diversos problemas de saúde. Por exemplo, as pessoas que chegam a verbalizar (falando ou escrevendo) aquilo que sentiram após uma experiência traumatizante conseguem melhorar substancialmente sua saúde física, reforçando suas funções imunológicas e precisam menos, portanto, de consultas médicas.[19] O inverso foi observado com aqueles que se mostraram incapazes de expressar seus sentimentos. Sofrem daquilo que chamamos de alexitimia, ou seja, a incapacidade de colocar em palavras o que se sente. A alexitimia foi associada a uma série de problemas de saúde física e mental. Os que sofrem desse mal têm, também, dificuldades para reconhecer as emoções alheias, sejam elas expressas de forma verbal ou não-verbal.[20]

---

19. Berry, D. S. e J. W. Pennebaker, "Nonverbal and verbal emotional expression and health", *Psychotherapy and Psychosomatics*, vol. 59(1), 1993, p. 11-19.
20. Lane, R. D., L. Sechrest, R. Reidel, V. Weldon, A. Kaszniak e G. E. Schwartz, "Impaired verbal and nonverbal emotion recognition in alexithymia", *Psychosomatic Medicine*, vol. 58(6), p. 581.

Ajudar os outros a expressarem suas emoções e carências

Eis um dos principais instrumentos de uma boa comunicação: aprender a decodificar corretamente a linguagem das emoções. De fato, para comunicar-se adequadamente é preciso ser capaz de fazer uma leitura correta das expressões emocionais e, assim, pôr-se em condições de perceber aquilo que o outro sente, ou pôr-se no lugar do outro, de modo a conhecer suas emoções e suas necessidades subjacentes, para poder ajudá-lo a expressar adequadamente suas próprias emoções. Essa competência emocional recebe o nome de empatia.

Observou-se que as crianças que desde os dois anos de idade já se mostravam capazes de reconhecer sua própria imagem em um espelho estavam mais inclinadas a demonstrar sinais de ajuda a alguém necessitado. Por outro lado, as crianças incapazes de se reconhecerem no espelho tendiam a permanecer indiferentes diante de um pedido de auxílio.[21] Esses resultados confirmam a tese de que a empatia é uma condição essencial a toda relação de ajuda ou de apoio ao outro.[22]

Uma pesquisa junto a alunos considerados "difíceis"[23] demonstrou que esses estudantes, além de apresentarem traços anti-sociais e comportamentos agressivos, eram também menos empáticos do que outros.[24] Os pesquisadores observaram ainda que eles eram tão capazes de perceber problemas interpessoais quanto qualquer outra criança. Essa observação parece-nos importante, pois permite di-

---

21. Bischof-Kohler, D., "Self object and interpersonal emotions. Identification of own mirror image, empathy and prosocial behavior in the 2nd year of life", *Z Psychol Z Angew Psychol*, vol. 2020(4), 1994, p. 349-377.
22. Reynolds, W. J. e B. Scott, "Empathy: a crucial component of the helping relationship", *Journal of Psychiatric and Mental Health Nursing*, vol. 6(5), 1999, p. 363-370.
23. O termo para designar essas crianças, em inglês, é *"hard-to-manage"*, "difíceis de lidar".
24. Hughes, C., A. White, J. Sharpen e J. Dunn, "Antisocial, angry, and unsympathetic: 'hard-to-manage' preschoolers' peer problems and possible cognitive influences", *Journal of Child Psychology and Psychiatry, and Allied Disciplines*, vol. 41(2), 2000, p. 169-79.

ferenciar, uma vez mais, a competência cognitiva (compreender as relações interpessoais e suas regras) da competência emocional (demonstrar empatia e compaixão).

Um estudo realizado com cerca de 1011 crianças mostrou que aquelas mais aptas a decifrar os sinais não-verbais estavam também entre as mais amadas, as mais estáveis psicologicamente e obtinham melhores resultados escolares do que aquelas que demonstravam mais dificuldades para decodificar sinais não-verbais.[25] E o fato interessante é que essas crianças não possuíam, necessariamente, um quociente intelectual (QI) mais elevado do que as outras.

Inúmeras pesquisas evidenciaram o papel da empatia entre os educadores. Observou-se, a esse respeito, até que ponto um comportamento empático pode estimular a autonomia dos alunos.[26] Outro estudo, feito com 615 jovens, demonstrou que os comportamentos empáticos por parte de seus professores contribuem para uma experiência mais significativa do aprendizado entre esses alunos.[27]

Compreender emoções

Para Peter Salovey e David Sluyter, essa competência é muito mais cognitiva que as demais.[28] Esses autores explicam que a compreensão das emoções compõe-se de aspectos muito diversos:

---

25. Nowicki, S. e M. Duke, "A measure of nonverbal social processing ability in children between six and ten", *American Psychological Society Meeting*, 1989.
26. Assor, A., H. Kaplan e G. Roth, "Choice is good, but relevance is excellent: autonomy-enhancing and suppressing teacher behaviours predicting students' engagement in schoolwork", *The British Journal of Educational Psychology*, vol. 72(Pt2), 2002, p. 261-278.
27. Coffman, Stephan L., "Empathy as a relevant instructor variable in the experiential classroom", *Group and Organization Studies*, vol. 6, 1981, p. 114-120.
28. Salovey, P. e D. Sluyter, *Emotional development and emotional intelligence: implications for educators*, Nova York, Basic Books, 1997.

Compreender as sutilezas dos termos de conotação emocional e seu significado

Como pudemos verificar no capítulo 2, existe uma panóplia de termos para qualificar os estados emocionais. Esses termos permitem distinguir entre as diferentes emoções, como o medo, a raiva, a tristeza etc. Permitem, ainda, matizar a intensidade de diferentes emoções pertencentes a uma mesma categoria. A desconfiança, o temor, o medo e o pânico são, todas, emoções gravadas no registro do medo, mas exprimem, ainda assim, variações importantes. Por outro lado, a depender do contexto, uma mesma palavra pode ter diferentes conotações emocionais, como testemunham os diferentes usos do verbo gostar: gostar de um banho quente, gostar de beber champanhe, gostar de alguém... Essas sutilezas são, *a priori*, cognitivas, mas elas também possuem um impacto imenso nas relações interpessoais, na comunicação e na compreensão do outro. Já vimos, mais acima, que a empatia é uma competência emocional fundamental para bem reconhecer as emoções que as outras pessoas possam sentir. Mas ela, a empatia, é responsável também por ajudar os outros a expressarem suas emoções.

Relacionar a emoção a seu disparador

Vimos, no capítulo 2 (cf. tabela 2.1), que cada emoção possui um disparador bem específico. Por exemplo, a tristeza é provocada por uma perda, o medo por uma ameaça e a raiva por um obstáculo na busca do prazer ou na perseguição de determinado objetivo. Assim, quando nos deparamos a uma pessoa com medo, podemos compreender que isso se deve ao fato de ela se sentir ameaçada por algo ou alguém; se ela está com raiva, é porque um obstáculo elevou-se entre ela e seus objetivos ou metas e, se está triste, é porque sofreu uma perda. Essa compreensão nos permite elaborar uma leitura muito mais complexa de uma situação. Por isso, um professor que nota que um aluno experimenta um sentimento de insegurança (medo) diante de uma atividade ou de uma prova, sabe, conseqüentemente, que esse aluno se sente ameaçado. Está, portanto, em melhor posição para ajudá-lo a enfrentar esse sentimento e, eventualmente, a superá-lo.

Compreender as emoções complexas

Vimos, também no capítulo 2, que existem diversos tipos de emoções, e algumas são mais complexas que outras. Como já explicou Robert Plutchik,[29] as emoções primárias são como as cores primárias. Quando as misturamos, podemos constituir uma série de outras emoções. Por exemplo, o ciúme é uma emoção complexa, composta de medo, tristeza, raiva, desgosto e ódio. Assim, se nos deparamos com uma pessoa ciumenta, veremos que ela passa facilmente de uma emoção à outra. Por outro lado, essa compreensão nos permite ver que existem momentos em que somos habitados por estados emocionais diametralmente opostos. Assim, no caso do ciúme, podemos experimentar, ao mesmo tempo, o ódio e o amor. A compreensão das emoções permite ainda distinguir corretamente as emoções primárias e secundárias daquelas de segundo plano.

Compreender a transição das emoções

Nossas emoções são como o tempo: elas são instáveis e passageiras. Outro aspecto dessa competência consiste, portanto, em reconhecer que uma emoção pode dissolver-se, modular-se, mudar de tonalidade e mesmo de forma. Assim, podemos, às vezes, estar tristes e subitamente passar à agressão, ou então estar tristes e nossa

29. Ver, a esse respeito, Huffman, K., M. Vernoy e J. Vernoy, *Psychologie en direct*, Montreal, Módulo, 1995.

tristeza transformar-se em angústia ou em raiva. Compreender como se dá essa passagem é importante, pois é isso que nos permite ajustar a nossa ação em função do estado emocional de nosso interlocutor. Imaginemos um aluno que manifesta frustração diante de uma dificuldade; com o tempo, essa emoção passa da frustração à decepção e o aluno sente-se incapaz de resolver o problema. Em casos assim, o professor deve ajustar sua intervenção em função dessa transição, para ajudar o aluno em questão.

Gerir as emoções

Existem inúmeras abordagens que preconizam a gestão das emoções. Em inteligência emocional, esse viés é muito importante, e comporta, como para todas as outras competências, uma dimensão intrapessoal (a gestão das próprias emoções) e uma dimensão interpessoal (ajudar os outros a gerirem suas emoções). Examinemos, separadamente, essas duas dimensões.

Dimensão intrapessoal: gerir suas próprias emoções

Gerir suas próprias emoções é a quarta competência da inteligência emocional. Ela pressupõe já existir, no mínimo, a identificação e a compreensão de seu estado emocional. A expressão emocional pode também acontecer se ela estiver implicada em uma relação de ajuda. Seja como for, a gestão das próprias emoções consiste em intervir sobre cada um dos componentes emocionais que descrevemos quando discutimos a identificação das emoções. Para nós, a gestão emocional só é possível se estiver baseada sobre cada um dos componentes das emoções:

- A gestão das expressões não-verbais.
- A gestão dos componentes fisiológicos.
- A gestão das reações comportamentais.
- A gestão das cognições.
- A gestão dos sentimentos afetivos.

A gestão das expressões não-verbais

A gestão das expressões não-verbais diz respeito às expressões faciais e corporais. A gestão das expressões faciais repousa sobre a teoria da retroação facial. De acordo com essa teoria, as expressões faciais não apenas são o reflexo das emoções sentidas por alguém, mas podem também causar, despertar ou suscitar emoções, simplesmente acionando as expressões faciais que lhes correspondem. Muitas pesquisas corroboram essa teoria. Uma delas consistiu em solicitar a atores profissionais que exibissem, a pedido dos pesquisadores, diversas expressões faciais.[30] Ao longo da realização do experimento, os pesquisadores mediram alguns parâmetros fisiológicos. Eles descobriram, por exemplo, que quando a expressão produzida correspondia ao medo, o ritmo cardíaco dos atores acelerava-se e a temperatura de seus corpos diminuía. Definitivamente, as expressões faciais associadas às emoções fundamentais produzem efeitos fisiológicos parecidos àqueles que acompanham as mesmas emoções em outras circunstâncias.

Outra experiência consistiu em pedir aos sujeitos, reunidos em dois grupos, que segurassem um lápis de cera com a boca, de duas maneiras diferentes, durante a leitura de uma história em quadri-

---

30. Ekman, P., R. W. Levenson e W. V. Friesen, "Autonomic nervous system activity distinguishes among emotions", *Science*, nº 221, 1983, p. 1208-1210.

nhos divertida;[31] os sujeitos do primeiro grupo deviam segurar o lápis unicamente com os dentes, o que os obrigava a contrair os mesmos músculos que são utilizados para sorrir. Já os sujeitos do segundo grupo seguravam o lápis apenas com os lábios, o que inibia o uso dos músculos do sorriso e simulava uma expressão de enfado e desagrado. É importante acrescentar que os envolvidos não sabiam que estavam participando de uma experiência a respeito das expressões faciais. Foram levados a acreditar que participavam de uma pesquisa para estudar como devem se sentir as pessoas privadas de seus membros, como os paraplégicos. Em seguida, pediu-se a todos os participantes que emitissem suas opiniões a respeito das histórias em quadrinhos que tinham acabado de ler. Aqueles que precisaram segurar o lápis de modo a estimular os músculos do sorriso declararam ter achado as histórias muito mais engraçadas do que aqueles estimulados a fazer cara de desgosto enquanto liam.

Em outra experiência, pediu-se a um grupo de sujeitos que contraíssem voluntariamente certos músculos da face enquanto observavam a projeção de alguns *slides*.[32] As contrações do rosto tinham como objetivo reproduzir expressões de alegria e de raiva. Os *slides* mostravam crianças brincando e membros da *Ku Klux Klan*. A intenção era verificar se a expressão facial de uma emoção possuía o efeito de acentuar a experiência subjetiva da emoção associada às imagens. Os resultados demonstraram que as reações emotivas ao ver as cenas infantis foram mais fortes entre aqueles que tiveram que contrair os músculos do sorriso do que entre os que contraíram os músculos faciais ligados à raiva. Em compensação, as emoções odiosas sentidas durante a projeção das cenas em que se viam os membros da *Ku Klux*

---

31. Strack, F., L. L. Martin e S. Stepper, "Inhibitting and facilitating conditions of the human smile: a nonobstructive test of facial feedback hypothesis", *Journal of Personality and Social Psychology*, nº 54, 1988, p. 768-777.
32. Laird, J. D., "Self-attribution of emotions: the effects of expressive behavior on the quality of emotional experience", *Journal of Personality and Social Psychology*, nº 29, 1974, p. 475-486.

Klan foram mais fortes entre os que contraíram os músculos ligados à raiva do que entre os que contraíram os músculos do sorriso.

As expressões corporais também fazem parte do componente não-verbal das emoções. Se, por exemplo, você encontra um desconhecido que lhe parece estranho na rua, o medo que surge virá acompanhado de diversas tensões corporais adaptadas à fuga, ao passo que se for raiva o que sente você provavelmente buscará o ataque. Neste último caso, músculos diferentes são solicitados e as tensões manifestam-se em lugares específicos de seu corpo.

Ora, assim como ocorre com as expressões faciais, pode-se demonstrar que a adoção de uma postura correspondente a uma emoção é capaz de induzir o estado subjetivo próprio daquela emoção.

Como demonstram todas essas pesquisas, as expressões faciais e corporais de uma emoção contribuem para acentuar os sentimentos afetivos próprios daquela emoção. A contração de determinados músculos do rosto envia mensagens ao cérebro. Essas mensagens são, em seguida, interpretadas pelo cérebro e contribuem para aumentar o nível de ativação do organismo. Essa ativação intensificada, por seu turno, desencadeará a constatação de uma atividade emotiva mais intensa.

Portanto, o velho ditado "sorria, e a vida lhe parecerá mais bela" é bem fundado. A gestão das emoções começa, assim, por um sorriso e uma postura corporal manifesta de um estado emocional positivo.

A gestão dos componentes fisiológicos

A gestão dos componentes fisiológicos consiste em agir sobre as modificações fisiológicas que acompanham nossas reações emocionais. Quando experimentamos uma emoção, as reações fisiológicas e corporais que a acompanham resultam, por sua vez, dos estímulos nervosos vindos do cérebro e das substâncias químicas (os hormônios e os neuromoduladores) liberadas por diversas glându-

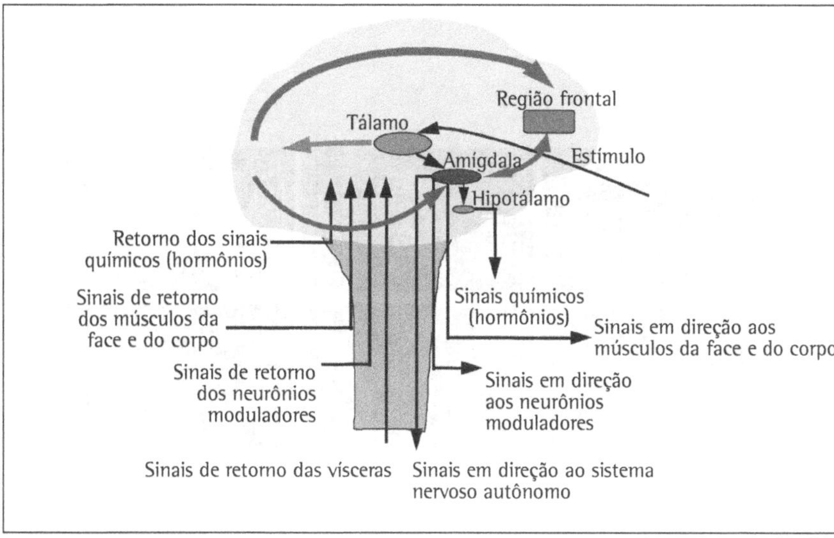

Figura 3.1 Mecanismos responsáveis pelas modificações fisiológicas e corporais. Essas reações partem do cérebro em direção ao corpo, mas, em troca, diversos sinais são enviados de volta pelo corpo ao cérebro e influenciam o funcionamento desse último.

las e pelo sistema nervoso autônomo. E, reciprocamente, todas essas modificações fisiológicas e corporais, assim como as substâncias químicas lançadas em nosso organismo, agirão sobre nosso cérebro. Portanto, sempre que há uma reação emocional, nosso cérebro influencia nosso corpo e é por ele influenciado. Todas as modificações corporais que são produzidas quando sentimos uma emoção são percebidas pelo cérebro. O mesmo acontece com as substâncias químicas liberadas em nosso organismo que retornam ao cérebro através da circulação sangüínea e de certas terminações nervosas. Esses sinais de retorno, por seu lado, também exercem influência sobre o cérebro. Por isso, se nós conseguirmos agir sobre os componentes corporais e fisiológicos, os efeitos serão imediatamente sentidos por aquele que se entrega a esse tipo de exercício.

Suzana Bloch afirma que cada emoção fundamental não apenas comporta expressões faciais e posturais que lhes são próprias, mas

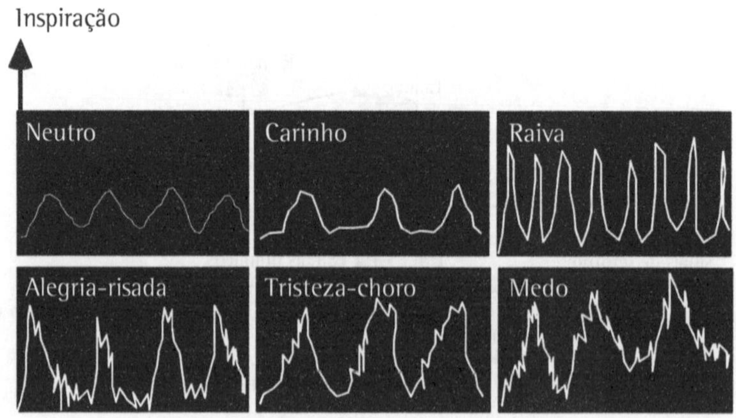

Figura 3.2. Estudos demonstraram que o componente respiratório de cada emoção é caracterizado pela amplitude, pela freqüência e pela complexidade dos movimentos respiratórios. Adaptado de Bloch, S., "Émotion ressentie, émotion recrée", Science & Vie, nº 168, 1989, p. 74.

também um determinado ritmo respiratório.[33] Este último é tão importante que é possível induzir um estado emocional convidando o paciente a reproduzir a respiração característica. Alguns aprenderam a reproduzir os esquemas respiratórios das diferentes emoções (ver figura 3.2). Ao final do exercício, a maior parte deles relatou ter não apenas reproduzido os componentes emocionais como a postura, a respiração, a expressão facial, a tensão corporal, mas também ter efetivamente sentido a emoção propriamente dita. Quanto mais tempo o exercício durava, mais a reação emocional era sentida com intensidade. Experiências como essa demonstram que, do mesmo modo que é possível induzir estados emocionais negativos, seria também possível fazer o mesmo com os estados positivos.

---

33. Bloch, S., "Émotion ressentie, émotion recrée", *Science & Vie*, nº 168, 1989, p. 68-75.

O relaxamento e a meditação, praticados por cada vez mais adeptos, já foram verificadamente comprovados como uma boa maneira de diminuir os efeitos nefastos das emoções e do stress.[34] Essas técnicas têm por efeito diminuir a ativação fisiológica produzida no desenrolar dos estados emocionais. Mais precisamente, descobriu-se que a meditação e o relaxamento diminuem a atividade do sistema nervoso autônomo[35] e reduzem as taxas de hormônios relacionados ao stress.[36]

Um dos princípios que fundam as abordagens centradas na meditação concerne ao fato de que tudo, em nosso organismo, está interconectado. Ora, essa unidade do organismo estende-se em vários níveis e constitui uma determinante importante do nosso equilíbrio. No plano emocional, por exemplo, existe um verdadeiro equilíbrio entre as reações fisiológicas de nossos órgãos e o bom funcionamento de nosso cérebro emocional. Todos já tivemos a oportunidade de observar que quando estamos emocionalmente perturbados também nossas funções fisiológicas são afetadas: digerimos menos bem, dormimos mal, nosso sistema imunológico começa a falhar etc. Pensamos com menos precisão e clareza, esquecemos as coisas, nossa concentração piora, nossas idéias ficam embaralhadas etc.

Já há alguns anos, os pesquisadores vêm estudado objetivamente esse elo tão particular que existe entre o corpo e o cérebro. O célebre neurocientista Antonio Damasio[37] denominou "marcadores somáticos" as impressões deixadas pelas emoções em nossos corpos; marcadores somáticos porque essas emoções traduzem-se em nossos corpos e guiam nosso juízo, orientam nosso raciocínio, fa-

---

34. Benson, H., *The relaxation response*, Nova York, Morrow, 1975.
35. Jevning, R., A. F. Wilson e W. R. Smith, "The transcendental meditation technique, adrenocortical activity and implications for stress", *Experientia*, n° 34, 1978, p. 618-619.
36. Delmonte, M. M., "Biochemical indices associated with meditation practice: a litterature review", *Biobehavioral Reviews*, n° 9, 1985, p. 557-561.
37. Damasio, A., *L'erreur de Descartes, la raison des émotions*, Paris, Odile Jacob, 1994.

zem pender a balança para um lado ou para o outro, um pouco como uma condução assistida.

Outros pesquisadores sublinharam a correlação toda particular que há entre o cérebro emocional e o coração. Trata-se de certo modo de uma rede semi-autônoma de neurônios que liga o que eles chamam de "pequeno cérebro do coração" ao cérebro propriamente dito (ver figura 3.3). Esse "sistema coração-cérebro" faz com que os dois órgãos influenciem-se mutuamente a todo instante.

Dentre os mecanismos que unem o coração e o cérebro, o sistema nervoso autônomo desempenha um papel particularmente importante. É constituído de dois ramos: o ramo dito "simpático", responsável por acelerar as funções fisiológicas dos diferentes órgãos, como o coração e o cérebro emocional. O outro ramo, chamado de "parassimpático", desempenha um papel oposto ao precedente e serve para frear a atividade de órgãos como o coração e o cérebro. A harmonia é, em certa medida, estabelecida por um equilíbrio perfeito entre esses dois ramos. Um faz o papel de acelerador, o outro de freio. E, como sabemos, quando dirigimos um automóvel devemos buscar um justo equilíbrio entre o uso dessas duas funções. Deve-se ter um bom "sincronismo", se não quisermos pressionar ao mesmo tempo o pedal do freio e o do acelerador. Com o nosso organismo, a mesma coisa acontece: devemos buscar um sincronismo fisiológico entre esses dois ramos.

Mas esse equilíbrio pode ser rompido caso as emoções negativas e o stress tomarem a dianteira, solicitando em demasia o sistema nervoso simpático. Graças ao uso de aparelhos sofisticados, foi possível demonstrar que, sempre que estamos estressados e sob o impacto de emoções negativas, como o medo, a raiva e a frustração, nossas funções fisiológicas, em especial nosso ritmo cardíaco, tornam-se caóticas, como ilustra a figura 3.3.

Ao contrário, emoções positivas e benevolentes como o reconhecimento, o amor e a compaixão estão associadas a uma verdadeira coerência cardíaca, como se pode observar na figura 3.3. Essa

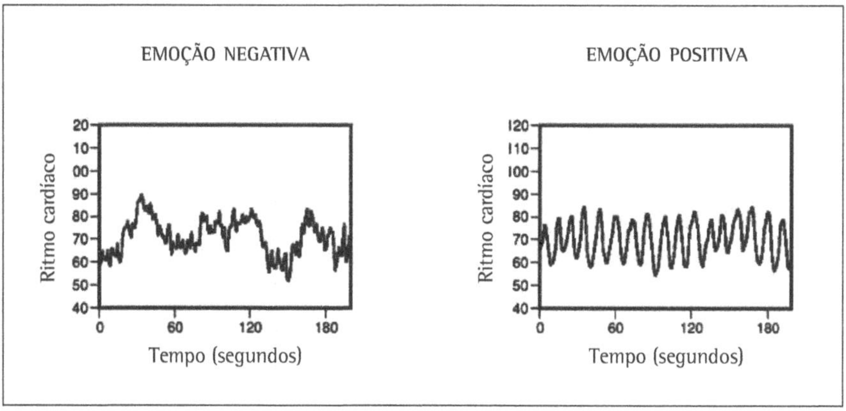

Figura 3.3 Vemos que o ritmo cardíaco de pessoas que experimentam emoções negativas é caótico, quando comparado ao ritmo de quem experimenta emoções positivas. Extraído de McCraty, R., "The scientific role of the heart in learning and performance", Institute of HeartMath, 2002.

coerência reflete uma sincronização entre os dois ramos do sistema nervoso autônomo de que já tratamos mais acima.

Ora, acontece que nós também podemos provocar esse estado de sincronização e de coerência cardíaca graças a exercícios de respiração conscientes e profundos. Os efeitos associados à coerência fisiológica e cardíaca são extraordinariamente impressionantes. Um coração caótico e dessincronizado emite sinais desordenados ao cérebro; isto tem por conseqüência inibir as funções intelectuais e limitar nossa capacidade de pensar claramente e de permanecer concentrados naquilo que fazemos. Mas, no caso contrário, um coração coerente e sincronizado emite sinais bem ordenados e harmoniosos ao cérebro; isto facilita as funções cognitivas e intelectuais do cérebro. Desse modo, não apenas as pessoas que procuram desenvolver uma coerência cardíaca dizem-se menos ansiosas, menos infelizes e menos coléricas, mas, além disso, percebem seu desempenho no trabalho e na escola melhorar consideravelmente. Um estudo feito com cerca de vinte estudantes do estado de Minnesota, nos Estados Unidos, demonstrou que os alunos treinados para manter uma

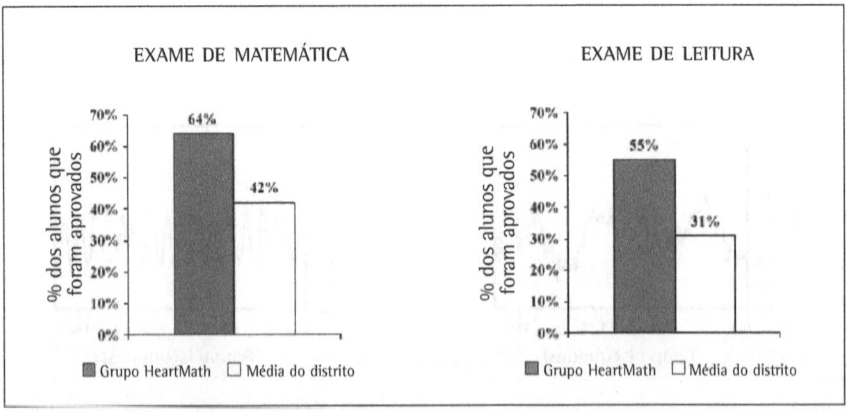

Figura 3.4 Porcentagem dos alunos treinados em coerência cardíaca que tiveram bons resultados no Minnesota Basic Standard Test, em abril de 2000, comparada à média dos outros alunos do distrito que passaram pelo mesmo teste na mesma época. Cf. McCraty, R., D. Tomasino, M. Atkinson, P. Aasen e S. J. Thurik, "Improving Test-Talking Skills and Academic Performance in High School Students Using HeartMath Learning Enhancement Tools", HeartMath Research Center, Institute of HeartMath, nº 00-010, Boulder Creek, Califórnia, 2000.

coerência cardíaca obtinham os melhores resultados escolares. Cerca de 64% deles foram aprovados em um teste de matemática; em comparação, a aprovação média dos outros alunos daquela região foi de 42%. A proporção foi exatamente a mesma no teste de leitura realizado. Os alunos treinados em coerência cardíaca aumentaram suas pontuações em matemática em cerca de 35% e seus resultados em leitura por volta de 14%.[38]

---

38. McCraty, R., "The Scientific role of the heart in learning and performance", Institute of HeartMath, 2002.

A gestão das reações comportamentais

Como já vimos anteriormente, cada emoção induz determinados comportamentos, como a fuga, a agressão, o retraimento, a rejeição, o nervosismo etc. Vejamos, agora, os modos pelos quais se pode modificar esses comportamentos.

O exercício físico é um meio interessante de agir sobre o comportamento. Pesquisas já demonstraram que o exercício físico e a boa forma reduzem a ansiedade,[39] o stress e os estados depressivos. A melhora nos estados emotivos ligados à ansiedade e ao stress por meio de exercícios físicos intensos seria atribuível à maior produção de endorfinas, substâncias com alto efeito ansiolítico.[40]

A idéia de introduzir as aulas de educação física no programa das escolas para levar os jovens a praticar algum esporte está, portanto, de pleno acordo com os princípios da inteligência emocional. Algumas pesquisas, de fato, já demonstraram que a atividade esportiva e o esporte podem ser associados de maneira positiva ao bem-estar emocional dos adolescentes.[41] Essa atividades permitem focalizar o comportamento sobre algo além dos estímulos ligados às emoções.

A gestão das cognições

A gestão das cognições comporta duas frentes. A primeira diz respeito diretamente à gestão dos pensamentos negativos em relação à situação emocional e a segunda consiste em administrar as necessidades e as carências subjacentes às emoções experimentadas.

---

39. Morgan, W. P. e D. H. Horstmann, "Anxiety reduction following acute physical activity", *Medicine and Science in Sports*, vol. 8, 1976, p. 62.
40. Colt, E. W., S. L. Wardlaw e A. G. Frantz, "The effect of running on plasma, endorphin", *Life Sciences*, n° 28, 1981, p. 1637-1640.
41. Steptoe, A. e N. Butler, "Sports participation and emotional wellbeing in adolescents", *Lancet*, vol. 347(9018), 1996, p. 1789-1792.

A gestão dos pensamentos negativos

A gestão dos pensamentos negativos consiste em uma reavaliação da situação e em uma mudança de atitude. Ela implica uma reconsideração e uma reestruturação dos pensamentos que mobilizamos diante de eventos que nos fazem experimentar certas emoções. Ainda que não possamos modificar aquela situação, podemos contudo transformar o significado que atribuímos a ela e, conseqüentemente, transformar a reação emocional que dela decorre. Se evitamos com sucesso, por exemplo, pensar em algo que nos ameaça, a ansiedade associada à ameaça será menor. O mesmo se dará se formos capazes de refutar a idéia de que uma determinada situação não corresponde exatamente ao que ela deveria ser ou ao que desejaríamos que ela fosse.

A demonstração dos efeitos das cognições sobre as emoções foi revelada na década de 1960, no laboratório de Richard Lazarus, em Berkeley, nos Estados Unidos. Lazarus e seus colaboradores realizaram vários experimentos que puderam confirmar que as cognições exercem uma influência sobre as reações fisiológicas dos sujeitos diante de uma situação emocional.[42] Uma dessas experiências consistia em projetar, para três grupos diferentes, imagens penosas. O filme apresentava um ritual de passagem para a idade adulta praticado por adolescentes, consistindo numa incisão profunda – e sem anestesia – no pênis e no escroto com a ajuda de uma pedra afiada. O primeiro grupo assistia ao filme sem ter ouvido, previamente, nenhum comentário, qualquer que fosse. O segundo grupo era avisado, antes de assistir ao filme, que se tratava de uma intervenção segura e indolor, e até mesmo desejada pelos adolescentes, uma vez que confirmava sua entrada no mundo dos adultos. Enfim, o terceiro grupo escutava comentários "desdramatizantes" enquan-

42. Ver Lazarus, R. S., *Emotion and adaptation*, Nova York, Oxford University Press, 1991.

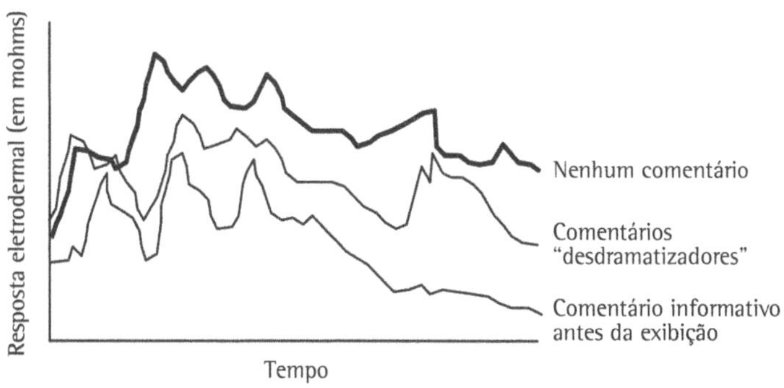

Figura 3.5 Resposta eletrodermal ao longo da exibição de cenas emotivamente carregadas, com ausência de comentário, com comentários "desdramatizadores" ao longo da exibição e com um comentário informativo antes do filme. Adaptado de Lazarus, R. S., Emotion and Adaptation, Nova York: Oxford University Press, 1991.

to assistiam ao filme, que negavam a existência de quaisquer traumatismos entre os jovens. Durante a apresentação dessas imagens emotivamente carregadas, diversos parâmetros fisiológicos eram registrados, entre os quais a resposta eletrodermal.[43] A figura 3.5 esquematiza os resultados dessa experiência e mostra que o grupo advertido antes de assistir ao filme e o grupo que recebera os comentários "desdramatizadores" tiveram uma reação menos importante do que o grupo que não ouvira nenhum comentário. Segundo Lazarus, as informações que os sujeitos receberam tiveram por efeito orientar suas cognições e, conseqüentemente, modificar seus estados emocionais.

43. A resposta eletrodermal é uma medição fisiológica que consiste em registrar as modificações da resistência elétrica da pele sob o efeito de uma emoção. Sempre que experimenta uma emoção, seu sistema nervoso simpático ativa-se. Essa ativação estimulará, especialmente, as glândulas sudoríparas e acentuará a umidade das mãos. Com as mãos úmidas, a resistência da pele diminui, permitindo que a corrente elétrica passe com mais facilidade.

A gestão das necessidades e das carências subjacentes às emoções

Muitas pessoas costumam dizer que elas reagem emocionalmente a uma determinada situação sempre que seus valores são de alguma forma atingidos. Em inteligência emocional, temos certeza de que os valores não são os responsáveis pela emoção. Para nós, são as necessidades, tanto coletivas quanto individuais, que explicam as reações emocionais. Por exemplo, se duas pessoas estão discutindo e não conseguem chegar a um acordo entre si, é possível que certas emoções surjam. Se perguntarmos a elas por que reagem, talvez respondam que o outro não quis ouvi-lo, que seus pontos de vista ou suas crenças não foram devidamente respeitados, que faltou franqueza ou integridade etc. Em poucas palavras: farão dos princípios e dos valores a causa de suas emoções. Na realidade, as razões pelas quais essas pessoas reagiram emocionalmente não têm qualquer ligação com seus valores. Se elas reagiram, foi porque se sentiram ameaçadas ou contrariadas em suas necessidades: necessidade de ter razão, necessidade de serem aprovadas e reconhecidas, necessidade de serem amadas etc. A tabela 3.2 apresenta uma lista de valores e necessidades.

Em suma, os valores não são, portanto, a causa das emoções. Na verdade, como ilustra a figura 3.6, são as necessidades que, uma vez ameaçadas ou contrariadas, fazem surgir as emoções. Os valores aparecem depois, para justificar as emoções.

Valores são conceitos abstratos, racionais e complexos. Eles são o apanágio do cérebro racional. São, na verdade, elaborados e reforçados pelo cérebro cognitivo, pois é preciso uma lógica, uma linguagem bem articulada e estruturada para poder enunciar, explicar, elaborar e defender valores. Eles servem de ideal e de guia para o indivíduo.

Inversamente, as necessidades estão diretamente relacionadas com o cérebro emocional. Elas são irracionais, tanto quanto as emoções que provocarão, quando contrariadas ou ameaçadas. Di-

Tabela 3.2 – Os valores e as necessidades

VALORES RACIONAIS E IDEAIS	NECESSIDADES IRRACIONAIS E ILUSÓRIAS
Amor	Ter razão
Fraternidade	Controlar
Igualdade	Ser amado
Engajamento	Ser apreciado
Franqueza	Ser perfeito
Honra	Ser reconhecido
Integridade	Ser útil
Justiça	Possuir
Liberdade	Poder
Lealdade	Sentir-se livre
Respeito	Estar em segurança
Responsabilidade	Ser valorizado

zemos que são irracionais porque são freqüentemente inconscientes e é muito difícil, ou mesmo impossível, que elas sejam auxiliadas pela razão. Com efeito, imaginemos que um aluno reaja a uma observação feita pelo professor. Imaginemos ainda que este aluno tenha uma grande necessidade de ser amado. Se perguntarmos a ele por que reagiu, ele será incapaz de dizer abertamente que o fez porque tinha medo de perder a estima e o reconhecimento de seu professor. Certamente invocará valores, como a falta de respeito com que foi tratado ou ainda a injustiça de que imagina estar sendo vítima. Costumamos dizer, ainda, que as necessidades são ilusórias, pois nada nem ninguém é capaz de satisfazer plenamente nossas carências. De fato, nada pode satisfazer plenamente nossa necessidade de nos sentir amados, de sermos perfeitos, de ter sempre razão ou poder, uma vez que isso é simplesmente impossível de ser plenamente satisfeito. A satisfação de nossas necessidades repousa nos outros. Ora, os outros, por sua vez, possuem suas pró-

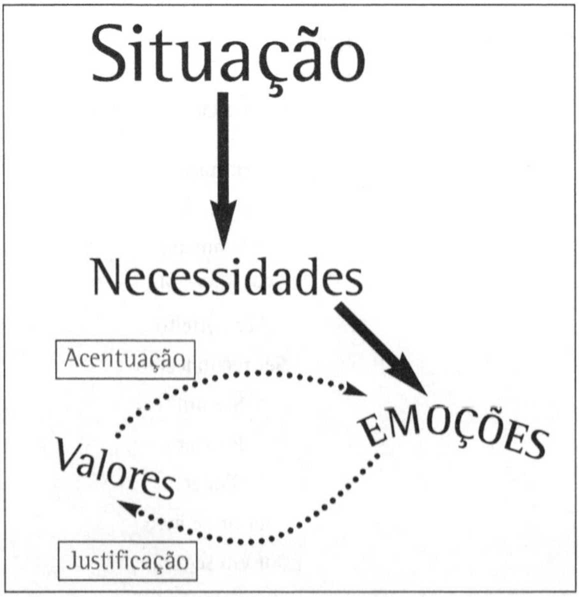

Figura 3.6 Ilustração da dinâmica das emoções, das necessidades e dos valores

prias necessidades e estão mais preocupados com elas do que com as nossas carências.

O mecanismo de gestão das carências irracionais é exatamente o mesmo que utilizamos para administrar as emoções. Em inteligência emocional, dizemos que é preciso começar identificando suas emoções. Para a gestão das carências irracionais e ilusórias, é preciso fazer o mesmo, ou seja, é preciso identificá-las.

A primeira etapa da gestão das necessidades consiste, pois, em identificar suas carências irracionais e ilusórias. Sempre que reagimos a uma situação, é preciso perguntar-se quais necessidades foram ameaçadas ou contrariadas, quais carências foram atingidas.

Em seguida, temos à nossa disposição ao menos três maneiras de administrar essas carências. Podemos, por exemplo, relativizá-las. Para fazer isso, devemos confrontar racionalmente nossas carências à realidade objetiva. Por exemplo, o aluno que se sente mal após uma reprimenda e que reconhece sentir uma grande necessidade de ser amado, deverá enfrentar o seu medo de não ser amado. Ele será, então, capaz de dizer a si mesmo que não é porque o professor chamou a sua atenção que não gosta mais dele nem o admira.

A segunda maneira consiste em encontrar um modo de auto-satisfazer às próprias carências. Para isso, o aluno deverá aprender a satisfazer por si mesmo sua necessidade de ser amado, refletindo, por exemplo, sobre todas as razões que existem para gostar de si mesmo e inventariando todas as pessoas ao seu redor que gostam dele.

Uma terceira maneira de administrar suas carências emocionais e ilusórias é livrar-se completamente delas. Quando tomamos consciência de que todas essas necessidades são, na realidade, insaciáveis, pois dependem de elementos exteriores que estão fora de nosso controle, compreendemos que o único modo de se desfazer de seu domínio é liberar-se delas. A via do despreendimento, presente em quase todas as grandes filosofias, pode ser aplicada aqui. Em lugar de procurar satisfazer inexoravelmente nossas necessidades insaciáveis, devemos aprender a nos libertar delas.

A gestão dos sentimentos afetivos

Essa parte da gestão das emoções é fundamental, pois diz respeito diretamente a nosso estado subjetivo de bem-estar. No capítulo 2, tratamos da noção de emoções de segundo plano. Recordemos que as emoções de segundo plano concernem a esse estado emocional permanente, que oscila entre o bem-estar e a quietude geral, e a todos os estados de mal-estar que se pode experimentar, como a depressão, a ansiedade, a inquietação etc. Assinalamos, também no capítulo 2, que esses estados emocionais podem ser estimulados pela atuação dos nossos lóbulos pré-frontais, o pré-frontal direito associado aos estados emocionais negativos e o pré-frontal esquerdo aos estados emocionais positivos.

O elemento-chave sobre o qual repousa a gestão das emoções

de segundo plano está baseado, assim, em uma assimetria funcional dos lóbulos pré-frontais. Lembremos alguns elementos teóricos. Os trabalhos coordenados pelo dr. Richard Davidson já demonstraram que as projeções descendentes que se originam nos lóbulos pré-frontais esquerdos e seguem em direção à amígdala têm como principal efeito a diminuição das atividades dessa última.[44] Constatou-se, entre os sujeitos envolvidos na experiência que tinham por orientação reduzir voluntariamente suas emoções negativas, uma diminuição das atividades da amígdala, cuja causa localizava-se na ativação do pré-frontal esquerdo. No momento do experimento, os pesquisadores apresentaram aos sujeitos envolvidos trechos curtos de filmes carregados de emoções negativas ou positivas.[45] Após a apresentação, os participantes deveriam avaliar a experiência emocional vivida durante a exibição. Os indivíduos que registraram uma maior atividade de base no nível do pré-frontal esquerdo sentiram mais emoções positivas ao assistir aos filmes positivos quando comparados àqueles que registraram uma maior atividade no nível do pré-frontal direito. Esses últimos afirmaram ter sentido maior quantidade de emoções negativas ao assistirem aos filmes negativos. Em outra experiência, Davidson e seus colaboradores apresentaram a diferentes sujeitos algumas imagens agradáveis e outras desagradáveis.[46] Os pesquisadores, então, mediram duas coisas: (1) a intensidade das emoções sentidas pelos sujeitos e (2) a duração de seu estado emocional. Os resultados indicaram que os sujeitos que apresentaram uma maior atividade pré-frontal esquerda sentiram menos intensamente as emo-

44. Davidson, R. J., "Affective style and affective disorders: perspectives from affective neuroscience", *Cognition and Emotion,* 112(3), 1998, p. 307-330.
45. Tomarken, A. J., R. J. Davidson e J. B. Henriques, "Resting frontal brain asymmetry predicts affective responses to films", *Journal of Personality and Social Psychology*, vol. 59(4), 1990.
46. Larson, C. L., S. K. Sutton e R. J. Davidson, "Affective style, frontal EEG asymmetry and time course of the emotion-modulated startle", *Psychophysiology*, vol. 35, 1998, S52.

ções negativas e se refizeram mais rapidamente do efeito produzido pelos estímulos negativos do que aqueles que registraram uma atividade pré-frontal direita predominante. Outras pesquisas também demonstraram que as pessoas que apresentam um maior nível de atividade no nível pré-frontal esquerdo experimentam, em geral, mais afetos positivos e menos afetos negativos do que as pessoas que possuem maior atividade pré-frontal direita.[47]

O conjunto desses resultados indica-nos uma via bastante interessante para a gestão das emoções. Parece-nos evidente, com efeito, que a melhor maneira de administrar nossas emoções negativas é provocando emoções positivas. Dados científicos vêm, ademais, apoiar essa hipótese.

A plasticidade de nosso cérebro nos permite construir conexões neurais associadas a estados afetivos agradáveis.[48] Ao nos colocarmos em situações capazes de gerar estados emocionais positivos, solicitamos nosso córtex pré-frontal esquerdo; os neurônios que são estimulados por esse movimento inibem a amígdala e impedem, assim, o aparecimento da torrente de emoções destrutivas. O simples fato de sorrir voluntariamente pode estimular a atividade pré-frontal esquerda.[49]

Todavia, o meio mais eficaz para ativar nosso pré-frontal esquerdo parece ser a prática da meditação. O dr. Newberg, da Universidade da Pensilvânia, fez observações impressionantes ao examinar o cérebro de monges tibetanos em repouso e em estado de meditação. A figura 3.7 mostra uma nítida diferença da atividade

---

47. Tomarken, A. J., R. J., Davidson, R. E. Wheeler e R. C. Doss, "Individual differences in anterior brain asymmetry and fundamental dimensions os emotions", *Journal of Personality and Social Psychology*, vol. 62(4), 1992, p. 676-87.
48. Davidson, R. J., "Affective style, psychopathology, and resilience: brain mechanisms and plasticity", *The American Psychologist*, 55(11), 2000, p. 196-214.
49. Ekman, P. e R. J. Davidson, "Voluntary smiling changes regional brain activity", *Psychological Science*, vol. 4, 1993, p. 342-345.

pré-frontal esquerda desses indivíduos.[50] Pode-se constatar que, mesmo em repouso, a atividade pré-frontal esquerda desses monges é mais acentuada do que a direita; isso demonstra os efeitos benéficos, a longo prazo, da meditação. E o mais encorajador é que esses efeitos benéficos podem ser obtidos até mesmo por neófitos nessa prática. Uma experiência foi feita com cientistas de uma sociedade de biotecnologia que sofriam de stress. Foram divididos aleatoriamente em dois grupos. Um dos grupos aprendeu, durante oito semanas, uma técnica de meditação baseada na focalização do instante presente. O outro grupo, que funcionava como grupo de controle, foi inscrito em uma lista de espera. Mediu-se então a atividade elétrica do cérebro dos componentes dos dois grupos, antes e depois do início dos exercícios de meditação. Os resultados demonstraram que a meditação era capaz de produzir efeitos calmantes extraordinários. Como esperado, constatou-se uma atividade menos importante nas zonas pré-frontais direitas (responsáveis pelas emoções negativas) e uma atividade muito maior nas zonas pré-frontais esquerdas (centro das emoções positivas e responsável por "temperar" as emoções negativas) nos membros do grupo que havia praticado a meditação, em comparação àqueles que faziam parte do grupo de controle, e isto depois de apenas dois meses de prática regular.[51] Resultados similares também foram relatados por outros pesquisadores.[52]

---

50. Ver Newberg, A., A. Alavi, M. Baime, M. Pourdehnad, J. Santanna e E. d'Aquili, "The measurement of regional cerebral blood flow during the complex cognitive task of meditation: a preliminary SPECT study", *Psychiatry Res*, vol. 106(2), 2001, p. 113-22.

51. Ver Davidson, R. J., "Toward a biology of potitive affect and compassion", R. J. Davidson e A. Harrington (dir.), *Vision of Compassion, Western Scientist and Tibetan Buddhists Examine Human Nature*, Oxford University Press, 2002, p. 107-130.

52. Aftanas, L. I. e S. A. Golocheikine, "Human anterior and frontal midline theta and lower alpha reflect emotionally positive state and internalized attention: high-resolution EEG investigations of meditation", *Neuroscience Letters*, vol. 310(1), 2001, p. 57-60.

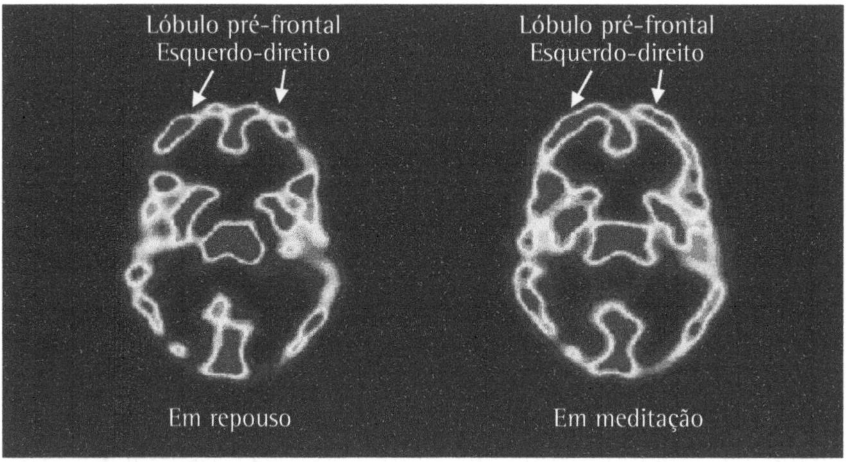

Figura 3.7 Cérebro de um monge budista em repouso (à esquerda) e em estado de meditação (à direita). Percebe-se uma atividade bastante acentuada do pré-frontal esquerdo, quando comparado ao direito. Cf. Newberg, A., "The effect of meditation on the brain activity in Tibetan meditators: frontal lobes", www.andrewnewberg.com

As emoções positivas possuem, portanto, um potencial extraordinário, não apenas porque elas nos proporcionam prazer no instante presente, mas também porque nos predispõem a reagir adequadamente às diferentes situações da vida.

Um bom número de dados científicos a respeito dos efeitos benéficos da meditação sobre os desempenhos cognitivos e intelectuais está agora disponível. Janowiaki e Hackman demonstraram que a prática da meditação possuía efeitos positivos sobre o stress e a atualização de si entre colegiais.[53] Outro estudo bastante interessante pesquisou cerca de noventa crianças que sofriam de uma leve deficiência intelectual.[54] Pediu-se a 45 dessas crianças que praticas-

53. Janowiaki, J. J., e R. Hackman, "Meditation and college students' self-actualization and rated stress", *Psychol Rep*, vol. 75(2), 1994, p. 1107-1010.

54. Uma, K., H. R. Nagendra, R. Nagarathna, S. Vaidehi e R. Seethalakshmi, "The integrated approach of yoga: a therapeutic tool for mentally retarded children: a one-year controlled study", *Journal of Mental Deficit Research*, vol. 33 (Pt 5), 1989, p. 415-21.

sem os exercícios de respiração e as técnicas de yoga (pranayama, sithilikarana vyayama, suryanamaskar, yogasanas) e de meditação ao longo de um ano. As outras 45 formaram o grupo de controle e foram separadas em subgrupos em função da idade, do QI, do *status* sócio-econômico e do ambiente social em que viviam. Nenhuma delas praticou qualquer técnica de yoga, de respiração ou meditação. Apenas continuaram a freqüentar, normalmente, sua escola. Os pesquisadores observaram um aumento bastante significativo no QI e nos parâmetros de adaptação social entre as crianças do grupo que praticou o yoga e a meditação. Outro estudo, feito com estudantes de medicina, demonstrou que a prática do yoga possui efeitos positivos não apenas sobre o stress em períodos de provas, mas também sobre o rendimento obtidos nessas provas.[55] Observou-se, com efeito, uma redução no número de fracassos entre os estudantes que praticavam yoga, em comparação aos estudantes do grupo de controle. Mais recentemente, foram demonstrados os efeitos positivos da meditação sobre a inteligência e o rendimento de universitários.[56] Os pesquisadores observaram um aumento da confiança e uma redução do nível de ansiedade. A meditação teve efeitos positivos não somente sobre os resultados acadêmicos, mas também sobre as habilidades psicomotoras e sobre as funções cardiopulmonares.

Enfim, os efeitos positivos da meditação foram também demonstrados em um conjunto de outros parâmetros observados em estudantes de medicina da Universidade do Arizona: redução da ansiedade; redução da angústia psicológica e da depressão; aumento da empatia; aumento da espiritualidade.[57]

---

55. Malathi, A. e A. Damodaran, "Stress due to exams in medical students — role of yoga", *Indian Journal of Physiology and Pharmacology*, vol. 43(2), 1999, p. 218-224.
56. Shah, A. H., S. V. Joshi, P. P. Mehrotra, N. Potdar e H. L. Dhar, "Effect of Saral meditation on intelligence, performance and cardiopulmonary functions", *Indian Journal of Medical Science*, vol. 55(11), 2001, p. 604-608.
57. Shapiro, S. L., G. E. Schwartz e G. Bonner, "Effects of mindfulness-based stress reduction on medical and premedical students", *Journal of Behavioral Medicine*, vol. 21(6), 1998, p. 581-599.

Dimensão interpessoal: ajudar os outros a gerirem suas emoções

Tudo o que vimos na seção precedente, naquilo que diz respeito à gestão das próprias emoções, pode ser também aplicado no âmbito de uma relação destinada a ajudar qualquer pessoa envolta por emoções que tem dificuldades de administrar. Todos aqueles que se esforçam para escutar o outro, que demonstram empatia e atenção às suas emoções, pode ser de grande assistência. O educador empático, como afirmamos anteriormente, pode trazer um apoio excepcional a seus alunos. Pode ajudá-los a atravessar as dificuldades, a corrigir uma redução na motivação e a ultrapassar os bloqueios emocionais relacionados a determinadas disciplinas.

O professor poderá, portanto, ajudar o aluno a superar os bloqueios emocionais nocivos ao aprendizado e a administrar as emoções que estão em causa. Vimos, no capítulo 2, que *as emoções negativas podem afetar nosso aprendizado alterando nossas faculdades cognitivas (atenção, percepção, memória, raciocínio etc.)*. O professor tem, pois, um papel primordial a desempenhar em sua relação com o aluno, pois pode ajudá-lo a identificar, expressar, compreender e gerir adequadamente as emoções suscetíveis de alterar o processo de aprendizado.

O professor poderá ainda, como veremos na segunda parte deste livro, tornar mais afinada sua relação com o aluno, de modo a prestar uma atenção particular às emoções desse último. Assim, se um aluno se queixa, afirmando não ter entendido uma determinada matéria, em lugar de dirigir seus esforços unicamente às competências cognitivas do aluno para ajudá-lo a compreender melhor o assunto, o professor poderá intervir no nível das emoções relacionadas às suas dificuldades. Poderá, então, ajudar o aluno a administrar suas emoções, convidando-o a intervir sobre suas reações fisiológicas (controlando a respiração, praticando o relaxamento etc.), sobre suas expressões não-verbais (faciais e corporais), sobre suas reações comportamentais e sobre suas cognições. Poderá, assim, contribuir a gerar estados emocionais de segundo plano positivos.

Utilizando as emoções e as competências emocionais

Um dos papéis do educador emocionalmente inteligente consiste em estimular as competências emocionais de seus alunos. Lembremos, aliás, um princípio importante que mencionamos no capítulo 1: *o verdadeiro aprendizado se dá não quando compreendemos, mas quando sentimos.* O professor deve, pois, utilizar meios que permitam ao aluno sentir as coisas que aprende. Deverá, então, encontrar o modo de estimular seu lóbulo pré-frontal esquerdo, a fim de otimizar seu bem-estar emocional. Poderá, conseqüentemente, solicitar e estimular todas as competências emocionais do aluno que apresentamos no capítulo 1.

Tanto nossas emoções podem afetar nossas faculdades intelectuais e nossas funções cognitivas, quanto elas podem melhorar nossa capacidade de aprendizado e torná-lo mais eficaz e mais agradável. Os capítulos 4, 5 e 6 serão essencialmente consagrados à incorporação da pedagogia emocional ao ensino.

SEGUNDA PARTE

Incorporar a pedagogia emocional ao ensino

Como já dissemos e repetimos tantas vezes, o verdadeiro aprendizado se faz quando sentimos, e não quando entendemos algo. Existem duas facetas (ver figura abaixo) na incorporação das competências emocionais ao processo de aprendizado e de ensino. A primeira, da qual trataremos neste capítulo, concerne à gestão das emoções desfavoráveis ao aprendizado. A outra faceta, que será desenvolvida no capítulo 5, consiste em provocar emoções favoráveis ao aprendizado. No capítulo 6, veremos como estimular a aprendizagem em função do perfil da personalidade do aluno.

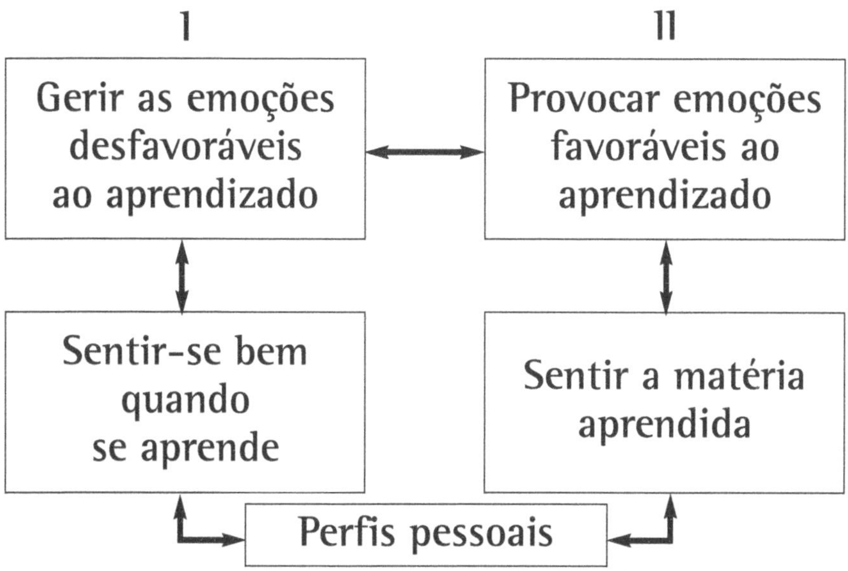

Ilustração das duas facetas da incorporação das competências emocionais ao processo de aprendizagem

4

Gerenciar as emoções desfavoráveis ao aprendizado

A primeira condição para aprender é sentir-se bem. Isto vale para toda espécie de aprendizagem porque, como vimos no capítulo 2, as emoções negativas afetam todos os nossos processos mentais, desde a atenção mais elementar até aqueles processos intelectuais e cognitivos mais complexos. É evidente, portanto, que o aprendizado depende do estado emocional daquele que aprende. O professor tem um papel fundamental a cumprir se deseja favorecer a aprendizagem de seus alunos. É por isto que ele deve, antes e acima de tudo, desenvolver uma das qualidades mais essenciais ao seu papel de educador: a empatia e a compaixão.

A força das atitudes empáticas e compassivas

Numerosas pesquisas já demonstraram o efeito positivo da empatia e da compaixão. Das mais importantes foi aquela coordenada por Robert Rosenthal, da Universidade de Harvard.[1] Ele desenvolveu um teste chamado PONS (da sigla em inglês: *Profile Of Nonverbal Sensitivity*). O teste permite avaliar a empatia a partir de uma série de vídeos que mostram uma pessoa exprimindo emoções diversas.

1. Relatado por Goleman, D., *L'intelligence émotionelle, accepter ses emotions pour développer une intelligence nouvelle*, Paris, J'ai Lu, 1997.

As cenas são registradas de tal modo que um ou mais canais de comunicação sejam suprimidos. Em certas cenas, a voz está cortada, em outras, só se vê a expressão facial, em outras ainda, só percebemos os movimentos corporais, e assim por diante. O participante devia, então, reconhecer a emoção expressa pela pessoa, que apenas podia ser vista ou ouvida na tela, baseado unicamente em seus sinais não-verbais. Essa pesquisa, realizada com cerca de setecentos indivíduos em mais de dezoito países, demonstrou que a capacidade de decifrar os sentimentos a partir dos sinais não-verbais permitia, entre outras coisas, adaptar melhor suas próprias emoções a uma situação dada e a ser mais receptivo.

Outras pesquisas voltaram-se para as relações entre casais. A título de exemplo, os pesquisadores compararam aquilo que chamamos de casais ajustados a casais não-ajustados. Os casais "ajustados" são aqueles que apresentam graus elevados de escuta empática e de soluções construtivas.[2] Em um primeiro momento, pediu-se aos casais que discutissem dois assuntos, ou seja, que abordassem, um a cada vez, um tema que dissesse respeito a uma preocupação pessoal, e não a um problema do casal (por exemplo: trabalho, saúde, lazer). O cônjuge que expôs seu problema desempenhou o papel daquele que pede apoio e o que ficou escutando o papel daquele que presta auxílio. Os casais ficaram a sós no local do experimento e suas discussões foram gravadas em vídeo. Em seguida, cada participante foi convidado a assistir e a avaliar a discussão, enquanto expressava seu problema e seu pedido de auxílio ao outro. Esse procedimento visava a avaliar, pelo cônjuge, a qualidade do apoio oferecido por seu par quando lhe expunha uma dificuldade pessoal. O cônjuge avaliador deveria identificar todos os comportamentos verbais e não-verbais de seu parceiro que pudessem tê-lo ajudado ou

---

2. Cormier, N. e D. Julien, "Relation entre l'ajustement marital et des mesures subjectives et objectives de soutien conjugal", *Canadian Journal of Behavioural Science*, volume 28, nº 4, 1996.

que, ao contrário, fizeram-lhe mal. Um comportamento de apoio é um comportamento que permite, por exemplo, esclarecer suas idéias (exemplo: "Em resumo, o que você está querendo dizer é que..."), encontrar soluções (exemplo: "O que você acha da idéia de fazer tal coisa?"), ou sentir-se compreendido e apoiado (exemplo: "Entendo o que você quer dizer" ou "Acho que essa é uma excelente idéia"). Os acenos de cabeça, os olhares atentos e a expressão do rosto do parceiro também podiam proporcionar o sentimento de que estava sendo ajudado. Os pesquisadores explicaram também que um comportamento que faz mal poderia ser, por exemplo, uma interrupção inadequada, uma atribuição negativa (exemplo: "Essa sua história é ridícula!"), uma recusa em abordar o problema (exemplo: aquele que ajuda fala apenas dele mesmo ou muda constantemente de assunto) ou, ainda, uma atitude desinteressada (exemplo: suspiros de aborrecimento, olhares distanciados etc.).

Como esperado, os casais não-ajustados, quando comparados aos casais ajustados, percebiam seu parceiro como alguém de pouca empatia e que lhes prestava pouca ajuda. Os observadores notaram também que os cônjuges que formam casais ajustados estão mais dispostos a ouvir o outro do que aqueles dos casais não-ajustados.

O psicólogo norte-americano John M. Gottman demonstrou que, quanto mais os dois parceiros manifestam inteligência emocional – o que lhes permite compreender e respeitar um ao outro –, mais é provável que sua relação seja feliz e duradoura.[3] Gottman e sua equipe realizaram suas pesquisas naquilo que chamaram de *Love Lab* ("laboratório do amor"). Centenas de casais passaram pelo *Love Lab* ao longo dos dezesseis anos que durou a pesquisa. Eram convidados a discutir um tema que fosse significativo para eles, como, por exemplo, questões financeiras, a educação dos filhos ou o

3. Gottman, J. M. e N. Sulver, *Les couples heureux ont leurs secrets*, Pocket, J. C. Lattès, 2000.

lugar de suas próximas férias. Todas as conversas foram gravadas. Paralelamente, os pesquisadores registraram uma série de parâmetros fisiológicos, a fim de detectar as mais ínfimas variações fisiológicas. A postura corporal, as expressões faciais e as reações comportamentais também foram analisadas minuciosamente. Ao término da pesquisa, Gottman era capaz de prever, com uma taxa de acerto de cerca que de 91%, quais casais iriam se separar nos três anos seguintes, e isto observando não mais que cinco minutos de uma conversação. Gottman adverte que não é porque um casal tem conflitos que ele está condenado ao fracasso. Determinante é a maneira pela qual os parceiros procuram resolver esses conflitos. Quanto mais comprovarem empatia e mútua benevolência, mais sua harmonia e sua longevidade estarão garantidas.

E, o que é ainda mais interessante, essas pesquisas demonstraram também que os casais que têm menores probabilidades de sobreviver à prova do tempo e dos conflitos são aqueles incapazes de detectar os sinais não-verbais lançados por seus parceiros (expressão facial, postura, tom da voz, comportamento gestual etc.). Por exemplo, quando se interrompe o vídeo gravado numa determinada imagem e pede-se a um dos cônjuges que diga qual era, exatamente, a emoção sentida por seu ou sua companheiro(a) naquele exato momento, os parceiros dos casais "em crise" dificilmente são capazes de detectá-la. Não percebem, nem compreendem o que o outro experimentou e sentiu. Em conseqüência, o outro não se sente compreendido e a comunicação entre eles torna-se extremamente difícil. Pior ainda, essa incapacidade profunda para se comunicar faz com que os elementos favoráveis a uma eventual ruptura passem, gradualmente, a vir à tona com mais força.

O mesmo tipo de fenômeno pode ser observado entre executivos e diretores de empresas. Aqueles incapazes de demonstrar empatia e complacência serão responsáveis por um número crescente de problemas na empresa em que trabalham. Os indivíduos empáticos e compassivos, ao contrário, possuem muito mais vantagens no plano relacional. Goleman explica essas vantagens nos seguintes termos:[4] "os indivíduos empáticos sabem como ouvir os inúmeros sinais emocionais e isto faz com que sintam as emoções não-explícitas de uma pessoa ou de um grupo. São capazes de ouvir com atenção e de compreender a perspectiva do outro. Um indivíduo dotado de empatia não terá dificuldades para entender-se com pessoas de meios diversos e de outras culturas".

Um estudo relacionado ao treinamento em grandes empresas, aliás, demonstrou que a empatia e a consciência de suas próprias emoções estão entre as duas competências emocionais que caracterizam os melhores conselheiros e que permitem predizer seu desempenho no trabalho.[5] Richard Boyatzis, o autor dessa pesquisa, salienta que a empatia é uma qualidade essencial para compreender bem o cliente, seus objetivos, seus problemas, sua situação profissional e familiar. Boyatzis diz ainda que, em lugar de ver o cliente como depositário de uma série de problemas, o bom administrador o vê como uma pessoa que pode adquirir novas habilidades, atitudes e competências. Esse ponto é fundamental para nós, pois, diante de um aluno que apresenta dificuldades de aprendizado, podemos nos concentrar na situação e orientar nossa intervenção para uma série de tarefas ou exercícios destinados a ajudá-lo a resolver os problemas escolares que o submergem. Mas podemos fazer ainda melhor: podemos considerar o indivíduo e as dificuldades emocionais que encontra levando em conta o processo de aprendizado com o qual ele se defronta.

As neurociências começaram recentemente a se interessar por tais competências emocionais e a elas dedicarem suas pesquisas. Durante uma dessas experiências, Sean Mackey e seus colegas da Universidade de Stanford, na Califórnia, apresentaram a catorze sujei-

4. Goleman, D., R. Boyatzis e A. McKee, *L'intelligence émotionelle au travail*, Paris, Le Village Mondial, 2002, p. 313.

5. Boyatzis, R., *Core competencies in coaching others to overcome dysfunctional behavior*, http://www.eiconsortium.org, 2002.

tos uma série de vídeos.[6] Nos vídeos, o que se via, principalmente, eram pessoas sofrendo, com ferimentos ou dores generalizadas. Durante a projeção das imagens, a atividade cerebral dos participantes era registrada, com a ajuda de um *scanner*. Quando os sujeitos não olhavam os vídeos, os pesquisadores aplicavam um jato de calor intenso em seu antebraço e registravam a atividade de seus cérebros ao passarem por essa experiência dolorosa. Mackey e seus colegas descobriram uma superposição da atividade do cérebro dos participantes, no momento em que eles próprios sentiam dor e nos momentos em que viam, nos vídeos, outras pessoas sofrendo. Mackey explica que não existem dois componentes distintos entre a sensação de dor e a emoção que a acompanha. Em outras palavras, o que esses pesquisadores descobriram é que há uma superposição nas áreas do cérebro que tratam do componente emocional da dor e naquelas responsáveis pelo componente sensorial da dor. Essa pesquisa nos permite compreender que regiões similares de nosso cérebro são ativadas tanto quando alguém sente, ele próprio, uma dor ou quando outra pessoa qualquer sente dor em sua presença.

Descobriu-se ainda que um fenômeno semelhante ocorre quando sentimos as emoções experimentadas por outra pessoa. Possuímos, no cérebro, neurônios específicos que nos permitem identificar-nos com os outros. Os pesquisadores costumam chamá-los "neurônios espelhos". Eles reproduzem em nós as sensações que experimentam aqueles que observamos. Hubertus Breuer[7] explica que esses neurônios possuem uma dupla função: de um lado, desempenham o papel de células que percebem a dor e as emoções alheias e, de outro lado, simulam as experiências vividas pelo outro. Breuer afirma que esse mecanismo pode ajudar o aprendizado por imitação.

---

6. McCook, A., *When you hurt, my brain says I hurt, too: study*, http://healthinfo.carolinas.org/HealthNews/reuters/NewsStory03252003l.htm, 2003.
7. Breur, H., "Les neurones de la sympathie", *Cerveau & psycho*, nº 1, 2003, p. 40-41.

O neurocientista Marco Iacoboni, da Universidade da Califórnia em Los Angeles (UCLA),[8] demonstrou, aliás, que a empatia poderia funcionar por imitação. Iacoboni convidou sete homens e quatro mulheres, entre 21 e 39 anos de idade, a observarem expressões de alegria, tristeza, raiva, medo, surpresa e desprezo. Enquanto observavam essas expressões emocionais, sua atividade cerebral foi registrada com um *scanner* de ressonância magnética nuclear. Iacoboni descobriu uma rede neuronal específica que se ativa sempre que alguém identifica ou imita uma emoção (ver a figura 4.1). Segundo Iacoboni, essa descoberta sugere que, mesmo que não imitemos abertamente os outros, é como se nós compreendêssemos suas emoções

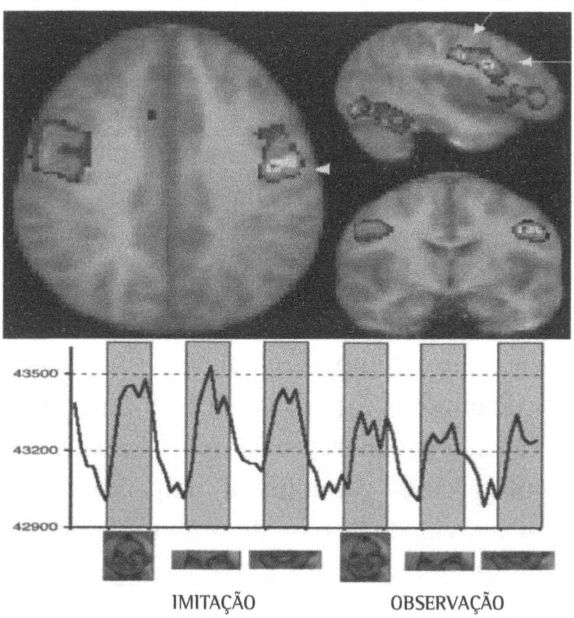

Cf. Carr, L., M. Iacoboni, M.-C. Dubeau, J. C. Mazziotta e Lenzi G. L., "Neural mechanisms of empathy in humans: A relay from neutral systems for imitation to limbic areas", Proc. Natl. Acad. Sci. USA, 100:5497-5501, 2003.

Figura 4.1 Ilustração dos neurônios-espelhos que são ativados em alguém que observa outra pessoa imitando uma emoção.

8. Choi, C., *Brain feels empathy by imitation*, http://www.upi.com/view.cfm?StoryID=20030405-081743-6763r, 2003.

graças a uma espécie de imitação interior. As regiões do cérebro que são ativadas quando identificamos uma emoção em outra pessoa são as mesmas ativadas quando nós mesmos sentimos essa emoção. As partes do cérebro ativadas nessas circunstâncias incluem as zonas responsáveis pelos movimentos físicos (como o córtex frontal inferior e o córtex temporal superior) e também as zonas responsáveis pelas emoções em si (a amígdala).

Alguns pesquisadores enxergam nos mecanismos próprios aos neurônios espelhos os fundamentos de toda e qualquer aprendizagem, que se funda sobre a observação e a imitação. De nossa parte, acreditamos que os neurônios espelhos são, de fato, muito importantes para o aprendizado, pois são eles que reagem aos estímulos externos. Acreditamos que todo professor deveria buscar os meios para entrar em ressonância com seus aprendizes, estimulando as partes dos seus cérebros que vão reagir àquilo que ele deseja transmitir.

Outra descoberta bastante interessante foi feita pelo dr. Richard Davidson e sua equipe. No capítulo 3, já fizemos menção aos trabalhos do dr. Davidson e à sua descoberta de que as emoções positivas estavam lateralizadas no lóbulo pré-frontal esquerdo do cérebro. Tivemos a oportunidade, então, de assinalar que as pessoas que praticam a meditação são capazes de ativar essas zonas de seu cérebro. Davidson explica que a compaixão é uma forma de emoção positiva. No âmbito de um projeto piloto realizado junto a monges tibetanos, Davidson e sua equipe registraram a atividade cerebral de um dos monges mais velhos, que cultiva a compaixão há mais de trinta anos. Mediram a atividade de base do cérebro desse monge e constataram que ele apresentava a ativação pré-frontal esquerda mais impressionante dentre todas aquelas observadas numa amostra de cerca de 175 sujeitos.[9]

---

9. Davidson, R. J., "Toward a biology of positive affect and compassion", R. J. Davidson e A. Harrington (dir.), *Vision of Compassion, Western Scientists and Tibetan Buddhists Examine Human Nature*, Oxford University Press, 2002, p. 107-130.

Todos estes dados reunidos nos permitem afirmar que não pode haver dúvida alguma: a empatia e a compaixão benevolente podem, por si mesmas, contribuir imensamente para favorecer o aprendizado (ver a tabela 4.1). Lembremos que, no capítulo 3, já havíamos relatado a existência de pesquisas comprovando que a empatia dos alunos e dos professores provocava um impacto bastante positivo sobre o sucesso escolar.[10]

---

10. Hughes, C., A. White, J. Sharpen e J. Dunn, "Antisocial, angry, and unsympathetic: 'hard-to-manage' preschoolers' peer problems and possible cognitive influences", *Journal of Child Psychology and Psychiatry, and Allied Disciplines*, vol. 41(2), 2000, p. 169-79.
Nowicki, S. e M. Duke, "A measure of nonverbal social processing ability in children between six and ten", *American Psychological Society Meeting*, 1989.
Assor, A., H. Kaplan e G. Roth, "Choice is good, but relevance is excellent: autonomy-enhancing and suppressing teacher behaviours predicting students' engagement in schoolwork", *The British Journal of Educational Psychology*, vol. 72(Pt2), 2002, p. 261-278.
Coffman, Stephan L., "Empathy as a relevant instructor variable in the experiential classroom", *Group and Organization Studies*, vol. 6, 1981, p. 114-120.

Tabela 4.1 – Efeitos positivos da empatia e da benevolência sobre o aluno

EFEITOS POSITIVOS DA EMPATIA	DESCRIÇÃO	REFERÊNCIAS
Melhora a capacidade de adaptação	A capacidade de decifrar os sentimentos alheios a partir de sinais não-verbais permite adaptar melhor suas emoções a uma determinada situação e ser mais receptivo.	Rosenthal, R., 1977.
Melhora a qualidade das relações	Os parceiros sentem-se mais compreendidos e recebem mais apoio do cônjuge quando este demonstra empatia.	Cormier, N. e D. Julien, 1996.
Melhora a resolução dos conflitos	Pessoas empáticas têm mais facilidade para detectar os sinais emocionais do outro e podem, assim, intervir de maneira mais eficaz na relação.	Gottman e Silver, 1999.
Melhora a comunicação	Os indivíduos empáticos não têm dificuldades para se entender com pessoas de meios diversos ou de outras culturas.	Goleman, D., R. Boyatzis e A. McKee, 2002.
Melhora a percepção da dor e das emoções do outro	O cérebro das pessoas empáticas responde de uma maneira específica à dor e às emoções do outro.	Mackey, S., 2003. Iacoboni, M., 2003.
Melhora a compreensão das carências e das dificuldades do outro	As pessoas empáticas têm mais facilidade dos que as demais para entender as dificuldades e os problemas alheios e podem, conseqüentemente, ajudá-los melhor.	Boyatzis, R., 2002.
Favorece o êxito escolar	Professores empáticos favorecem o êxito escolar de seus alunos.	Hughes, C., A. White, J. Sharpen e J. Dunn, 2000. Nowicki, S. e M. Duke, 1989. Assor A., H. Kaplan e G. Roth, 2002. Coffman, Stephan L., 1981.
Estimula o cérebro e favorece as emoções positivas	Pessoas empáticas apresentam uma atividade pré-frontal esquerda acurada.	Davidson, R., 2002.

Exercício 4.1

Prática da empatia

Instruções: Você encontrará aqui três situações vividas por diferentes alunos. Depois de ler cada uma delas, procure pôr-se na pele do aluno e responda às questões propostas.

História de Mireille

Mireille é uma aluna que costuma trabalhar bem. É ambiciosa e pretende fazer medicina. Tira sempre boas notas e participa com interesse dos exercícios que lhe são propostos. É curiosa e faz bastante perguntas. Mas, nas duas últimas semanas, Mireille vem apresentando atitudes diferentes: parece desinteressada pelas aulas, tem estado frequentemente atrasada e, na última prova que fez, tirou uma nota claramente abaixo de sua média. Ao fim de uma aula, enquanto ela guarda o material escolar, você se aproxima e pergunta, de modo simples e amigável: "Tudo bem, Mireille? Tenho a impressão de que você anda menos concentrada nos últimos tempos..." Ela olha para você sem dizer uma palavra, depois abaixa o olhar e algumas lágrimas escorrem em seu rosto. E ela confidencia que brigou com o namorado há apenas duas semanas. Pega suas coisas e sai da sala de aula.

Suponha que você seja Mireille e procure responder às seguintes questões:
Quais são suas emoções?

___

___

___

Imagine que você sinta essas três emoções: tristeza, frustração e humilhação.
Por que você está triste?

___

___

___

Por que se sente frustrada?

___

___

___

Por que se sente humilhada?

Que reação você gostaria que seu professor demonstrasse?

Em que, exatamente, essas emoções afetam suas atividades pessoais e escolares?

História de Marc

Marc é um aluno pouco disciplinado. Chega sempre atrasado à aula e nunca entrega seus trabalhos no prazo estabelecido. Não parece muito interessado em seus resultados escolares. Tem mania de conversar com os colegas vizinhos quando você está expondo a matéria e, depois que terminou de expô-la, ele pede que explique novamente, porque ele não entendeu nada. Sempre que você o questiona sobre a sua pontualidade ou se refere aos atrasos recorrentes na entrega dos exercícios, ele inventa todo tipo de desculpas, todas inverossímeis. Você duvida seriamente de sua honestidade. Aliás, a cada vez que se dirige a ele, pensa consigo mesmo: "qual será a história que ele vai inventar dessa vez?".

Suponha que você seja Marc e procure responder às seguintes questões:
Como você percebe a atitude de seu professor?

Como você se sente quando se dirige ao seu professor?

Por que você se sente assim?

Quais são os efeitos dessas impressões sobre sua implicação pessoal e sobre seu interesse pelo curso?

Qual a atitude que você gostaria que seu professor tomasse a seu respeito?

História de Stéphane

Stéphane é um aluno estudioso e animado por uma sincera vontade de ir bem na escola. Mas ele tem dificuldades. Sempre faz muitas perguntas, afirmando não ter entendido o que foi explicado. Antes de cada prova, Stéphane procura você, sempre com uma série de dúvidas cuja maior parte, aliás, você já havia resolvido. Pelo tipo de pergunta que faz, você percebe nitidamente que ele não entendeu nem sequer um terço da matéria que será avaliada na prova. Aliás, suas respostas nas provas e seus trabalhos e exercícios anteriores já são prova disso.

Suponha que você seja Stéphane e procure responder às seguintes questões:
Como você se sente com relação à escola, em geral?

Como você se sente, em geral, com relação a você mesmo como aluno?

Qual a relação entre essas emoções e seu desempenho escolar?

Em que essas emoções interferem na sua compreensão da matéria?

Quando você procura seu professor, o que gostaria de sentir?

Como seu professor poderia ajudá-lo?

Descreva agora uma situação que você viveu com um de seus alunos.

Nome do aluno:

Descrição da situação:

Suponha que você seja esse aluno e procure responder às seguintes questões: Quais são as suas emoções?

Imagine que você sinta essas três emoções: tristeza, frustração e humilhação. Por que você está triste?

Por que se sente frustrado?

Por que se sente humilhado?

Que reação você gostaria que seu professor tivesse a seu respeito?

Em que, exatamente, suas emoções afetam suas atividades pessoais e escolares?

Em suma: a integração da complacência e da empatia passa por três etapas. A primeira consiste em detectar as emoções do aluno com dificuldades. A segunda consiste em ajudá-lo adequadamente a superá-las. A terceira etapa, enfim, concerne essencialmente à segunda faceta apresentada na figura 3.7, que trata do modo de estimular emoções favoráveis ao aprendizado. Vamos examinar agora, uma a uma, essas três etapas. As duas primeiras serão abordadas neste capítulo e a terceira será objeto do próximo capítulo.

Como detectar as emoções do aluno

Para detectar as emoções de uma pessoa, precisamos voltar à base de toda comunicação: é preciso, antes de mais nada, escutá-la.

No capítulo 2, explicamos que cada emoção possui um disparador que a antecede e um comportamento subseqüente. A tríade *disparador – emoção – comportamento* é fundamental. Nem sempre é fácil detectar um disparador. Em certos casos, o disparador está diretamente relacionado a uma situação. Por exemplo, quando um aluno não entende uma explicação e manifesta raiva, percebemos a relação que existe entre o disparador e a emoção. Neste exemplo, há uma reação emocional de primeiro grau. Mas uma frustração diante da incompreensão pode também afetar o aluno em outros níveis. Ele pode ficar decepcionado por não entender. Pode, ainda, ficar com medo das conseqüências de sua incompreensão ou, então, sentir-se desvalorizado pela dificuldade que demonstra ao passo que seus colegas parecem ser capazes de tudo entender. Essa descarga emocional trará conseqüências importantes para o aluno e para a relação que ele estabelece com o ato de aprender.

O papel do educador será, em um primeiro momento, permitir que o aluno identifique, expresse e compreenda suas emoções e reconheça de onde elas provêem. É possível, porém, que um fenômeno significativo apareça nesse processo, porque não é nada fácil, para a maioria das pessoas, "cutucar a própria ferida", isto é, identificar, expressar e compreender o problema que vive. Como, em geral, o problema é embaraçoso e, às vezes, mesmo doloroso, o reflexo de qualquer um é recusar-se a identificá-lo tal qual ele é. Conseqüentemente, os elementos que a pessoa enuncia *a priori* podem não ser os elementos fundamentais do problema, mas suas características periféricas. Toda arte da comunicação empática consiste em localizar esses elementos fundamentais, sem considerar que uma primeira enunciação indique, de fato, o real problema a ser resolvido. Às vezes, é preciso tempo, antes de localizar o problema verdadeiro ou a causa verdadeira de um problema.

Como o problema real é doloroso, o aluno procurará proteger sua dor e resistirá a aproximar-se dela. Uma analogia com uma dor física permitirá compreender melhor esse fenômeno: imagine que, fazendo um esporte, você tenha fraturado a tíbia. Essa fratura resultará em uma inflamação que, por sua vez, provocará uma forma de edema. O edema tem a função de isolar o machucado, protegendo-o, e o inchaço que o acompanha serve para manter os ossos fraturados. A dor será distribuída, então, de modo concêntrico em torno da fratura e será tanto mais intensa quanto mais próxima da fratura, onde se localiza a verdadeira lesão. A inflamação em torno da lesão será bastante dolorosa, mas muito menos dolorosa do que a fratura em si mesma.

Sabemos, evidentemente, que o problema real é a fratura. É ela, portanto, que precisa ser tratada. Ora, se teimarmos em diminuir a inflamação com compressas de gelo ou antiinflamatórios, podemos minimizar certo número de sintomas, mas não trataremos, de fato, da fratura, isto é, da lesão real. Mesmo assim, aquele que está machucado teme que alguém se aproxime do local da fratura. Quando o médico toca a sua perna, aproximando o toque da fratura na tíbia, a pessoa ficará tensa e tenderá a retrair a perna como um reflexo diante da dor previsível.

No plano psicológico, o fenômeno é semelhante. Quanto mais nos aproximamos do problema real, mais doloroso será para aquele que vive o problema. A "ferida psicológica" será então recoberta por uma espécie de "edema psicológico", cujo papel é notoriamente proteger a lesão real. Em uma relação de ajuda, o professor envolvido com um aluno que manifeste dificuldades de aprendizado ou de adaptação ao meio escolar deve esforçar-se para descobrir a lesão real, quer dizer, para localizar a carga emocional que o problema comporta e sua relação com a progressão do aprendizado. É importante, portanto, não se deixar distrair pelos "sintomas periféricos". Estes últimos poderão, talvez, guiá-lo na direção do real problema, mas poderão também conduzi-lo por pistas falsas.

O mais importante é entender que, quanto mais dolorosa for a lesão, mais será difícil expor o problema. Sem se deixar distrair ou desviar pelos sintomas, deve-se proceder progressiva e cautelosamente. O professor, neste caso, funciona como um facilitador, isto é, como um auxiliar encarregado de acompanhar o aluno nesse processo de identificação, expressão e compreensão de suas próprias emoções. Ele será capaz, então, de ajudar o aluno a administrar suas emoções e, por conseguinte, a melhorar seu desempenho escolar.

A identificação e a expressão das emoções

Para poder compreender e gerir suas emoções, o aluno deve, primeiramente, identificar, e depois expressar, aquilo que ele experimenta.[11] Embora elas constituam duas etapas distintas do processo de ajuda, vamos abordá-las em conjunto, aqui. Como regra geral, nossa expressão comporta três coisas: nossas experiências, nossos comportamentos e nossos sentimentos.

---

11. Note que o ajudado poderá expressar o que vive, faz e sente tanto verbalmente quanto não-verbalmente.

A expressão de nossas experiências refere-se "àquilo que aconteceu". Isso, sem dúvida, é o mais fácil de expressar. De fato, é relativamente simples falar de nossas experiências. Narrar os fatos não é tão comprometedor no plano emocional. É possível contar a própria vida mantendo certa distância emocional. Freqüentemente, o aluno limita-se a falar de suas experiências. Ele pode, por exemplo, referir-se às suas dificuldades na escola, a tal professor de quem não gosta, à matéria em que foi reprovado. Nesses casos, sua fala situa-se, essencialmente, no nível da experiência. A utilidade da expressão das experiências permite situar o problema em seu contexto, compreender globalmente o que vive o aluno e obter, assim, uma idéia do nível ou da esfera onde se situa a problemática. Mas, como a expressão dessas experiências todas é relativamente superficial, o trabalho do professor consiste em levar aquele que precisa de ajuda a dar mais um passo e a expressar com mais profundidade suas atitudes e, sobretudo, suas emoções.

A expressão dos comportamentos diz respeito ao "como ele agiu e como se comportou". A pessoa vai contar, então, não apenas aquilo que fez ou viveu, mas também a atitude que tomou naquelas circunstâncias. Um aluno, por exemplo, conta que fez três provas na última semana. Afirma que estudou o fim de semana inteiro e encontrou algumas dificuldades, algo que ele não compreendeu direito e que precisou voltar ao assunto repetidas vezes. O fato é que o aluno, diante da dificuldade, terminou por fechar os livros e abandonar o estudo. Esse exemplo relata uma experiência (estudos de preparação para as provas), mas nos mostra também certos comportamentos (o fato de fechar e abrir os livros diversas vezes, para finalmente abandoná-los). A expressão dos comportamentos implica que a pessoa fale de seus atos, de suas atitudes ou de suas reações. Comparada à expressão das experiências, que pode ser impessoal, a expressão dos comportamentos é mais íntima. Ela é útil, pois permite compreender como o outro age ou reage em tal ou qual circunstância.

A expressão dos sentimentos concerne "àquilo que se sentiu, que se experimentou". A pessoa expressa, aqui, suas emoções, como ela se sente, ou como se sentiu numa determinada ocasião. Se o aluno contar, por exemplo, que teve dificuldades para se preparar durante o fim de semana para suas três provas, ele poderia também ter afirmado que se sentiu frustrado, com raiva ou triste. É então que começamos a nos aproximar de nossa meta. É indispensável que o aluno consiga expressar seus sentimentos e suas emoções, pois falar a respeito do que lhe aconteceu e da maneira como se comportou é nitidamente insuficiente. Expressar suas experiências e suas atitudes sem expressar suas emoções é como pintar uma tela em preto-e-branco. A ausência de expressão das emoções assemelha-se à ausência de cores em um quadro: falta-lhe uma série de detalhes e de sutilezas.

Todos sabemos que não será fácil para o aluno expressar suas emoções. Além do mais, as emoções que expressará de imediato provavelmente não serão as mais profundas e nem as mais significativas. Para retomar a nossa analogia com a fratura da tíbia, as emoções serão tanto mais dolorosas quanto mais próximas estiverem do verdadeiro problema. Em outros termos: as emoções que o aluno expressará serão, de início, mais ou menos superficiais, mas, com o desenrolar do processo, elas pouco a pouco vão se tornando mais e mais profundas.

Podemos considerar o processo de identificação e de expressão como estratos de rochas sedimentares. No alto da camada, está a expressão das experiências. Em seguida, vemos aparecer os comportamentos e só mais profundamente encontramos as emoções. Estas últimas, por sua vez, estarão ainda dispostas em camadas, indo das mais superficiais às mais profundas. Toda a arte da comunicação empática consiste em levar o aluno a expressar suas emoções mais profundas e a compreender, à medida que avança, o que se passa com ele.

A figura 4.2 ilustra o exemplo do aluno que precisa estudar para as três avaliações. No início, ele se refere à sua experiência. Conta que passou o fim de semana estudando e que encontrou muitas dificuldades. Em seguida, começa a expressar o modo como se comportou: relata que não compreendeu bem a matéria, que fechou seus livros, que tentou retomar os estudos mas, ao fim, acabou mesmo desistindo. Só depois disso é que ele começa a expressar suas emoções. Conta, então, que ficou frustrado, mas antes sentiu muita raiva. Afirma, depois, que se decepcionou consigo mesmo, que sentiu vergonha e, por fim, diz que sentiu uma espécie de desvalorização de si.

Figura 4.2 Exemplo dos três níveis da expressão de um aluno passando por dificuldades no momento de se preparar para suas provas. Ele expressa, em primeiro lugar, suas experiências (estudo da matéria, dificuldades) e seus comportamentos (incompreensão da matéria, deixou os livros de lado etc.). Em seguida, ele expressa suas emoções (frustração, raiva, decepção etc.).

A compreensão

À medida que o aluno progride no aprofundamento da identificação e da expressão do problema, ele compreende pouco a pouco aquilo que vive. Em nosso exemplo, ele compreende primeiro a situação, isto é, que encontrou dificuldades ao estudar para as provas, que chegou a fechar seus livros algumas vezes, até finalmente abandoná-los. Entende que seu comportamento (fechar os livros) deveu-se à frustração e à raiva que sentiu. Compreende, ainda, que seu comportamento foi uma reação à raiva que experimentou e que essa última estava relacionada, por sua vez, à frustração causada pela incompreensão. Entenderá, então, que a situação deixou-o decepcionado, porque teve vergonha e sentiu-se profundamente incompetente, o que o desvalorizou a seus próprios olhos. Quanto mais se avança na expressão dos sentimentos e das emoções, mais próximo se está do problema verdadeiro que, regra geral, relaciona-se à auto-estima e ao amor-próprio. Pode-se, então, estabelecer elos entre as cargas emocionais que agem sobre o aluno e seu estado de espírito, pois ele talvez pense que não é inteligente, que jamais conseguirá atingir o que deseja etc. etc. etc....

Assim, ele poderá compreender que as emoções que experimenta (vergonha e desvalorização) estão relacionadas a todas as esferas do problema evocado. Sentiu-se desvalorizado porque não conseguiu entender o que os demais pareciam ter entendido com facilidade. Não é nada cômodo, porém, admiti-lo. Seu orgulho poderá impedi-lo de se aproximar do ponto doloroso. Por isso, permitirá que outras emoções, muito mais primárias, se instalem: a raiva e a agressividade.

A frustração e a raiva tinham por função protegê-lo da dor que acompanhava a ferida em seu ego. Formavam o edema ao redor dessa ferida. Atento às suas emoções, atravessou os estratos emocionais invocados acima e aproximou-se um pouco mais de sua própria decepção e do sentimento de vergonha que experimentava. Aproximou-se, de fato, pouco a pouco, de seu problema real, a auto-estima. Mas, antes de atingir o ponto central do problema, ligado à auto-estima e ao amor-próprio, foi preciso penetrar um a um os estratos que o separam deste núcleo rígido e saber que eles o protegiam, graças a diversos mecanismos de defesa.

É nesse ponto que uma boa escuta torna-se importante, se desejamos ajudar o aluno a avançar na identificação, na expressão e na compreensão daquilo que ele sente em profundidade. O caminho está dado para a gestão dessas emoções e o professor poderá, então, acompanhá-lo nessa trajetória. Examinemos, primeiro, as diferentes maneiras de escutar alguém, umas boas e outras não tão boas, e, depois, os meios mais eficazes de ouvir. Mas, antes, complete o exercício 4.2.

Exercício 4.2

A escuta

Instruções: Eis alguns exemplos de diálogos entre um aluno e um professor. Primeiro, escreva espontaneamente aquilo que você replicaria ao aluno.

Michel diz, depois de ter tirado uma nota vermelha:
"Não dá para entender! Estudei como um louco para essa prova... não sei por que tirei essa nota."
Responda:____

____

____

Quando você pergunta a Nathalie por que ela ainda não entregou o trabalho, ela diz: "Tentei fazer o trabalho várias vezes, mas não entendi direito o que era para ser feito. As instruções não estavam claras."
Responda:____

____

____

Você encontra Sébastien no corredor e ele não parece muito bem. Você pergunta: "Está tudo bem, Sébastien?"
"Aahh... acabo de sair da prova de Fulano. Ele é mesmo terrível. Todo mundo vai mal em suas provas. Aliás, ele já tinha avisado que todo mundo ia se dar mal. É um absurdo!"
Responda: ____

____

____

Michelle vem vê-lo em sua sala:
"Professor, eu gostaria de um prazo maior para entregar o trabalho de fim de curso. Tenho três provas na semana que vem e não vou ter tempo para fazer o trabalho. E eu ainda preciso viajar, para o casamento da minha prima."
Responda: ____

____

____

As diferentes maneiras de escutar

A competência da inteligência emocional – que consiste em expressar suas emoções e em ajudar os outros a expressarem as suas – implica, ainda, em outras competências relacionais e de comunicação. Consiste, notadamente, em saber ouvir o outro com o intuito de incitá-lo a expressar, de fato, suas emoções, e não apenas relatar uma série de acontecimentos, experiências ou comportamentos. Infelizmente, poucas pessoas sabem escutar corretamente. Veremos como a maioria das pessoas escuta e compreenderemos por que certos modos de ouvir tantas vezes revelam-se impróprios e ineficazes. Examinaremos, primeiro, os modos menos eficientes para quem tem o objetivo de auxiliar o outro, ouvindo-o.

O apoio simpático

Em geral, pessoas que não sabem ajudar possuem, contudo, o reflexo de oferecer seu apoio sempre que alguém lhes solicita. Essa reação está freqüentemente ligada à simpatia desmesurada. Aquele que escuta identifica-se com o problema do outro e reage exatamente como ele próprio gostaria que reagissem a seu respeito em uma situação semelhante. Acredita, simplesmente, que está fazendo o bem e tem a impressão de ajudar, agindo como age. Assim, trata de consolar quem está chorando, de confortar quem tem medo, de acalmar quem está nervoso e de elevar o moral de quem está deprimido. Realmente, é um reflexo natural procurar consolar quem está chorando, oferecendo-lhe um ombro, ou buscar confortar aquele que tem medo, dizendo-lhe que não há o que temer.

A pessoa que apóia alguém em geral sente-se mal com as emoções experimentadas pelo outro. Em um extremo, ela pode banalizar a realidade vivida pelo outro, dar-lhe um "tapinha nas costas" e dizer-lhe que não "há problema nenhum". No outro extremo, ela pode começar a chorar junto com a pessoa triste ou, então, enraivecer-se junto com a pessoa irritada. Ela age como o camaleão que adota a cor emocional do outro como se fosse sua própria veste.

Na verdade, aquele que simplesmente apóia alguém não o ajuda de fato. Para usar uma analogia, é como se ela pusesse gelo em uma torção ou um esparadrapo na ferida, mas sem controlar a infecção nem corrigir as articulações. Apenas "assopra o dodói", como se diz às crianças pequenas.

Esse tipo de escuta é simpática, mas não é empática. Deixa-se influenciar em demasia pela emoção do outro, o que termina por confundir as coisas. É possível que a pessoa sinta-se compreendida, porque alguém a ouviu. Mas é possível também que ela sinta que sua experiência e seus sentimentos foram banalizados.

Então, não devemos jamais oferecer nosso apoio? Claro que sim, a simpatia é algo humano. Mas é preciso assegurar-se de que ajudaremos o outro a encontrar uma solução para o verdadeiro problema ou a identificar sua verdadeira emoção, se queremos de fato conduzi-lo pelo caminho empático. Já vimos que um problema pode concentrar diversas camadas emocionais. Ora, se o problema verdadeiro estiver ligado ao amor-próprio ou à auto-estima, e a pessoa ajudada estiver apenas exprimindo sua raiva ou tristeza, não será de nenhuma valia apoiarmos suas tentativas de resolver esses "falsos problemas". No limite, arriscamos-nos a mantê-la confortada em seu estado. Na realidade, a pessoa triste quer ser consolada e aquele que sente raiva quer ser acalmado. A questão é que a tristeza e a raiva constituem uma reação a outra coisa. Encorajando-as, impedimos que vá mais adiante. Aquele que escuta deve, portanto, deixar o outro expressar tudo o que sente. Só depois que o outro conseguiu expressar e sentir com clareza suas emoções fundamentais é que se deve oferecer apoio. Fazê-lo prematuramente pode retardar a progressão dessa descoberta.

A busca de uma solução imediata

Outro reflexo bastante difundido entre aqueles e aquelas que desejam ajudar os outros consiste em propor uma solução imediata para o problema. É comum, com efeito, uma equação simples: "problema-solução". E é verdade que, em certa medida, o objetivo de qualquer um que deseja ajudar alguém é conseguir que encontre uma solução para os seus problemas e para as suas dificuldades. Além do mais, é possível, quando não desejável, agir assim, quando se trata de solucionar problemas cognitivos, materiais ou técnicos. Contudo, sempre que for preciso ajudar alguém que passa por dificuldades emocionais, é importante resistir à tentação de propor rapidamente uma solução. Resolver os problemas dos outros parece ser algo bastante valoroso. Mas, se pensarmos bem a esse respeito, veremos que, na verdade, isso é apenas a coisa mais fácil e mais cômoda a fazer. Com efeito, quando o problema do outro não nos concerne, é relativamente fácil propor-lhe uma solução pronta e acabada, como costumam fazer todos os "distribuidores de bons conselhos". Mas, se a dificuldade alegada ou a primeira emoção relatada não for a verdadeira, a fundamental, a solução proposta não será boa. É possível que alguém fale longamente de um problema que enfrenta, sem que seja isso no fundo, o que mais a atormenta e incomoda emocionalmente.

Tomemos um exemplo: um aluno diz a seu professor que não consegue encontrar tempo para estudar e fazer seus exercícios. E atribui, de algum modo, seus pífios resultados escolares a essa falta de tempo. O professor poderia, então, tentar ajudar o aluno examinando o modo como este organiza seus horários, montando sua agenda, indicando-lhe como aproveitar os períodos do dia em que não está na escola etc. É assim, com efeito, que todos nós tenderíamos a agir, se nos limitarmos ao enunciado inicial do problema. Mas, se formos capazes de ouvir com atenção o aluno, podemos talvez descobrir que ele, na verdade, tem tempo o bastante à sua disposição. Podemos abrir sua agenda e encontrar vários horários reservados aos estudos. É que o problema real pode perfeitamente estar em outro lugar. Imaginemos, por exemplo, que esse aluno apresente um traço de personalidade que o predispõe fortemente a sempre buscar novidades. É possível, portanto, que esse aluno tenha uma profunda aversão por qualquer atividade repetitiva e pouco estimulante, como sentar-se durante horas para estudar. E, para piorar o quadro, imaginemos ainda que o aluno tenha progressivamente desenvolvido um bloqueio em relação aos estudos, em decorrência dos freqüentes fracassos que obteve, e que isso o levou, progressivamente, a duvidar de suas capacidades intelectuais e a se sentir desvalorizado nesse âmbito. Propor a esse aluno, bruscamente, as soluções mencionadas mais acima, não será de nenhuma utilidade. Só ouvindo-o e prestando uma atenção particular à sua dinâmica emocional e pessoal seremos capazes de descobrir os elementos específicos de sua dificuldade para estudar. E apenas ao final dessa compreensão poderemos explorar, junto com o aluno, uma maneira de administrar a situação, adaptada às suas necessidades. Mas, para tanto, é necessário escutar...

A análise e a interpretação

Outra maneira de intervir, quando se quer ajudar, é analisar e interpretar aquilo que o outro diz. Esse é um modo de proceder que corresponde à idéia estereotipada que geralmente se tem do psicanalista: alguém que analisa cada uma de nossas falas e que tenta dar-lhes um significado ou uma explicação. Temos, muitas vezes, tendência a interpretar toda vez que projetamos no outro nossa própria interpretação do problema que ele relata. Partimos de uma hipótese preestabelecida e qualquer indício serve para confirmá-la. Pode parecer importante propor uma interpretação correta daquilo que o outro enuncia, mas, de modo geral, esse tipo de intervenção só faz confundir as pistas.

É importante entender que o aluno que procura o professor para conversar busca estabelecer uma relação de confiança. Estará, portanto, ainda mais sensível a tudo que este disser ou às interpretações que dará a sua situação. É preciso, então, evitar ao máximo o excesso de interpretações e, sobretudo, as longas análises dos problemas enunciados.

É claro que algumas tentativas podem por vezes ser feitas para permitir que o aluno expresse claramente aquilo que ele vive ou sente. Neste caso, o professor deve ser prudente e ter sempre em mente a possibilidade de equívocos; sobretudo, deve ter sempre em mente que não é ele que precisa compreender, mas o outro. Sem essa prudência, passaremos ao outro a impressão de que compreendemos melhor que ele seus próprios problemas. Não esqueçamos jamais que nossa intenção não é ajudar a nós mesmos, mas ao outro. Portanto, frases como “eu compreendo muito bem o que você está passando”, adicionadas de explicações mais interessantes àquele que fala do que àquele que ouve, são de pouco valor no processo de relação de ajuda que se quer eficaz.

A avaliação e o controle

A avaliação é, provavelmente, a pior forma de intervenção que pode existir. Ela pode ser muito nociva, pois implica em um julgamento de valor daquele que está em posição de ouvir. E o que há de pior que se sentir julgado? O filósofo indiano Krishnamurti dizia a esse respeito que a mais elevada forma de inteligência humana consiste em observar sem julgar. O oposto, portanto, da forma de inteligência que se produz com a avaliação. Aquele que pretende ajudar faz comentários, emite seu ponto de vista sobre a experiência que viveu o outro, julga seus comportamentos, desaprova suas escolhas, subestima suas reações etc.

A maioria, senão a totalidade das pessoas que busca ajuda, quer saber se está no bom caminho, se age bem ou se deveria agir de outra forma etc. É compreensível, pois se temos o sentimento profundo de ter sido justo em nossas palavras, ações ou emoções, sentimo-nos bem e não temos necessidade de ser confortados. Contudo, quando uma dúvida se instala, ou persiste, quando a pessoa hesita ou lhe falta segurança, ela não se sente bem consigo mesma. Um professor que se permite avaliar e julgar abertamente um aluno mais o prejudica que o ajuda. Este busca ser compreendido, aceito, amado e não julgado ou condenado. Sabemos que a culpa, a dúvida, a vergonha estão entre as emoções mais difundidas e, acima de tudo, mais devastadoras. A avaliação e o controle não fazem mais que acrescentar lenha à fogueira. Carl Rogers afirma que a aceitação incondicional é uma das atitudes mais importantes a adotar no âmbito de uma relação de ajuda.[12] Aceitar o outro é fundamental, pois é disso que ele mais precisa. Nós todos já sofremos, mais ou menos, com o julgamento dos outros. Nós todos somos mais ou me-

12. Rogers, C., *Le développement de la personne*, Paris, Dunod, 1968.

nos sensíveis aos julgamentos alheios. Por isso, é essencial que aquele que busca sua ajuda não sinta, de sua parte, nenhum tipo de julgamento. Ao contrário, é importante que se sinta aceito tal qual é e que você o escute com atenção, de modo que ele possa expressar em profundidade aquilo que vive, faz e sente.

Há, ainda, por outro lado, o controle, isto é, essa verdadeira mania que têm alguns de ditarem aos outros o que devem ser seus comportamentos. O controle caminha de mãos dadas com a avaliação, pois, quando se permite julgar o outro, também se é capaz de dizer o que ele deve fazer e como ele deve se comportar. Os juízes ditam com facilidade a conduta do outro. Assim como uma solução imediata, e apressada, também a tentativa de controle é imprópria, porque ela não parte do outro. É verdade, e até freqüente, que a pessoa que solicita ajuda, solicita também a avaliação daquele que procurou no intuito de ser ajudado ("estou certo?", "sou normal?", "eu agi bem?"). Também é freqüente que pergunte o que deve fazer ("o que você me aconselha?", "diga-me o que devo fazer"). Muito evidentemente, ela procura soluções imediatas.

Quem se abstém de dar sua apreciação, de julgar o outro, de controlá-lo, de ditar sua conduta ou de distribuir bons conselhos, está no caminho da aceitação incondicional. Para alcançar, de fato, esta aceitação, deve abstrair, tanto quanto possível, seus próprios valores. Jamais nos esqueçamos que é muito mais fácil julgar que compreender e aceitar. Por isso, devemos fazer um esforço particular nesse sentido. Acima de tudo, ajudar é uma arte.

O inquérito

Uma atitude bastante comum entre pessoas que se encontram em posição de ajudar alguém consiste em proceder a um verdadeiro interrogatório. Freqüentemente, essas pessoas comportam-se como um Sherlock Holmes atrás de uma pista curiosa, submetendo os outros a uma rajada de perguntas. Sem querer negligenciar a importância desses inquéritos, deve-se, porém, entender qual é a sua pertinência e qual papel desempenha na relação de ajuda. Toda e qualquer pergunta deve ter o claro objetivo de informar acerca dos elementos pertinentes e não apenas satisfazer nossa curiosidade passageira. É preciso limitar tal interrogatório aos aspectos que nos parecem relevantes para o prosseguimento da intervenção.

Deve-se utilizar, tanto quanto possível, perguntas abertas, que convidem ao desenvolvimento e à elaboração. As perguntas devem ser formuladas de modo a que a pessoa ajudada libere informações importantes, em vez de simplesmente responder a uma pergunta específica. As questões abertas dizem respeito, mais freqüentemente, ao como e ao por que das coisas. Questões fechadas, ao contrário, são aquelas que aceitam uma resposta geral, do tipo "sim" ou "não", ou relacionada a qualquer outro elemento pontual como o número, o espaço ou o tempo. Como essas perguntas são fechadas, grande é o risco de se ver numa posição em que um uma pergunta fechada provoca outra pergunta fechada, e mais outra, e mais outra, até nos acuar em um beco sem saída.

A questão fechada é uma armadilha perigosa e comum, pois o uso que fazemos delas é freqüente. "Quando isso aconteceu?", "onde ela foi?", "quantas vezes isto se deu?", "você ficou com medo?", "ela estava zangada?" etc. Esse tipo de pergunta corre o sério risco de suscitar uma resposta breve e sucinta, do gênero: "na quarta-feira da semana passada", "na casa dos seus pais", "três vezes", "sim", "não"... Para alguém pouco experiente, as questões fechadas são como armadilhas porque, sempre que se recebe como resposta algo do tipo "ontem", ou "sim", ou "três vezes", tende-se facilmente a elaborar uma segunda questão fechada. O tempo corre e acabamos mais absorvidos pela nossa próxima pergunta do que ocupados em saber o que se passa com o outro.

A tabela que segue apresenta uma síntese das atitudes de escuta e das conseqüências que pode produzir sobre o outro.

Tabela 4.2 – Diferentes atitudes de escuta de pouca eficácia e suas conseqüências

ATITUDE DE ESCUTA	EXEMPLOS	CONSEQÜÊNCIAS SOBRE A PESSOA QUE DESEJAMOS AJUDAR
Busca de uma solução imediata	Aconselhar: "se eu fosse você, revisaria a matéria". Dar soluções: "a melhor solução é pedir conselho ao seu professor". Influenciar a decisão do outro: "em seu lugar, eu preferiria ir com eles a ficar aqui sem fazer nada". Direcionar o outro: "você devia se responsabilizar..." Dar ordens: "vá falar imediatamente com ele". Ameaçar: "é melhor você cuidar logo do problema, caso contrário vai ser um desastre".	Continua insatisfeita, diante de soluções que ela julga ineficazes. Sente-se profundamente incompreendida naquilo que ela está vivendo. Percebe que caiu numa armadilha, pois precisa concordar com o interlocutor ou mesmo adotar a solução sugerida, sem, no entanto, achá-la adaptada à sua realidade. Provoca uma perda de confiança em si ou, então, uma hostilidade em relação ao outro.
Inquérito	Perguntar: "o que foi que você fez ontem?" Questionar: "quanto tempo você estudou?" Interrogar: "por que você escreveu isso aqui?" Testar: "o que foi que você fez para evitar isso?"	Desconcentra o outro. Faz a pessoa perder de vista o objetivo real da conversa e os sentimentos que experimentava. Pode desenvolver uma hostilidade diante de tal interrogatório ou julgamento implícito. Pode provocar inibição e distanciamento.
Apoio simpático	Confortar: "você vai ver, as coisas vão se arranjar". Consolar: "não se preocupe, você vai ver como tudo vai melhorar logo, logo". Aprovar sem fundamento: "sim, sim, você tem toda razão, a prova estava mesmo muito difícil". Simpatizar: "entendo você... tive o mesmo problema quando eu era estudante". Apoiar: "eu estou do seu lado!"	Pode provocar, no outro, passividade e um estado de dependência. A outra pessoa pode sentir a condescendência. Pode provocar uma recusa da atitude paternalista.

continuação

Tabela 4.2 - Diferentes atitudes de escuta de pouca eficácia e suas conseqüências

ATITUDE DE ESCUTA	EXEMPLOS	CONSEQÜÊNCIAS SOBRE A PESSOA QUE DESEJAMOS AJUDAR
Interpretação	Explicar: "você diz isso porque não se esforçou o suficiente..." Procurar as causas ou as intenções veladas do comportamento do outro: "isso é o que você diz, mas, no fundo, essa não é a verdadeira razão!" Analisar: "seu comportamento parece ser conseqüência de um problema pessoal". Diagnosticar: "você não tem disciplina suficiente".	Pode levar a um desinteresse, a um acordo implícito para terminar logo a conversa, ou para agradar o interlocutor, uma mudança de assunto. Pode provocar irritação, pelo fato de não se sentir compreendido.
Avaliação e controle	Culpar: "é bem culpa sua se as coisas estão assim tão ruins". Moralizar: "eu disse que você precisava se esforçar mais para conseguir passar de ano". Julgar: "você agiu muito mal..." Fazer sermão: "um bom aluno deve estudar todos os dias..." Injuriar: "você não foi lá muito brilhante nessa resposta". Humilhar: "você é incapaz de se sair bem no que quer que seja". Ridicularizar: "uma criança de cinco anos se sairia melhor do que você". Aprovar (de um ponto de vista moral): "até que enfim você fez o que devia!" Felicitar (julgando): "em geral, você faz excelentes julgamentos".	Pode provocar um dano direto à auto-estima e à autoconfiança do outro. Pode provocar comportamentos como a inibição. Pode provocar uma revolta interior ou mesmo exterior. Pode minar a motivação. Pode provocar o sentimento de culpa, revolta, angústia, depressão.

A escuta empática

Eis uma história extraordinária, e, no entanto, de uma simplicidade desconcertante, relatada por Marshall B. Rosenberg.[13] Uma aluna aguardava, com ar abatido, a diretora da sua escola. Ao vê-la, a diretora sentou-se a seu lado e perguntou o que não ia bem. "Professora", ela disse, "já aconteceu de a senhora passar uma semana inteira em que tudo o que fez acabou provocando o mal de alguém, sem que tivesse nenhuma intenção de prejudicar ninguém?" "Sim", respondeu a Diretora. "Acho que entendo o que você está querendo dizer".

Então, a jovem estudante descreveu a sua semana à diretora. Pressionada pelo tempo, porém, a diretora, que sequer havia tirado o casaco, pois estava atrasada para uma reunião, perguntou à Mélanie: "o que é que eu posso fazer por você?" A pequena aproximou-se, abraçou-a e olhou diretamente em seus olhos: "Professora, eu não quero que a senhora faça nada por mim. Quero apenas que a senhora me escute".

Eis uma bela lição. Como explica Carl Rogers, a escuta empática "permite perceber nosso universo sob uma nova luz, e caminhar adiante".

Vejamos o que podemos fazer para praticar a escuta empática.

A reformulação

É bastante provável que a técnica chamada "reformulação" seja conhecida da maioria dos leitores. Mas, uma técnica pode ser conhecida e, ainda assim, ser pouco praticada, ou mesmo pouco dominada. A reformulação, contudo, é evidentemente um dos modos mais significativos de ouvir alguém.

---

13. Rosenberg, M. B., *Les mots sont des fenêtres (ou de murs). Introduction à la communication non violente*. Genebra, Jouvence Éditions, 1999.

Reformular consiste em retomar, com suas próprias palavras, as falas do outro, enunciando-as novamente. Muita gente evita esse tipo de intervenção, pois parece-lhes que agem como papagaios ao repetir estupidamente aquilo que a outra pessoa acabou de dizer. Mas saibam que essa técnica é bastante eficaz e vocês serão os primeiros a se surpreender com o que ela pode suscitar.

Para usar uma analogia, devemos ver a reformulação como um salto no trampolim. Cada pulo se acrescenta ao anterior e nos faz subir cada vez mais alto. É exatamente isso o que acontece quando reformulamos a fala de nosso interlocutor. Ele diz uma frase, nós a reformulamos, ele confirma e acrescenta outros elementos de informação, que reformulamos novamente, e assim por diante. A força da reformulação é tripla. Em primeiro lugar, nosso interlocutor sente-se ouvido e compreendido, uma vez que, para reformular, devemos estar atentos àquilo que o outro diz. Quem está distraído é incapaz de reformular a fala do outro adequadamente. Em segundo lugar, nosso interlocutor não tem outra escolha a não ser dar um passo a mais e completar o que acabou de dizer, já que nós acabamos de confirmar que recebemos a sua mensagem. Em terceiro lugar, o outro aprende algo sobre si mesmo, pois muitas vezes acaba dizendo coisas sem se dar realmente conta do que disse; o fato de reformularmos sua fala, faz com que tome consciência de seu teor. Nesta etapa, ele começa a compreender o que acabou de expressar.

Pouquíssimas pessoas estão acostumadas a ser ouvidas quando falam e muita gente fala sem prestar muita atenção ao que diz. Isso porque vivemos mergulhados em uma profusão desordenada de blá blá blá inútil. Não somente as pessoas pouco ouvem aquilo que dizemos a elas, mas também ouvem pouquíssimo aquilo que elas próprias dizem.

A reformulação está para a relação de ajuda como o martelo está para o marceneiro, isto é, ela é uma ferramenta sem a qual não se pode trabalhar.

A reformulação pode tomar diversas formas:

- pode consistir em retomar, pura e simplesmente, os termos do outro. Esse é o método mais seguro e o mais isento de interpretação.
- pode consistir em "reformular" o que o outro disse, com outras palavras, com sinônimos ou analogias.
- pode simplesmente consistir em retomar a última ou as últimas palavras da frase. Por exemplo, a pessoa diz: "no outro dia, minha namorada e eu fomos viajar para visitar a mãe dela". Você reformula a frase do seguinte modo: "... para visitar a mãe dela...". Nesse caso, o outro não tem escolha a não ser prosseguir: "... sim, pois era seu aniversário e Sophie acha importante ir visitar a mãe nessas datas" etc.
- pode ainda ser enunciada sob a forma de uma pergunta: "vocês então foram visitar a mãe de Sophie, pois era importante para ela, foi isso?" Nesse caso, a pergunta é um modo de reformulação, pois retoma os elementos principais do enunciado para transformá-lo em pergunta. O interlocutor deverá, então, continuar, de modo semelhante, a uma reformulação sob forma de afirmação.

O reflexo

O reflexo consiste em devolver ao outro aquilo que concerne essencialmente a seus sentimentos e suas emoções. O reflexo tem, portanto, a função de fazer emergir os sentimentos da pessoa. Nesse caso, grande é a probabilidade de que ela acrescente uma coloração emocional a sua fala. O objetivo daquele que pratica a escuta empática é levar efetivamente o interlocutor a passar dos enunciados de fatos ou de comportamentos para os enunciados dos sentimentos e das emoções, a fim de progredir a níveis mais profundos de expressão e de compreensão. Assim, explorando seus sentimentos e emoções, a pessoa ajudada pode chegar a significativas consciências de seus atos.

Os mesmos métodos utilizados na reformulação podem ser usados aqui:

- reformular os aspectos da fala do outro relacionados aos sentimentos e às emoções: "quando Sophie me disse que ela ia para a casa da sua mãe, eu não gostei nem um pouco, porque eu não gosto nada do ambiente que existe naquela casa". Reflexo: "você não gosta do ambiente que existe na casa dos pais dela...".
- pode-se utilizar outras palavras além daquelas formuladas pelo interlocutor para refletir seus sentimentos: "você experimentou um mal-estar ao pensar na idéia de ir para a casa da mãe de Sophie".
- pode-se também questionar a emoção: "O que, exatamente, desagrada você no ambiente que existe na casa dos pais de Sophie?"

A focalização

A focalização consiste em se concentrar com mais precisão sobre um elemento emocional mencionado pelo interlocutor. Pode-se, com efeito, decidir retomar um aspecto que nos pareceu pertinente e conduzir o outro a aprofundá-lo, a explorá-lo melhor. Geralmente, a focalização concerne aos sentimentos e às emoções. Aquele que escuta pode então conduzir o outro até esses aspectos e incitá-lo a falar mais sobre eles, pedindo-lhe mais detalhes e explicações complementares. Aquele que ajuda deve mover a lupa na direção de um aspecto emocional que tenha percebido previamente e que lhe tenha parecido de alguma maneira importante. Diferente do que ocorre com o inquérito, a focalização é bastante pertinente, uma vez que diz respeito diretamente ao problema do outro e àquilo que ele sente. Ora, sabemos que é fundamental explorar adequadamente as emoções experimentadas pelo outro. A focalização é uma ferramenta bastante útil para realizar essa exploração. Todavia, ela apresenta a desvantagem de desviar a atenção da problemática global para concentrá-la sobre um aspecto pontual do problema. Por isso, é fundamental estabelecer os elos necessários para que o outro compreenda a relação existente entre a dimensão emocional focalizada por você e o conjunto do seu problema. Ao cabo de uma focalização, deve-se elaborar uma breve síntese de toda a problemática, relacionando claramente aquilo que o outro enunciou, o que permitirá que ele compreenda a relação existente entre aquilo que ele viveu, aquilo que fez e aquilo que sentiu.

A confrontação

De longe a mais difícil das intervenções, a confrontação tem como objeto obrigar o outro a interrogar-se acerca de determinados aspectos de seu problema e a tomar consciência, por si mesmo, desses elementos. O objetivo da confrontação, portanto, é "forçar" o interlocutor a dar mais um passo na exploração do seu problema. Talvez isso o leve a compreender os absurdos ou as incoerências de suas próprias falas e ele poderá, então, reelaborar seus questionamentos e seguir adiante.

A confrontação, porém, é uma arte. O outro não deve ser afrontado, nem submetido a um braço de ferro. Toda a arte da confrontação reside no tato e na diplomacia. Ademais, a confrontação só deve ser feita no momento oportuno. Deve-se evitar a confrontação prematura. Antes de chegar a essa etapa, é preciso certificar-se de que se dispõe de vários elementos do problema, de modo que o outro não possa esquivar-se, justificar-se ou, simplesmente, fechar-se em mutismos. Além disso, a confrontação deve ser feita a partir de elementos bastante precisos, de tal modo que a pessoa ajudada saiba exatamente o que está em jogo. Sem buscar a intimidação, a confrontação é um choque que produz um impacto no nível da consciência, obrigando o outro a tomar consciência de sentimentos que ele, inconscientemente, procurava dissimular, contornar ou simplesmente evitar. A confrontação produz por efeito conduzir a algo novo. Ela pode fazer emergir aspectos até então não desvelados. Sua função é precisamente fazer emergir o novo, esse não-expresso, ou permitir pôr em relevo a falta de sentido de uma determinada coisa.

Aqui está um exemplo de diálogo entre um professor e um aluno:

Professor: E então, Martin, o que eu posso fazer por você?

Martin: Eu já não sei mais o que estou fazendo nessa escola. Tenho vontade de largar tudo...

Professor: Você tem vontade de abandonar seus estudos? [reformulação].

Martin: Na verdade, não é só a escola. O mundo todo me irrita. Só tem gente estúpida e limitada.

Professor: Você não se sente bem junto a eles... [reflexo].

Martin: Não. Aqui nessa escola só tem grupinhos...

Professor: E você acha, então, que é difícil estabelecer um canal de comunicação... [reflexo].

Martin: Como é que se pode estabelecer qualquer comunicação com um bando de retardados que acha que é o centro do universo?

Professor: É por isso que você está sempre sozinho na lanchonete? [confrontação].

Martin: [longo silêncio... os olhos de Martin começam a se inflamar... depois ele dá de ombros].

Professor: Você se sente sozinho aqui na escola e é por isso que tem vontade de sair daqui... [confrontação].

Martin: É, pode ser... não é nada fácil ser rejeitado por todo mundo...

Professor: Você se sente rejeitado pelos outros... [reflexo].

Martin: Sim, eu não consigo fazer amigos. Eu me sinto tão diferente de todo mundo aqui nessa escola...

Professor: Você gostaria de ter mais amigos... [reflexo].

Martin: Claro!... Normal, não é?

Professor: Então tem gente aqui com quem você gostaria de ter contato... [confrontação].

Martin: Sim, tem algumas pessoas aqui que são interessantes, apesar de tudo...

Professor: Mas você não acha fácil falar com essas pessoas e fazer amizade com elas... [reflexo].

Martin: Não... eu sempre fui tímido demais para procurar os outros.

No exemplo, Martin demonstra um tipo de agressividade com relação à escola e aos seus colegas. Tem vontade de abandonar tudo. Uma reformulação e alguns reflexos permitiram fazer emergir a sua dificuldade em se comunicar com os outros. Mas foram as duas confrontações ("É por isso que você está sempre sozinho na lanchonete?" e "Você se sente muito sozinho aqui na escola e é por isso que tem vontade de sair daqui...") que fizeram emergir o sentimento de rejeição e de isolamento que experimenta Martin. Os reflexos seguintes conduziram Martin a expressar seu profundo desejo de fazer amigos entre os colegas de escola. Em seguida, uma nova confrontação ("Então tem gente aqui com quem você gostaria de ter contato...") obrigou Martin a admitir que havia, apesar de tudo, pessoas com quem ele adoraria entrar em contato. Por fim, os reflexos conduziram-no a expressar sua timidez e a dificuldade que sente para se comunicar com os outros.

A cada vez que foi usada, a confrontação obrigou-o a atingir um novo patamar emocional: o sentimento de rejeição, o constrangimento etc. Nesse momento, o professor pôde ajudar Martin a superar seu constrangimento. Caso ele tivesse se deixado levar pela "armadilha" montada pelos primeiros enunciados, provavelmente teria tentado convencer Martin a continuar na escola, já que isso é algo importante "para ter sucesso na vida" e "para o seu futuro"... Teria passado ao largo do verdadeiro problema, sem atingi-lo.

Não devemos esquecer que a pessoa ajudada não terá condições de modificar nada em seu comportamento a não ser que tenha compreendido bem o que se passa com ela. É preciso fazer mais do que colar um rótulo ao seu problema; é preciso compreender suas engrenagens e o modo como funcionam. A confrontação produz um choque no nível da consciência e conduz a algo completamente diferente. Dada a sua força, ela não deve ser utilizada excessivamente, mas tampouco se deve deixar de usá-la quando necessário.

Aquele que utiliza a confrontação precisa estar sempre preparado para apreender o que virá em seguida. Como já dissemos anteriormente, com relação à focalização, a confrontação conduz a uma compreensão e cabe então conciliar os elementos que surgirem de seu uso e que aparecem, muitas vezes, de modo fragmentado. Para tanto, é importante estar sempre atento àquilo que foi expresso. É preciso saber reter os aspectos importantes do problema, sem abandonar o conjunto. A pessoa ajudada, que caminha através dos diferentes níveis de sua problemática, nem sempre está em condições de enfatizar todos os elementos importantes. Por vezes, é necessário que aquele que ajuda ofereça uma síntese da situação em sua totalidade.

A síntese

A síntese permite resumir os elementos essenciais do problema, relacionando-os entre si. Ela esboça um quadro geral da situação e apresenta-o à pessoa ajudada. Aquele que escuta permite, assim, que o outro passe a ter uma visão global mais nítida de sua situação. Essa síntese tem como conseqüência abrir novas pistas, novos caminhos, e ajudar àquele que pede ajuda a se aprofundar em sua problemática.

Professor: Pois então, Martin, sua dificuldade em entrar em contato com os outros alunos dá essa vontade de desistir da escola. É por isso, também, que você os considera estúpidos e limitados. Mas, na realidade, como você mesmo acabou de dizer, também tem um monte de gente interessante na escola, só que você é tímido demais para procurar esses colegas. E você se isola ainda mais... É isso? [síntese]

Martin: Sim, é um pouco isso, sim. Eu gostaria tanto de poder falar com as pessoas sem me sentir tão mal! Eu sempre tenho medo de perturbar os outros ou que eles me achem um idiota. Às vezes, eu imagino que vou falar com eles e, depois de dois minutos, já não sei mais o que eu poderia lhes dizer. Fico paralisado...

Exercício 4.3

A escuta

Instruções: Retorne agora ao exercício 4.2 e tente identificar o tipo de escuta que você utilizou nos exemplos propostos. Você teve uma tendência maior a propor soluções imediatas, a oferecer um apoio simpático, a avaliar? Quem sabe você optou por uma escuta empática...
Agora, você pode retomar cada um dos enunciados e responder ao aluno aplicando a escuta empática.

Michel diz, depois de ter tirado uma nota vermelha em sua prova: "Ah, eu não consigo entender! Eu estudei como um louco para essa prova... não compreendo porque acabei tirando essa nota ".[14]
Responda: ______________________________

____

Nathalie diz, quando você pergunta por que ela ainda não entregou o trabalho: "Tentei fazer o trabalho várias vezes, mas não entendi o que era para ser feito. As instruções não estavam claras".[15]
Responda: ______________________________

____

Você encontra Sébastien no corredor e ele não parece bem. Você pergunta: "Está tudo bem, Sébastien?" "Aahh... acabo de sair da prova de Fulano. Ele é mesmo terrível. Todo mundo vai mal em suas provas. Aliás, ele já tinha avisado que a maioria ia se dar mal. É um absurdo!".[16]
Responda: ______________________________

____

14. Exemplo de resposta empática: "você está surpreso de ter tirado uma nota tão ruim em sua prova". Nós identificamos a surpresa, por causa do início da frase ("Ah, eu não consigo entender!"), que evoca essa emoção.

15. Exemplo de resposta empática: "você parece desencorajada com relação a esse trabalho". Nós identificamos a falta de coragem baseando-nos no fato de que Nathalie afirma ter tentado fazer o trabalho diversas vezes, e em vão.

16. Exemplo de resposta empática: "você está irritado com seu professor". Nós identificamos a raiva de Sébastien na expressão que ele usou quando disse "ele foi mesmo um sacana..." Também teria sido possível colocar a ênfase sobre a aversão ("isso deixou você desgostoso"), referida pela exclamação: "É um absurdo!"

Michelle vem visitá-lo em sua sala: "Professor, eu gostaria de um prazo maior para entregar o trabalho de fim de curso. Tenho três provas na semana que vem e não vou ter tempo para fazer o trabalho. E eu ainda preciso viajar, para o casamento da minha prima".[17]

Responda:____

____

Ajudar o aluno a administrar suas emoções

Depois de ajudar o aluno a identificar, a expressar e a compreender suas emoções, pode-se começar a examinar um modo de ajudá-lo a administrá-las. No capítulo 3, abordamos as diferentes facetas da gestão das emoções. Estabelecemos, também, a distinção entre a gestão das emoções primárias e secundárias e a gestão das emoções de segundo plano. De fato, é realmente preciso entender que não se administra da mesma forma as emoções primárias e secundárias e as emoções de segundo plano. As emoções primárias e secundárias emergem muito rapidamente e têm um impacto imediato e desmesurado sobre a atenção, a percepção, a concentração e a memorização. Já as emoções de segundo plano flutuam sutilmente no tempo, formando ondas bem menos intensas, mas seus efeitos não são menos danosos. Elas interferem consideravelmente nos processos cognitivos e, em conseqüência, afetam grandemente o aprendizado.

17. Exemplo de resposta empática: "você está com medo de não ter tempo para fazer tudo". Nós identificamos o temor baseados no fato de que Michelle se refere às diversas coisas que ela tem para fazer na semana seguinte.

A gestão das emoções primárias

Recordemos, de início, os cinco componentes das emoções, tal como os descrevemos no capítulo 3:

- As expressões não-verbais.
- As reações fisiológicas.
- As reações comportamentais.
- As cognições.
- Os sentimentos afetivos.

Ainda no capítulo 3, também mencionamos o fato de que a gestão das emoções deve passar por cada um desses componentes. Quando se trata de administrar nossas próprias emoções, podemos intervir sobre cada um desses componentes. Podemos fazê-lo, pois se trata de emoções que fazem parte de nós e, assim, é perfeitamente possível exercer um controle sobre elas. Mas, quando se trata de ajudar outra pessoa a gerir as suas emoções, passamos a ter menos controle sobre esses componentes. Mesmo assim, temos ainda espaço para agir, também nesses casos, muito mais do que poderíamos supor à primeira vista. Vejamos alguns exemplos de ações ou de atividades que podemos providenciar para ajudar os alunos a gerirem suas emoções desfavoráveis ao aprendizado.

A gestão das expressões não-verbais, das reações fisiológicas e das reações comportamentais

Como esses componentes estão bastante interligados, trataremos dos três simultaneamente.

A primeira coisa a fazer é detectar as emoções dos alunos no momento em que você transmite a matéria em sala de aula, quando eles estiverem fazendo exercícios ou, ainda, quando estiverem em períodos de estudos ou de provas. Nas páginas anteriores, tratamos amplamente da detecção das emoções alheias. A empatia e a vigilância (o fato de estar sempre atento aos sinais não-verbais) são essenciais para perceber as emoções dos alunos quando elas surgirem. Acontece, muitas vezes, de termos matérias mais áridas e menos apaixonantes para transmitir. Nestes casos, as manifestações não-verbais tornam-se mais numerosas. Os sinais manifestos tornam-se, portanto, mais explícitos: a postura corporal, a expressão facial de frustração ou de desgosto, os gestos bruscos etc. O professor que percebe esses sinais pode intervir muito rapidamente e agir sobre eles. Pode, por exemplo, interromper o exercício ou a aula e pedir a todos os alunos que se levantem e comecem a se mover, mexendo-se, alongando-se, respirando profundamente etc. O importante, aqui, é solicitar o corpo em seu conjunto. A tabela 4.3 apresenta os diferentes exercícios ou as diferentes dinâmicas fáceis de colocar em prática e que terão como efeito "quebrar" o ritmo emocional decorrente de certas condições do ensino e do processo de aprendizado.

Tabela 4.3 – Dinâmicas e exercícios destinados a modificar as expressões não-verbais, as reações fisiológicas e as reações comportamentais dos alunos

NOME DO EXERCÍCIO	DESCRIÇÃO	EFEITO DO EXERCÍCIO
Alargamento do campo de percepção[18]	Alargamento do campo visual: convide os alunos a colocarem as duas mãos a cerca de 30 cm do rosto, na altura dos olhos, com os dedos apontando para cima. Então, peça para voltarem os dedos para o exterior, de modo a alargar ao máximo o seu campo visual.	Foi comprovado que, sempre que estamos tensos e emotivos, o nosso campo de percepção diminui consideravelmente. Fazer o exercício de alargamento do campo de percepção expande nossos horizontes e permite, como conseqüência, perceber com mais clareza as possibilidades que nos oferecem e, sobretudo, nos afastam de nossas pequenas inquietações.

18. Desenvolvemos aparelhos especialmente concebidos para auxiliar na realização desse tipo de exercício. Para mais informações, consultar nosso site no endereço http://www.apie.ca.

continuação

Tabela 4.3 – Dinâmicas e exercícios destinados a modificar as expressões não-verbais, as reações fisiológicas e as reações comportamentais dos alunos

NOME DO EXERCÍCIO	DESCRIÇÃO	EFEITO DO EXERCÍCIO
Respiração	Convide os alunos a se instalarem confortavelmente em suas carteiras e a fazerem uns bons movimentos de inspiração e expiração. Essa respiração deve ser feita o mais profundamente possível, sem, no entanto, provocar tensão. É importante que a respiração seja feita da maneira correta, com o abdômen inflando, mas sem arqueamento dos ombros.	Tanto como é possível induzir um estado emocional negativo ao reproduzir o padrão respiratório que lhe corresponde, podemos também fazer o mesmo para induzir uma emoção positiva. Esse exercício terá como efeito diminuir a ativação fisiológica produzida pelo desenrolar das emoções, isto é, diminuir a atividade do sistema nervoso autônomo e reduzir a taxa de hormônios do stress.
Esvaziamento	Convide os alunos a ficarem de pé e a fecharem os olhos. Então, depois de três respirações profundas, convide-os a, vagarosamente, inclinarem a cabeça para frente. Então, com uma movimentação fluída e contínua, o tronco segue a inclinação da cabeça para baixo, até que a pessoa esteja completamente inclinada, com a cabeça para baixo e os dois braços estirados ao lado do corpo. Depois de alguns segundos nessa posição, os alunos devem fazer o movimento inverso, trazendo a coluna vertebral de volta à sua posição vertical.	As emoções negativas são normalmente acompanhadas por uma importante produção de substâncias químicas nocivas, que circulam em nosso organismo até saturarem o nosso cérebro. Esse exercício tem o objetivo de esvaziar o cérebro, fornecendo-lhe um carregamento de sangue novo. As inclinações para baixo produzem um jato de sangue em direção à cabeça, e a volta à posição ereta um esvaziamento de sangue em direção à parte de baixo do corpo. Depois desse exercício, sentiremos nossa mente e nossas idéias ficarem mais claras.
Alongamento	Ficar de pé e alongar todo o corpo para o alto, como se quiséssemos tocar as estrelas com as mãos. Em seguida, sentar-se e alongar as pernas para frente, deixando os dedos dos pés paralelos ao solo.	Nos momentos de stress, nossos músculos tendem a se crispar, tornando-se tensos. Esse exercício produzirá o efeito inverso.
Contato energético	Todos os alunos devem ficar em pé, um atrás do outro, formando um grande círculo. Cada um deve, então, massagear os ombros dos que estão à sua frente, do lado interior do círculo. Depois, todos giram sobre o próprio eixo e passam a massagear a pessoa que estava atrás de si.	Ensinar os alunos a se tocarem uns aos outros com respeito e sem qualquer conotação sexual desenvolve a empatia e a amizade entre eles e, certamente, produzirá um efeito de relaxamento, aumentando o seu nível de energia.

continuação

Tabela 4.3 - Dinâmicas e exercícios destinados a modificar as expressões não-verbais, as reações fisiológicas e as reações comportamentais dos alunos

NOME DO EXERCÍCIO	DESCRIÇÃO	EFEITO DO EXERCÍCIO
Criação de pensamento positivo	Em pé, todos levantam os braços, gritando, sem exagerar: "eu sou o rei (ou a rainha) do mundo!"	Esse exercício ajudará os alunos a melhorarem sua auto-estima, pois criará novas conexões positivas no cérebro.
O mundo de ponta-cabeça	Os alunos dividem-se dois a dois e se põem de quatro, costas contra costas, afastados cerca de um metro de distância um do outro. Em seguida, eles arremessam uma bola que, com seus pés e suas mãos, fazem rolar sobre o solo. Depois de alguns segundos, eles terão a impressão de estarem francamente no limite e que tudo está de pernas para o ar.	Sabemos que as emoções modificam nossa percepção dos acontecimentos. Mudar a posição do corpo, modificar a sua maneira de ver o mundo, ajuda a perceber as coisas de maneira diferente.
O sorriso	Cada um deve colocar o lápis entre os dentes de tal modo que isso sugira um sorriso. Em seguida, os alunos devem fazer um exercício físico, como um polichinelo.	Algumas pesquisas demonstram que a expressão facial e corporal de uma emoção contribui para acentuar os sentimentos afetivos próprios a essas emoções.

Além dessas atividades propostas na tabela 4.3, pode-se ainda pensar em uma série de outros exercícios curtos e breves, mas cujos efeitos são importantes para o bem-estar dos alunos. Pode-se, também, mostrar a eles como intervir diretamente em situações geradoras de emoções negativas. Trata-se, portanto, de uma abordagem pró-ativa. A tabela 4.4 resume o método em nove etapas, propostas por D'Zurilla.[19]

19. Ver Lazarus, R. S., *Emotion and adaptation*, Nova York, Oxford University Press, 1991.
* O método APIE é ensinado na Académie de Plaisirologie et d'Intelligence Émotionnelle (a APIE). Ver os sites http://www.apie.ca e http://www.emotinalpedagogy.com

Tabela 4.4 – A técnica de resolução de problemas emocionais em nove etapas

ETAPA	DESCRIÇÃO	EXEMPLO
1	Avaliar a situação que gera a emoção e fixar um objetivo concreto.	Um aluno acha que seu parceiro de trabalho não faz nada e isso o irrita. A primeira etapa consiste em definir o problema e determinar qual resultado ele pretende alcançar.
2	Avaliar objetivamente a maneira inadequada com que você lida com os problemas que vive.	O aluno deve examinar como ele costuma reagir diante do comportamento de seu parceiro e em quê essas reações não são eficazes.
3	Examinar o papel que desempenham as emoções na resolução do problema.	O aluno constata que essa ou aquela maneira de agir do colega faz, automaticamente, com que ele fique irritado. Ele deve, então, admitir que essa reação emocional não lhe permitirá resolver o problema, devendo evitar a raiva, que só contribui para envenenar a situação.
4	Examinar um exemplo preciso em que surgiu o problema emocional e analisar as circunstâncias exatas nas quais ele emergiu.	O aluno deve observar se reage emocionalmente ao fato de que seu parceiro espera que ele aja em seu lugar. Ele deve, então, examinar precisamente o que ocorre em tais circunstâncias e por que ele reage tal como faz.
5	Estabelecer uma meta realista diretamente relacionada à situação.	Sua meta poderia ser a de não mais ficar com raiva, já que isso não tem nenhum efeito, exceto o de afetar negativamente o seu humor.
6	Enumerar o maior número possível de soluções para o problema.	O aluno pode decidir não fazer nada além do que já fora estabelecido previamente. Depois, diante da displicência do outro, ele pode explicar calmamente que agirá sempre dessa maneira dali por diante. Ele pode também decidir requisitar a seu parceiro que seja mais disciplinado. Ou pode ainda decidir deixar as coisas se arrastarem, sem nada fazer, até que o outro perceba, por si mesmo, que em breve terão problemas.

continuação

Tabela 4.4 – A técnica de resolução de problemas emocionais em nove etapas

ETAPA	DESCRIÇÃO	EXEMPLO
7	Retome cada uma das soluções dadas e avalie-as, de maneira a escolher aquela mais adequada e mais eficaz nas circunstâncias.	O aluno escolhe despender alguns minutos para pedir a seu parceiro que seja mais disciplinado.
8	Aplicar a solução escolhida e avaliar a sua eficácia.	Depois de ter discutido abertamente com seu parceiro, o aluno deixa passar um tempo e avalia, em seguida, em que resultou sua ação.
9	Em função dos resultados, caso estes não sejam satisfatórios, optar por outra solução e retornar à etapa oito	Se a solução escolhida não se revelar eficaz, tentar uma outra.

A gestão das cognições

Como todos sabemos, as cognições acompanham a maioria das emoções. Em geral, produzimos um monólogo interior sempre que sentimos uma emoção diante de uma situação qualquer. O professor não tem, praticamente, nenhum controle sobre os pensamentos do aluno que reagiu emocionalmente. Mas ele tem a oportunidade de ouvi-lo, permitindo que expresse o que sente, embora sabendo que não tem o poder de modificar seus pensamentos. Não podemos, com efeito, intervir no cérebro de outra pessoa, com a intenção de fazê-lo adotar pensamentos diferentes. Pior que isso: o fato de querer modificar o pensamento alheio pode produzir como efeito um reforço ainda maior desse mesmo pensamento, levando o outro a acreditar que está absolutamente certo em suas atitudes. É importante, portanto, que o aluno tome consciência por si só de que seus pensamentos negativos podem ter um impacto sobre o seu bem-estar. Mais uma vez, aquele que quer ajudar o outro deve, antes de tudo, estar disposto a escutá-lo, sem propor soluções imediatas, sem querer interpretar nada e muito menos julgar o que quer que seja. Quanto mais aquele que escuta guia o outro em direção à expressão de suas emoções e de suas necessidades, mais lhe permite compreender por que ele reage assim. Permite, portanto, que o outro tome consciência de que suas emoções e suas carências estão intimamente interligadas. Poderá, assim, localizar seus pensamentos negativos e destrutivos. A tabela 4.5 apresenta os principais pensamentos que podem acompanhar e sustentar as emoções negativas.

Tabela 4.5 – Os tipos de pensamentos negativos

TIPOS DE PENSAMENTO	EXEMPLOS
As generalizações extremas	Michel experimenta algumas dificuldades com seus exercícios de matemática. Diz a si mesmo: "eu não entendo absolutamente nada de matemática... Sempre fui péssimo em cálculo... Nunca fui capaz de lidar com a matemática..."
As previsões catastróficas	Depois de fracassar em uma prova, Mélanie diz a si mesma: "Eu vou perder o ano e nunca vou chegar à universidade com notas desse tipo..."
As escusas (do latim *ex causa* = causa exterior)	Isabelle teve uma nota baixa em sua prova: "É por culpa do professor que eu fui tão mal... Ele só dá provas para a gente ir mal..."
Os pensamentos auto-depreciativos	Alexandre culpa-se ao menor erro: "Eu sou um zero à esquerda, não valho nada... os outros entendem a matéria, mas eu, eu nunca consigo..."

Exercício 4.4

Identificar os pensamentos negativos

Instruções 1: Convide o aluno a identificar algumas situações que o fazem reagir emocionalmente. Para ajudá-lo, utilize a grade abaixo.

CATEGORIA DA SITUAÇÃO	DESCRIÇÃO DA SITUAÇÃO	EMOÇÕES SENTIDAS	INTENSIDADE DA EMOÇÃO
Tempo	________	________	1 2 3 4 5
	________	________	1 2 3 4 5
	________	________	1 2 3 4 5
	________	________	1 2 3 4 5
	________	________	1 2 3 4 5
	________	________	1 2 3 4 5
Matéria (Português, Matemática, Física etc.)	________	________	1 2 3 4 5
	________	________	1 2 3 4 5
	________	________	1 2 3 4 5
	________	________	1 2 3 4 5
	________	________	1 2 3 4 5
	________	________	1 2 3 4 5
Atividade pedagógica (exercício, seminário, trabalhos, etc.)	________	________	1 2 3 4 5
	________	________	1 2 3 4 5
	________	________	1 2 3 4 5
	________	________	1 2 3 4 5
	________	________	1 2 3 4 5
	________	________	1 2 3 4 5
Avaliação (provas, exames, trabalhos, etc.)	________	________	1 2 3 4 5
	________	________	1 2 3 4 5
	________	________	1 2 3 4 5
	________	________	1 2 3 4 5
	________	________	1 2 3 4 5
	________	________	1 2 3 4 5
Relações (trabalho de equipe, colegas que atrapalham, conflitos interpessoais etc.)	________	________	1 2 3 4 5
	________	________	1 2 3 4 5
	________	________	1 2 3 4 5
	________	________	1 2 3 4 5
	________	________	1 2 3 4 5
	________	________	1 2 3 4 5

Instruções 2: Tendo identificado as situações, convide em seguida o aluno a identificar o que pensou a respeito delas e a especificar a qual tipo de pensamento pertencem (ver a tabela 4.5)

Descrição de uma situação relacionada com o tempo:

____

____

____

Descrição de pensamentos relacionados com a situação:

____

____

____

Diga a que tipo de situação pertencem esses pensamentos (generalizações extremas, previsões catastróficas, escusas, pensamentos auto-depreciativos):

____

____

____

Uma vez identificados os pensamentos, o professor poderá ajudar o aluno a administrá-los. Com efeito, sem poder modificar esses pensamentos no lugar do aluno, ele poderá, contudo, ajudá-lo a fazer isso por si mesmo.

Os psicólogos cognitivistas propõem um método em três etapas para reprimir os pensamentos irracionais e destrutivos que acompanham as emoções negativas. A tabela 4.6 resume esse método:

Tabela 4.6 – A técnica de repressão dos pensamentos negativos

ETAPA	DESCRIÇÃO	EXEMPLO
1	Diante de uma situação emocional, reservar algum tempo e examinar nossos pensamentos e nossas crenças com relação a essa situação.	O aluno que se sente angustiado diante de uma prova pode ter diversos pensamentos irracionais, como: "é horrível, eu esqueci tudo", "eu estou arruinado, vou perder o ano", "sabia que eu era burro, não faço nunca nada direito", "eu estou muito irritado", "meu coração vai explodir se continuar a bater tão rapidamente" etc. O aluno anota seus pensamentos irracionais e destrutivos e toma consciência do papel que estes desempenham no processo emocional.
2	Depois de reconhecer esses pensamentos negativos, substituí-los por pensamentos positivos e construtivos.	O aluno pode, então, repetir diversas vezes para si mesmo: "relaxe, você conhece essa matéria, já vai lembrar", "não é porque eu não consegui fazer essa prova que minha vida está acabada; eu me sairei melhor da próxima vez", "vejamos as questões uma de cada vez e veremos o que acontece em seguida", "vou fazer uma boa respiração e relaxar minhas tensões" etc.
3	Oferecer um prêmio a si mesmo, felicitando-se mentalmente pela mudança de crenças e pensamentos.	O aluno diz em seguida a si mesmo: "bom, você vê que se sente melhor quando pensa positivo", "continue assim, e tudo vai melhorar" etc.

Instruções 3: Depois de identificados os pensamentos negativos e a que tipo de situações eles pertencem, convide agora o aluno a compreender o impacto que produzem sobre o seu estado emocional e a substituí-los por pensamentos mais racionais e mais realistas.

Descreva de que forma esses pensamentos podem agir sobre seu estado emocional:

____

____

Enuncie pensamentos mais positivos e mais construtivos com relação à situação vivida:

____

____

A gestão das necessidades

Outra faceta consiste em ajudar o aluno a administrar suas carências e necessidades irracionais. A tabela 4.7 resume as principais necessidades irracionais.

Tabela 4.7 – A técnica de repressão dos pensamentos negativos

NECESSIDADES IRRACIONAIS
Ter razão
Controlar
Ser amado
Ser aprovado
Ser admirado
Ser perfeito
Ser reconhecido
Ser útil
Possuir
Poder
Sentir-se livre
Estar em segurança
Ser valorizado

Para ajudar um aluno a gerir suas necessidades e carências, ele deve poder expressá-las. A escuta empática é uma boa maneira de atingir esse objetivo. O reflexo e a focalização contribuem bastante para ajudar o aluno a localizar as necessidades irracionais vinculadas às emoções que sente. A confrontação, depois, fará com que o aluno venha a relativizar suas emoções e necessidades. Mais especificamente, a confrontação das necessidades com os fatos reais pode levar a pessoa que as expressa a relativizá-las e a deixar de vê-las como absolutas. Por exemplo, o aluno que sente uma necessidade desmedida de ser sempre perfeito poderá talvez ficar decepcionado ao tirar uma nota 9,5, pois vai enxergar os dois ou três pequenos erros que cometeu na prova, em vez de alegrar-se com a grande maioria de boas respostas que encontrou. A mesma coisa se dá com o aluno que experimenta uma grande necessidade de ser amado, de ser reconhecido e estimado ou que tem um desejo desmedido de controlar. Como vimos no capítulo 3, é ilusório crer que se possa satisfazer todas as nossas necessidades. Jamais seremos amados por todo o mundo, jamais seremos perfeitos e jamais poderemos controlar tudo, para ficar só com esses exemplos. Por isso é preciso aprender a administrar essas necessidades que tanto nos fazem sofrer. Contudo, é impossível agir sobre as ações e atitudes das outras pessoas e livrá-las de suas carências irracionais e ilusórias. Não podemos fazer nada além de ajudá-las a tomar consciência dessas necessidades e ultrapassá-las. Todavia, antes de confrontar um aluno, de modo prematuro, com o caráter irracional de suas carências, é preciso fazê-lo tomar consciência dessas carências e do mal que ele próprio causa a si mesmo ao ser tão exigente consigo. Nesse sentido, propomos uma técnica simples e eficaz para ajudar os alunos a se sentirem mais satisfeitos consigo e, portanto, mais aptos a administrarem melhor suas emoções e a enfrentarem bem o processo de aprendizado.

O método APIE[20] consiste em fazer quatro perguntas à pessoa ajudada, de modo que ela possa rapidamente identificar suas emoções e suas necessidades e tomar consciência do impacto negativo que estas podem exercer (ver tabela 4.8).

---

20. O método APIE foi inspirado no método BATHE, desenvolvido por Joseph Lieberman e Marian Stuart. Ver Lieberman, J. A. e M. R. Stuart, "The BATHE Method: Incorporating counseling and psychotherapy into the everyday management of patients", *Journal of Clinical Psychiatry*. vol. 1(2), 1999, p. 35-39.

Tabela 4.8 – As cinco etapas do método APIE

ETAPA	EXEMPLO	OBJETIVO
Afeto	"O que foi que você sentiu nessa situação?"	Levar a pessoa a identificar e expressar suas emoções.
A pior dificuldade	"O que você considera pior, nessa situação?"	Permitir à pessoa localizar a emoção fundamental e expressar tudo o que isso significa para ela
A necessidade irracional	"Se você pudesse, o que mudaria, nessa situação?"	Ao colocar a pessoa no centro da questão, a resposta a essa pergunta fornecerá a pista de sua necessidade irracional.
A emergência	"Se entendi bem, você sente falta de..."	Ao reformular sua resposta à questão anterior, de modo a nomear a carência irracional que experimenta, a pessoa toma consciência de sua necessidade, e pode, assim, explorar uma maneira mais racional de supri-la.

Preliminarmente, é preciso ter uma boa idéia da situação. Não é necessário entrar em minúcias, mas é importante compor uma idéia geral do que se passa. Para isso, a pessoa deve poder expressar-se livremente durante alguns minutos, sem ser excessivamente interrompida. David Servan-Schreiber sugere deixar a pessoa falar cerca de três minutos.[21] Isso porque, como ele explica, passados os três minutos tendemos a nos perder em meio a detalhes inúteis e supérfluos. De fato, o mais importante aqui não são os fatos, mas sim as emoções. É por isso que é importante chegar logo à primeira indagação.

A) O Afeto. A primeira pergunta tem por objetivo explorar o afeto da pessoa, a fim de que ela possa identificar e expressar como se sente na situação. Depois de tê-la ouvido explicar a situação, você pode perguntar, simplesmente: "como você se sente com relação a tudo isso que me contou?"; ou então: "que emoção você sentiu?".

21. Servan-Schreiber, D., *Guérir le stress, l'anxieté et la dépression sans médicaments ni psychanalyse*, Paris, Robert Laffont, 2003. Tradução brasileira: *Curar o stress, a ansiedade e a depressão*. São Paulo, Sá Editora, 2005.

É importante que a pessoa possa nomear a emoção ou as emoções que sentiu. É aqui, precisamente, que será útil adotar uma escuta empática, utilizando a técnica do *reflexo*, que descrevemos anteriormente nesse mesmo capítulo, com o objetivo de ajudar a pessoa a esclarecer os seus próprios sentimentos. Depois, pode-se passar à segunda questão.

P) A **P**ior dificuldade. A segunda questão nos leva mais longe na expressão emocional. A pergunta é a seguinte: "o que você considera mais difícil nessa situação?"; ou: "o que mais o incomoda?"; ou ainda: "o que considera mais problemático nisso tudo?" Essa pergunta pode, se você achar necessário, ser precedida por uma curta síntese de tudo o que a pessoa descreveu e expressou até então. Essa é uma pergunta poderosa, uma vez que permite à pessoa que se expressa apontar rapidamente a emoção fundamental relacionada ao seu problema. É uma maneira de focalizar a emoção principal. É possível, portanto, que a pessoa reaja intensamente no plano emocional. Tudo o que você precisa fazer, nesse momento, é acolher essa emoção. Diga que essa é uma fase importante, uma fase crucial no processo de compreensão de suas emoções e necessidades. Depois, vem a terceira pergunta.

I) A necessidade **I**rracional. A terceira indagação visa a fazer surgir a necessidade irracional ou as carências da pessoa. Essa pergunta deve ser feita de modo tal que a pessoa seja levada a formular uma resposta um tanto ilógica. Portanto, a questão deveria assemelhar-se a algo como: "se você pudesse modificar algo nessa situação vivida, o que seria?"; ou ainda, caso se trate do comportamento de uma terceira pessoa: "como você gostaria que ela reagisse com relação a você?" Tomemos o exemplo de um aluno que não se sente bem, diante de seus trabalhos e provas de fim de ano. Imaginemos que ele tenha se referido à sobrecarga de trabalho que o atormenta atualmente e do stress que ele vem sentindo (afeto) por causa disso tudo. Quando você pergunta o que lhe parece pior em toda a situação, ele responde que é o seu medo do fracasso e de decepcionar seus pais, especialmente o pai, que sempre exige muito dele. E quando você o questiona, em seguida, a respeito daquilo que ele faria se pudesse modificar algo nessa situação (necessidade irracional), ele responde que adoraria ser mais inteligente ou então ser tão bom quanto o seu irmão Marc. Essa resposta indica a necessidade de ser perfeito. Se ele responde que gostaria que seu pai entendesse que fez o melhor que pôde, eis o espectro da necessidade de ser reconhecido ou amado. É então que se abre a porta para a última etapa.

E) A Emergência. Essa é a última etapa de nosso processo. Ela permite à pessoa que se encontra dominada pelo mal-estar causado por uma necessidade irracional e ilusória mudar. A emergência comporta duas fases. A primeira delas consiste em reformular a resposta dada à indagação precedente, sob a forma da expressão de uma carência. Por exemplo, quando um aluno diz que adoraria ser mais inteligente ou, então, que gostaria de ser tão bom quanto seu irmão Marc, você pode reformular as suas palavras da seguinte maneira: "se eu entendi bem, você gostaria mesmo é de ser perfeito..." Se, ao contrário, o aluno diz que desejaria que seu pai compreendesse que ele fez o melhor que pôde, você pode reformular sua frase assim: "você gostaria, então, que seu pai reconhecesse todos os seus esforços"; ou, então, assim: "você gostaria que seu pai o admirasse mais ..." Nesse estágio da conversa, essa reformulação tem como efeito confrontar o aluno e criar um choque após o outro em seu espírito. Em outras palavras, a pessoa começa a sentir outra coisa, além daquilo que acabou de expressar. Não devemos esquecer que a mesma lógica se aplica quando se pretende ajudar alguém a recuperar a calma ou quando a intenção é ajudá-la a aprender. O importante é levá-la a sentir. Ainda que todos nós saibamos, racionalmente, que nossas carências são irracionais e ilusórias, isso não quer dizer que seremos capazes de supri-las instantaneamente. Se o aluno do nosso exemplo puder compreender logicamente o aspecto irracional de sua necessidade de ser perfeito ou de ser admirado, ainda assim está longe de garantir, com certeza, que ele se sentirá melhor depois disso. Não é porque uma pessoa é capaz de perceber que tem um problema e de compreender a origem desse problema, que ela consegue resolvê-lo imediatamente. Ela precisa ainda sentir alguma coisa com relação a esse seu problema. Ora, o choque produzido pela formulação clara de sua necessidade o fará sentir algo realmente importante. E será esse mesmo choque que poderá impelir a pessoa à ação, levando-a ao caminho do bem-estar. Por exemplo, se o aluno perceber que ele está sempre buscando ser perfeito e jamais admite cometer qualquer erro, ele pode passar a relativizar essa necessidade e até mesmo superá-la. A segunda fase da Emergência consiste, portanto, em perguntar à pessoa qual seria a melhor maneira de ela se sentir melhor. Tomar consciência de suas necessidades e da relação que essas últimas têm com suas emoções negativas não vai ajeitar tudo milagrosamente, mas poderá colocar a pessoa na pista daquilo que a conduzirá ao bem-estar. A empatia e a indulgência que você demonstrar ao outro vai ajudá-lo a sentir-se melhor e a apreciar seu apoio.

Vamos ilustrar, uma vez mais, a metodologia APIE com o auxílio de um exemplo. Você verá, no diálogo que se segue entre um professor e seu aluno, que algumas questões ou intervenções intermediárias são necessárias para esclarecer determinados pontos.*

Trata-se da história de Nadia. Ela está no curso de informática já há dois anos.

---

* Seminários especializados sobre o método APIE podem ser acompanhados na Académie de Plaisirologie et d'Intelligence Émotionnelle. Ver, a respeito, os sites http://www.apie.ca ou http://www.emotionalpedagogy.com

Nadia: Eu estou cansada da informática. Tenho vontade de largar tudo.

Professor: Mas por que você diz uma coisa dessas?

Nadia: Porque isso não vai me levar a lugar nenhum. Meu vizinho estudou informática e agora está desempregado. E, além disso, o equipamento aqui da escola é totalmente desatualizado. Aprendemos a usar máquinas que nem vão mais existir quando eu terminar esse curso...

Professor: Você está colocando em xeque seus estudos... (reflexo).

Nadia: Sim, é isso mesmo, estou questionando tudo, pois acho mesmo que a informática não é para mim.

Professor: Mas como você se sente pondo tudo em xeque, assim? (afeto).

Nadia: Não me sinto muito bem. Se eu deixar o curso, não sei direito o que vou fazer. Não tenho vontade de ficar sem trabalho, como alguns de meus amigos, procurando bicos para fazer aqui e ali...

Professor: O que considera pior, nisso tudo? (a Pior dificuldade).

Nadia: O que acho pior?... (silêncio)... não sei... acho que se eu abandonar o curso vou ficar me sentindo mal, como se eu não prestasse para nada... tenho vontade de abandonar tudo, mais uma vez. O ano passado, eu deixei a equipe de natação. E antes disso eu já havia abandonado as aulas de guitarra. Nunca consigo terminar nada.

Professor: Se você pudesse mudar alguma coisa, o que seria? (a necessidade Irracional).

Nadia: Eu gostaria de conseguir terminar algo que comecei. Atingir alguma meta que tenha fixado para mim mesma...

Professor: Você queria provar a si mesma que é capaz de terminar alguma coisa que começou... (primeira etapa da Emergência: confrontação e enunciação da necessidade de valorização).

Nadia: (uma lágrima surge em seu rosto). Pois é, eu jamais fiz algo que preste em toda a minha vida... todas as vezes que algo não sai como eu queria, tenho vontade de largar tudo.

Professor: E o que será que poderia ajudá-la a não abandonar tudo, dessa vez, e ir até o fim? (segunda etapa da Emergência: o que fazer para poder se sentir melhor).

Nadia: (longo silêncio)... Deixar de me pressionar tanto.

Professor: Como assim?

Nadia: Sempre que percebo que não obtenho os melhores resultados, ou sempre que me deparo com dificuldades, é como se tudo desmoronasse e eu passo a duvidar de mim mesma. Quando eu era pequena, queria sempre ganhar em tudo ou ser a melhor (tomada de consciência da necessidade de ser perfeita). Eu competia com todo o mundo e, se por acaso eu não saísse vencedora, eu me zangava e ficava com vontade de parar de brincar antes que o jogo acabasse.

Professor: Um pouco parecido com o que faz hoje, com a informática...

Nadia: É, acho que é isso mesmo. Já que eu não tenho tanta facilidade quanto gostaria, então eu penso que é melhor abandonar tudo...

Professor: Você acha que seria capaz de pressionar menos a si mesma? (retorno à segunda etapa da Emergência).

Nadia: Sim, acho que sim... Eu só preciso aceitar o fato de que nem tudo vai funcionar exatamente como eu quero, mas que isso não significa que tudo deve parar por aí...

No capítulo 6, aprofundaremos um pouco essas noções, quando tratarmos dos perfis de personalidade. Veremos, então, como lidar com essas necessidades em função do perfil de cada um e examinaremos alguns modos de levar em conta as necessidades dos alunos de acordo com suas personalidades.

A gestão dos sentimentos afetivos e das emoções de segundo plano

Como já tivemos a oportunidade de discutir no capítulo 3, a gestão das emoções de segundo plano passa pela indução de estados emocionais positivos. Vimos que as emoções negativas são acompanhadas de uma atividade aguda da parte do córtex pré-frontal direito, ao passo que as emoções positivas encontram-se lateralizadas no nível do córtex pré-frontal esquerdo. Mencionamos, ainda, que quando a pessoa experimenta emoções positivas, a atividade pré-frontal esquerda tem como efeito a inibição da amígdala, que é a estrutura do cérebro responsável pelas emoções negativas.

A gestão das emoções de segundo plano é bastante singular. Existem estudos que já comprovaram que um desejo excessivamente grande de controlar uma emoção pode, na verdade, produzir efeitos inversos. Assim, essas pesquisas demonstraram que a tentativa de suprimir "pensamentos excitantes" pode resultar em um aumento da resposta eletrodermal, que traduz uma ativação emocional. Resultados similares foram também observados em sujeitos que presenciaram cenas desagradáveis e que deviam, ao mesmo tempo, inibir sua expressão de desagrado. Constatou-se que a supressão das emoções negativas acompanhava-se de um acréscimo da ativação. Em suma, esses resultados mostram que não se deve despender esforços no sentido de contrariar as próprias emoções. Paradoxalmente, querer excessivamente suprimir uma emoção pode acarretar o surgimento de outras emoções. A gestão emocional opõe-se a esse esforço. Esses dados são coerentes com o fato de que é desagradável forçar a solução para o problema, pois, ao fazer isso, colateralmente também ativaremos nossa amígdala.

Parece evidente, portanto, que a melhor forma de administrar as nossas emoções negativas é provocando emoções positivas. Como já mencionamos no capítulo 3, dados científicos também vêm apoiar esse fato. Lembremos as três descobertas mais importantes a esse respeito:

Paul Ekman e Richard Davidson demonstraram que o simples fato de sorrir já pode produzir uma ativação do córtex pré-frontal esquerdo.[22] Richard Davidson e seus colegas demonstraram que a meditação pode ativar o córtex pré-frontal esquerdo.[23] O relaxamento e a meditação também demonstraram seus efeitos positivos sobre o aprendizado.[24]

---

22. Ekman, P. e R. J. Davidson, "Voluntary smiling changes regional brain activity", *Psychological Science*, vol. 4, 1993, p. 342-345.
23. Davidson, R. J., J. Kabat-Zinn, J. Schumacher, M. Rosenkrantz, D. Muller, S. F. Santorelli *et al.*, "Alterations in brain and immune function produced by mindfulness meditation", *Pshychosomatic Medicine*, 2003.
24. Shah, A. H., S. V. Joshi, P. P. Mehrotra, N. Potdar e H. L. Dhar, "Effect of Saral meditation on intelligence, performance and cardiopulmonary functions", *Indian J Med Sci*, vol. 55 (11), 2001, p. 604-608.

Desses dados científicos, nós inferimos as duas conclusões que se seguem:

- As emoções positivas e o prazer têm um potencial extraordinário, não somente porque nos trazem um estado de bem-estar, mas também porque nos dispõem a reagir de modo adequado diante de diferentes situações com que nos deparamos na vida. É preciso estimular o prazer do aluno para ajudá-lo a aprender melhor.
- A meditação, o relaxamento e o yoga têm um impacto positivo sobre o estado emocional dos alunos e, conseqüentemente, sobre seu aprendizado. É necessário introduzir a prática dessas atividades em nossas salas de aula, a fim de ajudar os alunos a relaxarem e a conservarem uma atitude positiva. Abordaremos em mais detalhes esse ponto no capítulo 6.

A gestão das emoções de segundo plano por meio do prazer

Distinguimos quatro categorias de prazer:[25]

- Os fisio-prazeres.
- Os sócio-prazeres.
- Os psico-prazeres.
- Os ideo-prazeres.

Vamos examiná-los um a um.

Os **fisio-prazeres** dizem respeito aos prazeres dos sentidos (gosto, olfato, audição, visão e tato), à sensualidade (comer, beber, acariciar, sentir um perfume, ouvir música etc.) e até mesmo à sexualidade. A escola deveria, portanto, poder estimular ao máximo os fisio-prazeres. Infelizmente, a maior parte das salas de aula são a an-

25. Ver Chabot, D., *La magie du plaisir, la plaisirologie*, Montreal, Quebecor, 2000.

típoda de qualquer prazer. Essas salas são desinteressantes, com cadeiras desconfortáveis, muitas vezes cheiram mal etc. O professor e seus alunos poderiam ter como projeto embelezar sua sala de aula.

Mas o mais importante, parece-nos, é que o professor possa integrar os fisio-prazeres em seu próprio ensino. Ele pode fazer seus alunos movimentarem-se, ouvirem música, estimularem os sentidos através de apresentações animadas e originais e solicitar sua motricidade. Já se demonstrou que os fisio-prazeres, como os aromas agradáveis,[26] a música e a massagem,[27] estão associados a uma maior atividade do lóbulo pré-frontal esquerdo.

Lembremos que o aprendizado das emoções faz-se de maneira associativa. A lembrança de uma situação pode evocar uma emoção. Mas o inverso também é verdadeiro: a recordação emocional pode fazer ressurgir uma lembrança factual. Assim, se o professor puser uma música tranqüila quando estiver ensinando uma matéria e convidar seus alunos a ouvirem a mesma música quando estiverem estudando e, depois, no momento da prova, usar a mesma música como fundo sonoro, é provável que isso favoreça o reaparecimento das recordações declarativas ligadas aos temas ou às matérias lecionados.

Deve-se entender, por outro lado, que existem também fisio-desprazeres, cujo impacto negativo sobre o aprendizado é inegável. Sejamos mais precisos, correndo o risco de desagradar a alguns. As escolas, e sobretudo as escolas de ensino médio e as escolas técnicas, são, para todos, os fins práticos, desprovidas de qualquer forma de fisio-prazeres. Em outras palavras, elas são anti-sensuais. Falta-lhes colorido, com seus muros de cimento, suas quase inexistentes janelas, suas poucas plantas e nenhum interesse pela decoração. Em

---

26. John, P. K., G. C. Blachhart, K. M. Woodward, S. R. Williams e G. E. R. Shcwartz, "Anterior electroencephalographic asymmetry changes in elderly women in response to a pleasant and an unpleseant odor", *Biological Psychology*, vol. 52 (3), 2000, p. 241-250.
27. Jones, N. A. e T. Field, "Massage and music therapies attenuate frontal EEG asymmetry in depressed adolescents", *Adolescence*, vol. 34 (135), 1999, p. 529-534.

resumo (como aliás informam os grafites que podem ser lidos nos muros das escolas), mais se parecem com prisões do que com locais de aprendizado e de desenvolvimento pessoal. É uma pena, pensamos, pois tal ambiente pobre em fisio-prazeres só pode contribuir para os atos de vandalismo de que são objeto os corredores, os banheiros e até mesmo as salas de aula. A falta de beleza e de harmonia incita à agressividade e à destruição. Estamos, realmente, bem distantes de um espaço favorável ao aprendizado...

Portanto, pensamos firmemente que é importante remediar essa situação, caso desejemos verdadeiramente otimizar as condições do aprendizado e de integração.

A tabela abaixo apresenta alguns exemplos de fisio-prazeres que você mesmo pode completar.

Tabela 4.9 – Exemplos de fisio-prazeres

SENTIDOS	DESCRIÇÃO
Audição	Usar uma música tranqüila durante as aulas e os exercícios.
Visão	Decorar a sala de aula e modificar regularmente sua apresentação e sua decoração.
	Usar roupas relacionadas à matéria ensinada (ex.: vestimentas de época durante as aulas de História).
Olfato	Introduzir aromas e perfumes agradáveis.
Tato	Convidar os alunos a massagearem os próprios ombros e as costas para variar as atividades ou introduzir uma pausa em períodos mais exigentes.

Os **sócio-prazeres** concernem às relações interpessoais (festas entre amigos, trocas e conversação com os outros colegas etc.), ou seja, todas as atividades que impliquem a presença de outras pessoas e as interações pessoais em ambiente agradável.

A pedagogia cooperativa adquire, aqui, todo o seu sentido.[28] São inúmeras as ocasiões em que se pode estimular os sócio-prazeres. Cada vez que alguém trabalha ou interage com outra pessoa, tem oportunidade de experimentar os sócio-prazeres. No entanto, se as pessoas não forem suficientemente vigilantes ou se conflitos interpessoais vierem à tona, as ocasiões socialmente prazerosas podem se transformar em ocasiões de sócio-*desprazeres*.

Por isso, o professor deve organizar muito bem as coisas, de modo a encorajar a colaboração entre os alunos. Ele pode, por exemplo, organizar e realizar atividades que favoreçam os intercâmbios, as discussões, os debates. De acordo com seus perfis, certos alunos podem demonstrar mais que outros a necessidade de experimentarem os sócio-prazeres. É o caso daqueles que são fortemente dependentes das recompensas. Sempre que conseguimos estimular os sócio-prazeres dos alunos que têm essa necessidade, aumentamos o valor e a qualidade de nossa abordagem pedagógica.

Uma pesquisa realizada com cerca de 48 crianças demonstrou que aquelas dotadas de melhores competências sociais (iniciativa, afeto positivo) apresentam maior ativação do lóbulo pré-frontal esquerdo, quando comparadas com as crianças que têm tendência a se retraírem; estas apresentam, ao contrário, uma maior ativação do lóbulo pré-frontal direito.[29]

A tabela 4.10 apresenta alguns exemplos de sócio-prazeres que você pode completar.

---

28. Howden, J. e M. Kopiec, *Ajouter aux compétences – enseigner, coopérer e apprendre au postsecondaire*, Montreal, Chenelière/McGraw-Hill, 2000.

29. Fox, N. A., K. H. Rubin, S. D. Calkins, T. R. Marshall, R. J. Coplan, S. W. Porges, J. M. Long e S. Stewart, "Frontal activation asymmetry and social competence at four years of age", *Child Development*, vol. 66 (6), 1995, p. 1770-1784.

Tabela 4.10 - Exemplos de sócio-prazeres

DESCRIÇÃO
Trabalho de equipe.
Sessões de discussão.
Atividades pára-escolares adaptadas aos interesses dos alunos e relacionadas com certas matérias.
Tratar a classe como uma equipe e nomear um capitão de equipe.
Aplicar a pedagogia por projeto.

Os **psico-prazeres** são aqueles relacionados às atividades que visam o aperfeiçoamento e a realização de si. São bastante pessoais e concernem a uma grande variedade de atividades, como estudar, aprender uma profissão, viajar, ter um hobby, tocar um instrumento musical, fazer parte de um grupo de teatro etc.

Nutrir esses psico-prazeres é nutrir, ao mesmo tempo, sua motivação. Quanto mais estimularmos o aluno na busca da realização pessoal, na busca de seus objetivos, mais contribuiremos para estimular os seus psico-prazeres e mais aumentaremos as possibilidades de que ele alcance êxito. É, pois, fundamental que a escola seja um local de psico-prazeres, uma vez que o objetivo central de todo processo escolar é realizar algo na vida. Infelizmente, a escola e a educação costumam sufocar os psico-prazeres. Por muito tempo, insistimos na idéia de que a escola não é lugar para se divertir. Eis um grave erro, que incide não somente sobre a motivação necessária para o prosseguimento dos estudos, como também, e sobretudo, sobre o próprio aprendizado.

Cada vez que entramos em contato com uma fonte de prazer vinculada ao desenvolvimento pessoal, à superação de si mesmo, à realização de algo para si mesmo, estamos suscetíveis a experimentar os psico-prazeres.

A tabela 4.11 apresenta alguns exemplos de psico-prazeres, que você pode completar.

Tabela 4.11 – Exemplos de psico-prazeres

DESCRIÇÃO
Convidar os alunos a identificarem seus sonhos e suas paixões.
Convidar cada aluno a identificar o elo entre a matéria ensinada e o sonho que ele persegue.
Convidar cada aluno a identificar suas realizações na busca de seus objetivos escolares e mesmo em sua vida em geral.
Convidar cada aluno a identificar aquilo que, na escola, permite que ele se desenvolva e cresça.
Favorecer a pedagogia por projeto relacionada à matéria estudada.

Os **ideo-prazeres** dizem respeito à mente, à estética e mesmo à espiritualidade. São os prazeres da reflexão, da criatividade (seja artística, seja científica), da contemplação, da meditação, da filosofia, da prece etc. De fato, os ideo-prazeres referem-se à dimensão existencial e espiritual do ser humano, em sua eterna busca de sentido, compreensão e aperfeiçoamento.

Pode-se considerar que os ideo-prazeres reagrupam-se em três categorias de necessidades existenciais:

A necessidade de dar um sentido à vida. Todo ser humano tem necessidade de sentir que sua vida possui um sentido. Quando examinamos, mesmo rapidamente, as diversas culturas que povoam nosso planeta, podemos constatar a multiplicidade de formas que assume a busca de sentido no ser humano. Todas as culturas, todos os povos, todas as grandes tradições tentam fornecer um sentido à vida, uma razão para viver e uma resposta à maioria das grandes questões que interpelam nossa consciência: por que a vida? por que a morte? por que existe o sofrimento, a pobreza, a guerra etc.? Essas questões são universais e os alunos também as fazem. Para que serve freqüentar a escola? É lá que tudo começa e parece-nos fundamental que a escola seja um espaço pronto a incorporar essas questões. Não é, certamente, obrigada a fornecer as respostas, mas tem o dever de permitir ao aluno que ele as aborde abertamente. Essa necessidade de encontrar um sentido para a vida não é estranha às elevadas taxas de suicídio entre os jovens. Pesquisadores do *Center For The Advancement of Health* demonstraram que a busca de um sentido para a vida poderia melhorar o nosso sistema imunológico[30] e a qualidade de vida de pessoas mais velhas.[31]

A necessidade de contribuir para a vida. Todo ser humano tem necessidade de sentir que ele pode trazer uma contribuição à vida. Temos necessidade não apenas de sentir que a nossa própria vida tem um sentido, mas também de saber que tudo o que fazemos, o motivo pelo qual estudamos ou trabalhamos contribui, de alguma forma, para algo maior que nós mesmos. E se tivermos o sentimento de contribuir para a vida, certamente estaremos mais motivados do que se tivermos a impressão de perder o nosso tempo ou de realizar coisas inúteis. Por isso, é imperativo sentir que trazemos nossa contribuição para a vida e, outra vez mais, a escola tem um grande papel a cumprir nessa direção. O professor deve lembrar constantemente ao aluno que ele está inserido em algo de grande. É a perda da visão global das razões pelas quais trabalhamos ou estudamos que nos desmoraliza, nos faz desgostosos e pouco inclinados à felicidade. O professor deve ter consciência de seu papel, pois, se não estiver imbuído dela, poderá muitas vezes, infelizmen-

30. *Searching for meaning in life may boost immune system*, http://www.sciencedaily.com/releases/2003/04/030429083520.htm

31. Krause, N., "Religious meaning and subjective well-being in late life", , vol. 58 (3), 2003, p. 160-170.

te, prejudicar o aluno que procura satisfazer essa necessidade tão importante para ele. O aluno animado pelo sonho de contribuir com algo grande terá uma motivação inquebrantável e poderá atravessar com mais facilidade os obstáculos e as dificuldades.

A necessidade de sentir uma paz interior. Todo ser humano está em busca de serenidade. Mas o que mais contribui para esse sentimento de paz interior? A resposta reside na satisfação das duas primeiras necessidades existenciais. Se sentimos que a nossa vida tem um sentido e que nós contribuímos de algum modo para ela, sentiremos uma grande paz interior. Teremos a impressão e o sentimento de que aquilo que fazemos serve para algo. Nada pode ser pior do que trabalhar unicamente para receber um salário ou enfileirar as notas em um boletim! Nada de menos entusiasmante do que sentir-se inútil ou ter a impressão de que, não importa o que façamos, tudo será de pouco valor!

Ainda que os ideo-prazeres sejam, sem dúvida, aqueles mais negligenciados em nosso sistema educacional, eles são, contudo, os mais importantes. Quando temos a sensação de que nossa vida possui um sentido, que contribuímos de algum modo para algo maior do que nós e sentimos, por isso, uma grande paz interior, nosso desejo de prosseguir na via que escolhemos só tende a crescer e a propagar-se. Para poder estimular os ideo-prazeres, os professores devem transmitir a idéia de que o lugar e o papel dos assuntos abordados em sala de aula, os estudos que o aluno faz, os sonhos que ele alimenta na vida e tudo aquilo com que poderá contribuir como ser humano para o desenvolvimento social e humanitário revestem-se de considerável dimensão filosófica e existencial.

A tabela 4.12 apresenta alguns exemplos de ideo-prazeres, que você pode completar.

Tabela 4.12 - Exemplos de ideo-prazeres

CATEGORIA	DESCRIÇÃO
O sentido da vida	Convidar cada aluno a apresentar para o restante da classe sua própria definição do sentido da vida: por que ele freqüenta a escola? Em que a escola pode contribuir para dar um sentido à sua vida e a lhe trazer maior felicidade? Por que ele estuda essa matéria e para que ela pode servir?...
A contribuição para a vida	Convidar os alunos (sozinhos ou em equipe) a pensarem como podem, graças a seus estudos, oferecer uma contribuição para a vida humana.
Experimentar uma paz interior	Convidar os alunos a questionarem seu próprio valor. Pedir-lhes que identifiquem as suas qualidades e as suas próprias forças. Pedir-lhes também que identifiquem e sintam o bem que trazem aos outros.

A gestão das emoções por meio da meditação

Existe uma multiplicidade de abordagens e de técnicas de meditação. A que apresentamos aqui é simples e eficaz e não faz referência a qualquer sistema de crenças. Ela simplesmente acentua o eu, o instante presente e o contato com o mundo que nos cerca. A tabela 4.13 apresenta um guia para animar uma meditação em quatro etapas. Aconselha-se diminuir a iluminação do local, antes de iniciar. Convide, em seguida, os alunos a se instalarem, sentando-se confortavelmente em suas cadeiras. Espere que o silêncio chegue, e depois proceda de acordo com as etapas indicadas a seguir.

Tabela 4.13 – Guia para animar uma meditação em sala de aula

ETAPAS	EXEMPLOS DE FRASES QUE PODEM SER DITAS
Etapa 1 Preparação por meio da respiração	Proponho parar um pouco, agora, e tentar relaxar. Feche os olhos e procure relaxar. Respire um pouco mais profundamente do que de hábito. A respiração deve ser profunda e calma. Ao respirar, encha o abdômen, sem levantar os ombros. Inspire pelo nariz e expire pela boca. Sinta como o seu abdômen vai inflando. Procure não pensar em nada além de sua respiração. Você se sente mais calmo, mais relaxado, mais tranqüilo. O oxigênio que penetra em seu pulmão provoca um ligeiro formigamento em seu corpo, nas pontas dos dedos e nas plantas dos pés. Esse mesmo oxigênio provoca, agora, uma ligeira euforia em você. (Repita essas instruções durante cerca de vinte respirações)
Etapa 2 Tomada de consciência de si	Agora você deve deixar a respiração retornar ao seu ritmo calmo e normal. Pense um pouco em você mesmo. Procure tomar consciência de quem você é, de que é feito. Pense em seus pés, seus pés tão bem apoiados no solo. Sinta seus pés, e depois as batatas das pernas, suas coxas. Perceba bem as suas pernas, da ponta dos pés até a bacia. Sinta tudo que compõe a sua bacia, o baixo ventre, todo o seu tronco, as suas costas. Afaste todos os pensamentos que surgirem em sua mente, não faça nada além de sentir o seu corpo, da ponta dos pés até os ombros. Sinta agora as suas mãos, imagine que você é sua mão, seu braço, seus ombros. Você está completamente relaxado, calmo, e tomado por uma agradável sensação de bem-estar. Pense agora em seu rosto, perceba todas as partes do rosto, a bocas, as bochechas, o nariz, os olhos. Pense em seu corpo na totalidade.

continuação

Tabela 4.13 - Guia para animar uma meditação em sala de aula

ETAPAS	EXEMPLOS DE FRASES QUE PODEM SER DITAS
Etapa 3 Tomada de consciência do outro e do ambiente	Pense nas pessoas que estão à sua volta, seus colegas de classe. Você está sentado nessa sala, calmo e tranqüilo. Imagine os alunos sentados à sua volta e no mesmo bem-estar que sentem. Pense em todas as pessoas que estão aqui nesta escola. Imagine que todos estão calmos, da mesma forma que você. Expanda suas imagens mentais, pensando também em todas as pessoas que vivem aqui nessa cidade, em nosso estado, em nosso país, em todo lugar de nosso planeta. Pense no fato de que você é uma pessoa em meio a milhares e milhares de outras. Você é uma pessoa que vive no planeta Terra, e existem bilhões de outras pessoas na Terra. Só o fato de perceber isso já faz com que você se sinta melhor. Isso permite que você se comunique melhor e permaneça calmo. Isso permite que você respeite mais a si mesmo e melhor se aprecie. Isso ajuda você a sentir-se bem, capaz de ouvir a si mesmo e ao outro.
Etapa 4 Final da meditação	Agora, você pode começar a mexer lentamente os dedos das mãos e dos pés. Em seguida, abra lentamente os olhos e olhe seus colegas ao seu redor. Alongue-se bem, espreguice como fazem os gatos, e sinta os benefícios dessa meditação.

Pronto! Agora você pode começar sua aula, com harmonia e alegria. É possível, de início, que os alunos sorriam, mas você verá que, depois de alguns dias, eles mesmos vão pedir para que você faça a meditação mais uma vez!

* * *

Neste capítulo, vimos como ajudar os alunos a gerirem as emoções desfavoráveis ao aprendizado. Em um primeiro momento, lembramos a importância da empatia e da compaixão e insistimos no fato de que toda pessoa que deseja ajudar alguém deve impregnar-se dessas duas grandes qualidades humanas. Em seguida, passamos em revista todas as etapas da inteligência emocional: a identificação, a expressão, a compreensão e a gestão das emoções. Vimos, também, que a escuta empática é uma qualidade necessária para quem quer ajudar o outro a identificar e a expressar suas emoções. Depois, exploramos em detalhes a gestão das emoções, demorando-nos sobre cada um dos componentes de uma emoção. Vimos como fazer para gerir as expressões não-verbais, as reações fisiológicas e as reações comportamentais. Vimos ainda como fazer para administrar as cognições e as necessidades irracionais, segundo o método APIE, que tem por objetivo ajudar o permitir que haja progresso e eficácia no processo de ajuda. Em seguida, tratamos da gestão das emoções de segundo plano, insistindo sobre as diversas fontes de prazer que um ser humano é suscetível de experimentar: os fisio-prazeres, os sócio-prazeres, os psico-prazeres e os ideo-prazeres. Por fim, pudemos explorar a maneira mais eficaz de solicitar nosso lóbulo pré-frontal esquerdo: a meditação.

No próximo capítulo, vamos explorar a outra faceta da pedagogia emocional, que consiste em ajudar o aprendiz a sentir as emoções que favorecem o aprendizado.

5

Provocar emoções favoráveis ao aprendizado

Como todos aqueles que se ocupam em educar os jovens, devemos, cotidianamente, enfrentar um desafio de monta: precisamos estimular nossos alunos de modo a neles suscitar interesse por aquilo que lhes é ensinado. É largamente conhecido o fato de que aproximadamente 30% dos jovens abandonam o ensino secundário antes de completá-lo e que 40% não obterão o certificado do curso médio.[1] Estimular esses jovens a permanecerem na escola é, sem dúvida, um desafio enorme. De fato, diversas pesquisas já demonstraram que existem, entre esses jovens, determinadas particularidades que todos nós já tivemos a oportunidade, muitas vezes, de observar: muitos deles são preguiçosos, não parecem aquilatar as conseqüências de seu desinteresse pela escola e são capazes de passar com uma velocidade incrível de um estado completamente letárgico a outro de atenção absoluta, quando algo de excitante os provoca! E vice-versa, ou seja, tão logo o nível da estimulação diminui, podem retornar com facilidade, e rapidamente, ao estado do mais completo torpor e indiferença...

Três constatações extremamente interessantes foram feitas a respeito de adolescentes. São constatações que explicam as razões pelas quais são tão suscetíveis aos comportamentos de risco, e até mesmo destrutivos: diante de um cenário hipotético, são completamente incapazes de levar em consideração as repercussões negativas de uma

1. Segundo Vallerand, R. J., 1993, p. 533-581.

determinada ação;[2] baseiam suas ações mais conforme os resultados imediatos do que em vista de resultados futuros;[3] em certos contextos, são mais incentivados pelas possíveis recompensas do que pelos reforços negativos.[4]

Essas constatações sublinham, portanto, uma questão importante relacionada à motivação desses jovens. Definimos genericamente a motivação como um estado ou uma condição interna (que alguns descrevem como uma necessidade, um desejo ou uma vontade) capaz de incitar a perseguir uma meta ou a evitar uma dificuldade.[5] A relação entre a obtenção efetiva de um prazer e a antecipação desse mesmo prazer é um elemento-chave da motivação. Por longo tempo sustentamos a idéia de que a cada vez que um comportamento era recompensado por um prazer, inscrevia-se em nosso cérebro a memória desse prazer, de tal modo que o aprendizado do prazer se instalava, conduzindo a uma motivação para buscar mais uma vez esse mesmo prazer. O que se passava então em nossa mente era uma espécie de amálgama entre o prazer experimentado, propriamente dito, e a motivação que nos impelia a buscar novamente tal prazer. Contudo, dados recentes levaram os pesquisadores a desassociarem a antecipação do prazer (o apetite pelo prazer) de sua obtenção (a consumação do prazer). Descobriu-se que a cada vez que a possibilidade de obter um ganho cobiçado é antecipada, a região ventral do estriato é ativada (região que chamaremos o "centro da motivação"), ao passo que, quando se constata que uma ação

---

2. Por exemplo: se aceitam um convite para um fim de semana inteiro de festa, não anteciparão sua exaustão na segunda-feira, quando tiverem que retornar às atividades normais. Simplesmente não levaram em conta esse fato quando decidiram fazer a farra.
3. Por exemplo, eles geralmente optam por um ganho mínimo imediato, preferindo-o a um ganho mais elevado dentro de algumas semanas.
4. Um reforço negativo é um reforço que passa pelo retraimento do estímulo aversivo. Por exemplo, o professor que diz a um aluno que, caso ele faça corretamente seus deveres escolares será liberado dos trabalhos posteriores, aplica um processo de reforço negativo.
5. Segundo Wade, C. e C. Tavris, *Introduction à la psychologie – les grands thèmes*, Montreal, ERPI.

obteve êxito, é a região média do córtex pré-frontal que é ativada (a qual chamaremos de "centro do prazer").[6]

Uma pesquisa acaba, muito recentemente, de lançar mais luzes sobre uma particularidade do cérebro dos adolescentes, quando comparado ao cérebro dos adultos. Esse estudo comparativo entre adolescentes e adultos a respeito do funcionamento de seus cérebros permite compreender que as características do comportamento dos adolescentes que indicamos mais acima resultam de uma espécie de imaturidade de seu cérebro.

Motivação e cérebro dos jovens

James Bjork e sua equipe do *National Institute on Alcohol Abuse and Alcoholism* estudaram, em tempo real, o modo pelo qual adolescentes reagem ao ambiente que os cerca. Observaram, entre adolescentes, uma atividade mais reduzida do "centro da motivação" do cérebro, quando comparado ao cérebro de adultos. Perceberam, contudo, que adolescentes e adultos apresentam uma atividade similar em seus "centros do prazer". Tal descoberta demonstra que o cérebro dos adolescentes parece programado de tal modo que uma espécie de "preguiça neurológica" torna-lhes muito difícil a tarefa de se engajarem seriamente em busca de êxito, incitando-os, por outro lado, a adotarem freqüentemente comportamentos de alto risco, especialmente a experiência com as drogas e a bebida. Examinemos essa experiência mais de perto.[7]

---

6. Knutson, B., G. W. Fong, C. M. Adams e D. Hommer, "Dissociation of reward anticipation and outcome with event-related fMRI", *Journal of Neuroscience*, 21, 2003, p. 159.
7. Bjork, James M. Brian Knutson, Grace W. Fong, Daniel M. Caggiano, Shannon M Bennett e Daniel W. Hommer, "Incentive-elicited brain activation in adolescents: similarities and differences from young adults", *Journal of Neuroscience*, 24, 2004, p. 1793-1802.

Bjork e seus colegas analisaram o cérebro de doze adolescentes (entre 12 e 17 anos) e de doze jovens adultos (com idades variando de 22 a 28 anos), com a ajuda de um *scanner* de ressonância magnética funcional (fMRI). Todos os participantes foram examinados no momento em que participavam de um jogo que lhes propunha um cenário conduzindo-os a ganhar ou a perder dinheiro. Os participantes, diante da tela do computador, reagiam a diversas perguntas apertando uma tecla do teclado, buscando ganhar ou evitar perder 20 centavos, um dólar ou cinco dólares. Os pesquisadores constataram que a atividade do "centro do prazer" era a mesma, tanto nos adolescentes quanto nos jovens adultos, sempre que ganhavam ou que conseguiam evitar perder dinheiro. Mas constataram também, entre os primeiros, uma deficiência no nível do "centro da motivação" (ver a figura 5.1). Observaram que esse "centro de mo-

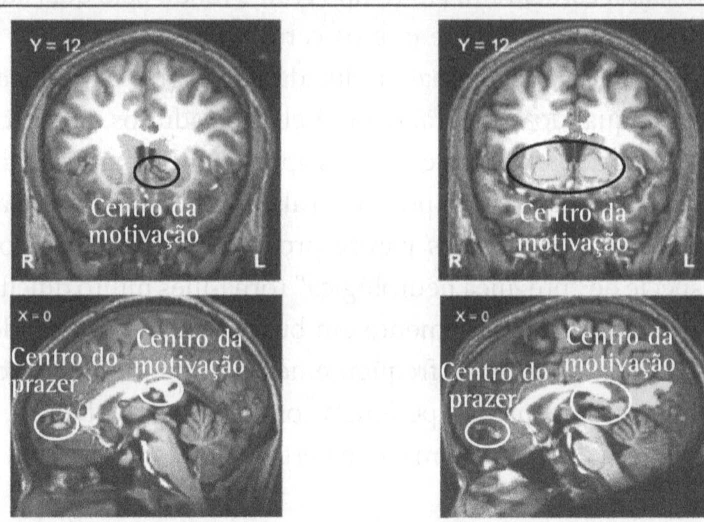

Figura 5.1 Pode-se observar que o "centro da motivação" (o estrato ventral) dos adolescentes (à esquerda) é menos ativado do que o mesmo "centro" nos jovens adultos (à direita), quando se antecipa uma ação que conduzirá à obtenção de ganhos ou a evitar perdas. No entanto, o "centro do prazer" (o córtex frontal mediano) está tão ativo nos adolescentes quanto nos jovens adultos. Adaptado de Bjork et al.

tivação" era notavelmente subativado nos adolescentes, apesar do fato de ficarem contentes e muito excitados com a idéia de ganhar os cinco dólares. Tais resultados sugerem que os adolescentes sentem tanto prazer quanto os adultos quando obtêm êxito, mas os primeiros têm menos energia para preparar e colocar em prática as ações que levam ao êxito.

Segundo Bjork, esses dados explicam a razão pela qual é tão difícil para os adolescentes buscarem motivação e a razão pela qual essa falta de motivação os conduz freqüentemente a desenvolver problemas de comportamento. De fato, se é difícil para eles antecipar o prazer ou as conseqüências negativas de seus atos, lhes é muito fácil, ao contrário, apreciar o prazer momentâneo.

O cérebro dos adolescentes e a educação

Parece que a propaganda e o marketing aprenderam melhor a se comunicarem com os adolescentes que o mundo da educação. Em educação, tudo foi construído sobre a motivação, isto é, sobre o tempo vindouro, sobre o futuro. Envolvemos os jovens em programas cujo prazer só se instala no que virá depois, no amanhã. Falamos-lhes sem cessar do seu futuro e da importância de se dedicarem longamente aos estudos se quiserem obter algum êxito. A figura 5.2 é

Figura 5.2 "O seu futuro começa aqui!". Ilustração extraída da página principal do site de internet de um Centro de Ensino canadense.

uma ilustração eloqüente dessa visão da educação que focaliza o distante tempo do amanhã.

De modo inverso, toda a publicidade e todo o marketing direcionados aos jovens são essencialmente construídos sobre o prazer imediato. As propagandas que se dirigem aos jovens não falam nem do amanhã nem do futuro. Tudo lhes é apresentado segundo uma perspectiva de curta duração, essencialmente construída sobre o prazer imediato. Isso pode ser ilustrado pela página principal de um site da internet destinado aos jovens (figura 5.3).

As propagandas destinadas aos adultos, ao contrário, referem-se muito mais ao futuro e insistem nas idéias de segurança, prevenção, preparação para a aposentadoria etc.

As figuras 5.4 e 5.5 comparam propagandas de serviços ou produtos similares, uma dirigida aos jovens e a outra ao público adulto. A diferença é nítida.

Figura 5.3 Ilustração extraída da página principal de um site de internet para jovens, cuja chamada não faz nenhuma referência ao futuro. Ao contrário, a página exibe jovens divertindo-se e estampa uma frase "O site que refresca o seu espírito" que é, também, construída sobre o eixo do tempo presente.

Figura 5.4 Eis duas propagandas que propõem o mesmo tipo de serviço: sites de relacionamento via internet. No alto, um site para adolescentes Anuário da net ("É claro, é Net!"). Não se vê nenhuma alusão ao futuro, à segurança ou a algo "sério". Embaixo ("Ache-me.com Encontre o seu destino"), uma propaganda bem mais comprometedora: "encontre o seu destino". Essa propaganda dedicada a um público adulto busca uma aparência, apesar disso, bastante jovem. Vêem-se fotografias de jovens adultos acompanhadas, porém, de uma frase que implica em grande "seriedade".

Figura 5.5 Aqui se vê a mesma marca de automóvel, apresentando, no alto, o modelo Hatchback, destinado aos jovens, e, abaixo, o modelo Berline, dirigido a um consumidor de mais idade. Os slogans são bastante eloqüentes. Pode-se ler, junto ao modelo para os jovens: "FAÇA TUDO O QUE VOCÊ QUER", enquanto a frase dirigida aos adultos diz: "MODERNO. ESPAÇOSO. UMA ESCOLHA BEM PENSADA. FAÇA UM TEST-DRIVE... E VOCÊ VAI FICAR CONVENCIDO". O estilo do comercial dirigido aos adultos é muito mais conservador e racional.

Os jovens, de fato, interessam-se menos ainda do que imaginamos pelo amanhã e pelo futuro. Preocupam-se com o aqui e o agora. A maturidade de seu cérebro não permite que entrevejam o futuro da mesma perspectiva que nós o fazemos. É por isso que não antecipam o que acontecerá amanhã e, no limite, pouco se interessam por isso. A maturação de seu cérebro não permite que adotem certos comportamentos visando alcançar o que quer que haja de gratificante num dia futuro. Buscam unicamente o prazer imediato. Ficam desesperados conosco, que queremos orientá-los em direção a um objetivo situado em um tempo em geral longínquo demais para eles. Aborrecem-se facilmente quando tentamos alertá-los para a importância de projetarem o futuro. Somos tentados a dizer, à luz dessa descoberta a respeito do cérebro dos jovens, que sua maior fonte de angústia não é tanto saber que não haverá futuro para eles (como parece o caso na expressão "*no future*"), mas saber que nós lhes recusamos o prazer de viver o instante presente. Pois, para quem quer sentir imediatamente o prazer, o que há de mais fácil e mais eficaz que a droga ou a bebida, ou uma música como o rock, que gera emoções tão fortes? Os adolescentes pouco se interessam por sua saúde porque pouco se inquietam com as conseqüências de seus comportamentos num tempo distante demais...

É cada vez mais cedo que os jovens começam a experimentar as drogas: a maioria fuma o seu primeiro "baseado" por volta dos catorze anos de idade. Mais: 3% dentre eles o fazem antes dos doze anos de idade; 12% do total dos alunos inscritos no primeiro período do curso médio fumam a "erva". A cifra salta para 40% quando chegam ao segundo ano e alcança os 56% no último. Trinta e sete por cento deles um dia consumirão alucinógenos e cocaína. Tais comportamentos de risco produzem também um grande impacto no nível da sexualidade. Mesmo que, cada vez mais, os jovens procurem proteger-se nas relações sexuais, perto de 10% deles não utiliza ne-

8. Ver o site http://www.sante.gov.fr/htm/actu/jeunes/2jeune4.htm.

nhum meio contraceptivo ou de proteção e 11% dos adolescentes já recorreram à interrupção voluntária da gravidez.[8]

Todos esses fatores nos obrigam a interrogar o modo como vimos ensinando os nossos jovens. O erro que comete a maior parte dos educadores provém do fato de que eles ensinam como aprenderam a ensinar, isto é, ensinam como lhes foi ensinado na universidade e não como aprenderam no colégio.

Observamos um fenômeno bastante particular ao longo dos nossos anos de ensino. Sempre nos impressionou o fato de que os alunos e alunas que praticam algum esporte, tocam um instrumento ou dedicam-se a outra atividade qualquer que os apaixona, desenvolvem, com relação à escola, uma atitude positiva: participam mais, não desistem com facilidade e, no geral, também obtêm melhores resultados. Parecem "mais despertos" que seus colegas que, a maioria das vezes, estão pouco interessados e mostram-se praticamente apáticos diante do que lhes é solicitado. Já tivemos também a oportunidade de pôr em prática um exercício bastante simples, que consiste em pedir aos alunos que contem para o restante da classe aquilo que consideram sua grande paixão. Ora, acreditem, sempre que propusemos essa atividade muitos dos alunos nem mesmo sabiam o que dizer. Confessavam não ter nenhuma grande paixão. Mas há um pequeno detalhe, aqui, bastante importante e revelador: muitos deles relatavam que já puderam dedicar-se a uma atividade para eles apaixonante, mas que a haviam abandonado. Indagados a respeito das razões do desinteresse, geralmente respondiam que seus estudos lhes tomavam tempo demais e que não queriam sobrecarregar o horário com essas atividades paralelas... Os jovens, portanto, não desistem apenas da escola, e não abandonam somente as atividades monótonas: renunciam também àquilo que os apaixona, assim que as coerções se fazem de algum modo sentir.

Contudo, embora demonstrem dificuldade para falar dessa atividade que abandonaram ou desse gosto que se extinguiu, não têm, ao contrário, dificuldade alguma em afirmar que tudo o que querem é "curtir a vida", para retomar os termos que os próprios jovens utilizam. Por isso, acreditamos que devemos evitar falar-lhes de um tempo ainda vindouro antes que tenham vinte anos. Somos nós que nos preocupamos com seu futuro, mais do que eles próprios. Na verdade, precisamos nos preocupar é com o presente desses garotos e garotas.

É evidente que não temos todas as respostas para as questões levantadas por essas constatações, e é desnecessário dizer, também, que somente pesquisas mais profundas nos indicarão quais os ajustes necessários suscetíveis de nos aproximar dessa geração.

Mas, em nossa opinião, o espírito que sustenta a Pedagogia Emocional é total e completamente adaptado aos jovens. Além disso, acreditamos também que tudo que se relaciona à ressonância simpática descrita no capítulo anterior adquire, aqui, pleno sentido. Com efeito, para que sua mensagem surta algum efeito, o educador deve encontrar o melhor meio para fazer ressoar os neurônios espelhos daqueles e daquelas que tem diante de si. Precisa codificar sua mensagem e transmiti-la de modo a conseguir atingir esses jovens. O cérebro dos adolescentes é muito mais um cérebro sensitivo que um cérebro cognitivo.

Nas linhas que seguem, vamos examinar outra realidade facilmente encontrável em nossas salas de aula.

Reforçar a obtenção de uma resposta correta ou reforçar o sentimento de competência com vistas a obtê-la

O mais importante a reter, nesse ponto, pode ser assim resumido: *não é porque o indivíduo obtém os resultados que se espera que, de fato, ele aprendeu como obtê-los*. Em outros termos, não é porque um aluno formulou uma resposta correta para a questão ou para o problema que lhe foi proposto que ele realmente aprendeu. Como regra geral, o professor presume que, se o aluno é capaz de formular uma resposta correta, é porque ele sabe como obtê-la. Na realidade, é possível que ele efetivamente saiba como chegar a uma resposta correta, mas isso não significa, absolutamente, que ele se sinta fundamentalmente capaz de chegar a essa resposta. Quantas vezes você não fez uma coisa e depois teve de se perguntar o que, exatamente, havia feito para consegui-lo? No limite, os elogios que receber pelo bom resultado podem causar mais mal que bem, pois você não possui, neste caso, o real sentimento de ser competente.

Uma distinção impõe-se. Em geral, todo professor costuma reforçar seus alunos quando estes obtêm bons resultados nas avaliações. Costumamos dizer que, nesses casos, o reforço está orientado para o resultado. Já em nossa argumentação, sem negligenciar totalmente a obtenção de bons resultados e nem o reforço que deve acompanhá-los, acentuamos, porém, a aquisição do *sentimento de competência* do aprendiz, isto é, concentramos o reforço muito mais sobre o sentimento de competência do que sobre a obtenção de respostas corretas (ver figura 5.6).

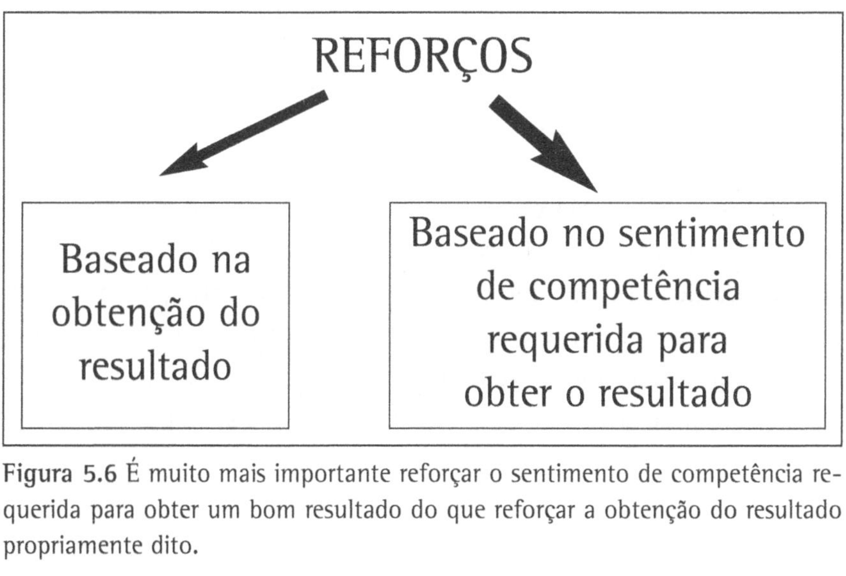

Figura 5.6 É muito mais importante reforçar o sentimento de competência requerida para obter um bom resultado do que reforçar a obtenção do resultado propriamente dito.

Eis um postulado importante a reter:

A utilização dos reforços que incitam o aluno a sentir-se competente tem como conseqüência gerar, no aluno, o sentimento de que ele pode verdadeiramente realizar a tarefa solicitada. Na situação inversa, os reforços que incitam o aluno a efetuar uma tarefa unicamente com o objetivo de obter uma recompensa não o capacitam a dominar a tarefa, mas o incitam, muito mais, a efetuar essa tarefa unicamente com o objetivo de obter o reforço ou a aprovação dos professores.[9]

Numerosos estudos já demonstraram quão importante é estruturar o aprendizado sobre o sentimento de competência, mais do que sobre a obtenção de bons resultados. E esses estudos confirmaram que tal orientação tinha efeitos positivos sobre o aprendizado, o desempenho escolar, a criatividade e a perseverança nos estudos.[10]

O sentimento de competência relaciona-se diretamente com o fator emocional. Em nossos seminários de inteligência emocional, fizemos uma observação bastante interessante. Observamos que a percepção dos resultados obtidos por um indivíduo ou por um grupo de indivíduos quando da realização de uma tarefa ou de um exercício era diretamente determinada pelas emoções que sentia enquanto a executava. A figura 5.7 ilustra claramente a correlação ($r = 0{,}79$, $p < 0{,}0001$) estabelecida entre as emoções experimentadas quando da execução da tarefa e o nível de satisfação quanto aos resultados obtidos. No total, 109 pessoas participaram de um mesmo exercício. Tratava-se de resolver um enigma proposto a pequenas equipes de aproximadamente dez ou doze pessoas. Cada grupo dispunha de trinta pistas distribuídas entre seus participantes.

---

9. Ver Pelletier, L. G. e R. J. Vallerand, "Une perspective humaniste de la motivation: les théories de la competénce et de l'autodétermination", Vallerand, R. J. e E. E. Thil, *Introduction à la psychologie de la motivation*, Montreal, Études Vivantes, 1993, p. 233-281.
10. De acordo com Vallerand, R. J., op. cit., 1993.

O enigma consistia em responder a seis questões, usando os indícios de que cada membro do grupo dispunha. Depois do exercício, os participantes deviam preencher a tabela de avaliação ilustrada na figura 5.8. Eram convidados a identificar as emoções que sentiram enquanto resolviam o problema e, depois, a responder a questões relacionadas à sua avaliação pessoal (emocional) e à avaliação dos resultados finais. As duas médias, para cada uma das duas seções, são muito semelhantes (avaliação pessoal = 6,62/10 e avaliação dos resultados = 6,19/10). Tal observação revela que, quanto melhor se sentiram os participantes durante a realização do exercício, mais satisfeitos estiveram com o resultado final, não importa quais fossem. Este ponto é importante: quando os participantes preencheram a tabela da avaliação, ainda não sabiam quais e quantas tinham sido as respostas corretas dadas ao problema. Só depois de terem preenchido a tabela de avaliação 5.3 é que puderam conhecer os resultados. Ora, todas as equipes que participaram do exercício perceberam, quando da correção, que haviam encontrado ao menos cinco respostas adequadas entre as seis propostas, obtendo assim um resultado de acerto de pelo menos 83%. No entanto, sua avaliação dos resultados situou-se em 62%, ou seja, 20% abaixo dos resultados reais obtidos.

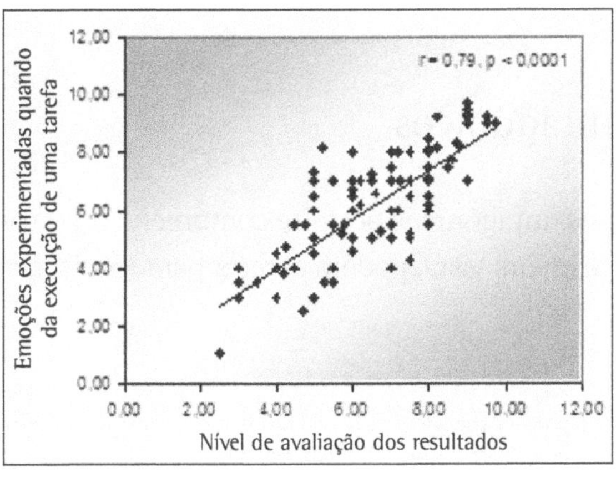

Figura 5.7 Correlação entre as emoções experimentadas quando da execução de uma tarefa e o nível de avaliação dos resultados obtidos.

Tal avaliação subestimada dos resultados, lembremos, relacionava-se aos sintomas que sentiram durante a execução da tarefa. O fenômeno explica-se pelo fato de que nossa percepção e nosso ajuizamento são alterados por nossas emoções, como dissemos no capítulo 2. Tais resultados confirmam, portanto, que quanto melhor nos sentimos, mais apreciamos nosso desempenho. Sabemos todos, porém, que não é tão simples associar o aprendizado ao prazer. Aprender nem sempre é fácil. Seria de fato utópico acreditar e pretender que se possa erradicar toda forma de desprazer no processo de aprendizado.

Aprender exige esforços, comporta fases muitas vezes árduas e constitui um percurso semeado de ciladas. Que o aprendizado às vezes seja bastante difícil é uma realidade bem conhecida de todos, professores e alunos. Mas não devemos nos resignar. Melhor seria disso tirar proveito. Se nosso objetivo é aprender com prazer e estimular o prazer de aprender, é preciso, primeiro, e antes de mais nada, conciliar-se com o desprazer que enfrentamos nos caminhos do aprendizado. Esse desprazer pode transformar-se em prazer se soubermos tirar o devido proveito da meta-competência emocional "utilizar suas emoções e suas competências emocionais básicas". A próxima seção deste capítulo explicará esses passos. Para tanto, vamos nos inspirar de uma teoria bastante interessante, desenvolvida por Richard Solomon: a teoria dos processos antagônicos.[11]

Os processos antagônicos

A teoria dos processos antagônicos permite compreender certos comportamentos que, à primeira vista, podem parecer paradoxais. Em

---

11. Solomon, R.L., "The opponent-process theory of acquired motivation: the costs of pleasure and the benefits of pain", *American Psychologist*, 35, 1980, pp. 691-712.

IDENTIFICAÇÃO DE MINHAS EMOÇÕES

1. Examine a lista das seguintes emoções indique todas aquelas que sentiu durante este exercício e avalie sua intensidade:

CATEGORIA	EMOÇÕES	INTENSIDADE (POUCO — MUITO)
MEDO	Medo	
	Inquietação	
	Temor	
	Insegurança	
	Perplexidade	
RAIVA	Irritação	
	Incômodo	
	Frustração	
	Impaciência	
	Raiva	
TRISTEZA	Aborrecimento	
	Decepção	
	Desencorajamento	
	Desolação	
	Tristeza	
DESGOSTO	Amargura	
	Humilhação	
	Enojamento	
	Intimidação	
	Desgosto	
DESPREZO	Desprezo	
	Descrédito	
	Menosprezo	
	Revolta	
SURPRESA	Espanto	
	Surpresa	
	Estupefação	
	Impressão	
ALEGRIA	Alegria	
	Confiança	
	Contentamento	
	Entusiasmo	
	Otimismo	

2. Responda a cada uma das seguintes questões:

Avaliação pessoal	Média: ______
Emocionalmente, eu me senti	não muito bem 1 2 3 4 5 6 7 8 9 10 muito bem
Senti o grupo	desunido 1 2 3 4 5 6 7 8 9 10 muito unido
A comunicação entre a equipe foi	ruim 1 2 3 4 5 6 7 8 9 10 excelente
Minha implicação na tarefa foi	pouca 1 2 3 4 5 6 7 8 9 10 muita

Avaliação dos resultados	Média: ______
Método de trabalho	ruim 1 2 3 4 5 6 7 8 9 10 excelente
Execução da tarefa	ruim 1 2 3 4 5 6 7 8 9 10 excelente
Eficácia da equipe	baixa 1 2 3 4 5 6 7 8 9 10 elevada
Resultados obtidos	baixos 1 2 3 4 5 6 7 8 9 10 elevados

Figura 5.8 Tabela de avaliação utilizada depois de um exercício em equipe, em um seminário de inteligência emocional. Cada participante preenche individualmente a tabela. Em seguida, compilamos a média do grupo para a seção *Avaliação pessoal* e para a seção *Avaliação dos resultados.*

geral, as teorias da motivação afirmam que temos tendência a buscar situações que nos trazem prazer e a evitar aquelas que nos provocam desprazer. Podemos usar milhares de exemplos para ilustrar esse processo de aprendizado baseado sobre aquilo que se convencionou chamar de "o condicionamento operante": nossos comportamentos reproduzem-se quando são reforçados e retraem-se quando são sancionados. Mas existem muitos comportamentos que não respondem a esse modelo, isto é, existem comportamentos que, mesmo sancionados, continuam perseverantes. Eis alguns exemplos:

- uma pessoa não abandona seu parceiro, a despeito do fato de viverem em briga e, muitas vezes, mesmo a despeito das violências que sofre;
- uma pessoa perde muito dinheiro nos bingos e nos videopôkers, mas continua inexoravelmente jogando;
- uma pessoa continua dedicando-se ao salto em pára-quedas, apesar do terror que experimenta a princípio;
- uma pessoa continua a consumir drogas a despeito dos efeitos indesejáveis e desagradáveis que provocam.

Nesses quatro exemplos, apresentam-se duas versões da teoria dos processos antagônicos. A primeira concerne aos comportamentos que têm por motor inicial o prazer e que, progressivamente, transformam-se em desprazeres. É o caso do exemplo dos casais que conheceram, no início da relação, o prazer e a paixão, mas que, com o tempo, sentiram a soma de desprazeres ultrapassarem a soma de prazeres. O mesmo fenômeno se produz no caso de uma pessoa dependente das drogas. No início, ela sente prazer em consumir substâncias alucinógenas, mas, com o tempo, passa a sofrer consideravelmente dos efeitos secundários ocasionados por elas, sem poder, contudo, abandoná-las.

Na outra versão, produz-se o fenômeno inverso. De início, a pessoa experimenta desprazer, mas, por fim, aprecia a situação ou mesmo transforma-se em dependente. Por exemplo: pessoas que se dedicam ao pára-quedismo sentiram de início um medo intenso diante do vazio que os esperava e ao qual deviam lançar-se. Todavia, com o tempo, seu horror diminui, transformando-se em genuíno prazer. O mesmo acontece com os *gamblers* ou jogadores compulsivos. Globalmente, perdem mais do que ganham. O desprazer ocasionado pelas perdas é muito mais freqüente do que o prazer proporcionado pelo ganho. Mas, por razões que explicaremos adiante, os ganhos assumem uma importância desmesurada com relação às perdas.

Segundo a teoria dos processos antagônicos, a cada vez que um estímulo produz uma emoção intensa, de prazer ou desprazer, uma reação oposta tende a substituir a emoção inicial quando a situação se transforma ou quando chega ao fim.

A cada vez que um indivíduo recebe um estímulo, este produz uma reação afetiva agradável ou desagradável. O processo desenvolve-se em quatro etapas:

a) a reação inicial atinge um pico;
b) uma fase de adaptação produz uma baixa de intensidade da sensação inicial;
c) quando o estímulo desaparece, uma reação afetiva oposta surge;
d) depois de um período, o estado afetivo volta ao nível de base.

A figura 5.9 ilustra o fenômeno a partir de uma situação que é vivida inicialmente como agradável. Por exemplo, quem consome uma droga que provoca euforia, como a cocaína, experimenta de início um intenso prazer. Rapidamente, por um processo antagônico de adaptação, o prazer inicial é atenuado. É o mesmo processo que produz uma mudança de situação: a sensação agradável cede ao desprazer quando a substância deixa de fazer efeito.

À medida que a situação se torna familiar, o organismo habitua-se a ela, e um mecanismo de adaptação instala-se. A habituação opera de tal modo que o prazer inicial diminui, enquanto o des-

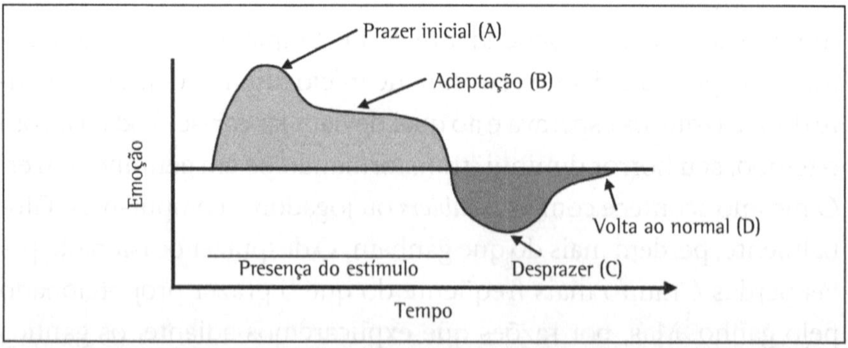

Figura 5.9 Teoria dos processos antagônicos no caso de uma situação inicialmente agradável. Em um primeiro tempo (A), quando surge o estímulo, uma sensação agradável é percebida. Em seguida (B), instala-se um período de adaptação. Depois, quando o estímulo desaparece (C), uma reação de desprazer surge. Após certo tempo, o estado afetivo volta a um nível de base (D). Cf. Solomon, "The opponent-process theory of acquired motivation: the costs of pleasure and the benefits of pain", American Psychologist, 35, 1980, p. 691-712.

prazer que se segue torna-se, por sua vez, mais intenso (ver figura 5.10). É exatamente o que acontece com o consumo da droga. De início, o usuário experimenta uma sensação de grande euforia. Sua motivação, então, é consumir a droga pelo prazer que ela lhe traz. Mas, com o tempo, o fenômeno de habituação, chamado "tolerância" na toxicomania, conduz o usuário a sentir menos prazer ao consumir a droga, mas muito desprazer quando dela se vê privado. A motivação passa, então, de um comportamento de consumo pelo prazer que ela proporciona a um comportamento de consumo que visa tão somente atender ao desprazer que sua falta provoca.

A explicação fornecida acima se aplica não apenas ao consumo de droga, mas também às relações afetivas: de início, os namorados buscam a presença um do outro pelo prazer que isso lhes traz; mas, à medida que o hábito se instala na relação e à medida que a relação se degrada, não é tanto mais o prazer de estarem juntos que cada parceiro busca, mas o evitamento do desprazer de estar só ou de sentir a ausência do outro.

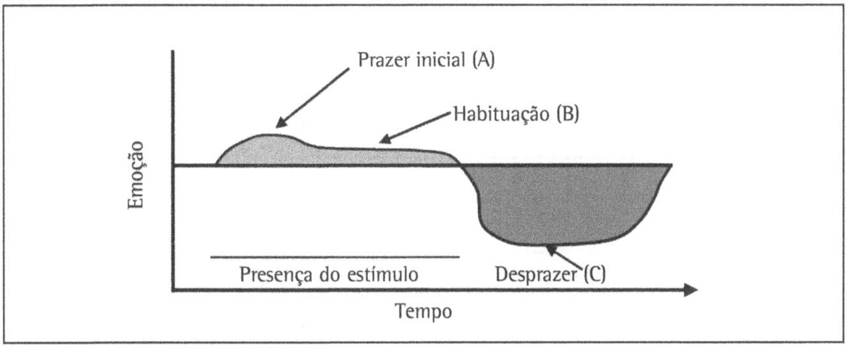

Figura 5.10 Quando a situação se repete, o prazer inicial (A) torna-se menos intenso por causa do fenômeno de habituação (B). Contudo, o desprazer que se segue à retirada do estímulo torna-se muito intenso (C).

A teoria dos processos antagônicos permite também explicar por que razão situações inicialmente repulsivas e desagradáveis podem se tornar excitantes, passando a ser desejadas. Imagine, por exemplo, a emoção que sentiria com a idéia de saltar de um pára-quedas. A figura 5.11 ilustra esse processo. O desprazer e a angústia (A) são inicialmente muito intensos. Mas, rapidamente, essas emoções atenuam-se por um mecanismo de adaptação. Quando o estímulo desagradável desaparece, um acréscimo de prazer (B) manifesta-se. O medo que se experimenta de início é intenso. Mas, progressivamente, ele tende a diminuir, para dar espontaneamente lugar ao prazer, no momento em que o pára-quedas se abre ou quando o esportista atinge o solo são e salvo.

Em suma, à medida que a experiência é renovada, o desprazer inicial torna-se menor e a própria experiência provoca certo prazer, seguido por um estado de bem-estar. A figura 5.12 mostra que o desprazer (A) que acompanha a experiência é de menor intensidade e de menor duração. Esse desprazer inicial transforma-se rapidamente em um prazer antecipado, seguido de uma intensa euforia e, depois, de um retorno ao estado normal.

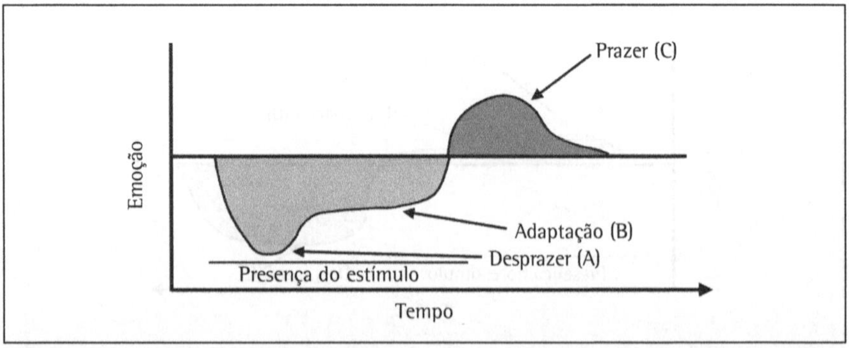

Figura 5.11 Teoria dos processos antagônicos no caso de uma situação inicialmente desagradável. Em um primeiro tempo (A), sente-se um intenso desprazer, com o aparecimento do estímulo. Depois, vem uma fase de adaptação (B) durante a qual a intensidade do desprazer diminui. Enfim, quando o estímulo desaparece, ele dá lugar a uma enorme sensação de prazer (C).
Adaptado de Mook, D.G., *Motivation, the Organization of Action.* New York, W.W. Norton and Co., 1987.

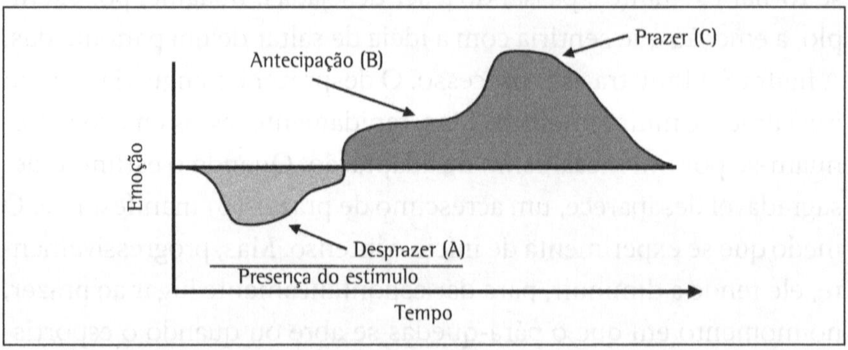

Figura 5.12 Depois de algumas experiências, a situação desagradável (A) conduz a um prazer antecipado (B), seguido de um prazer intenso (C) depois do desaparecimento do estímulo. Esse tipo de experiência termina por se tornar euforizante pelo próprio fato de passar por um desprazer inicial.
Adaptado de Mook, D.G., *Motivation, the organization of action.* New York, W.W. Norton and Co., 1987.

Douglas Mook[12] explica que todo desequilíbrio orgânico engendra um comportamento destinado a restabelecer um equilíbrio. Assim que uma experiência emocional intensa vem romper nosso equilíbrio psicológico e fisiológico, uma força compensatória (a emoção antagônica) busca restabelecê-lo.[13] É essencialmente sobre esse processo compensatório que devemos investir para enfrentar as dificuldades de aprendizado. Com efeito, toda estratégia de aprendizado passa por fases agradáveis e desagradáveis. Os períodos agradáveis são desejados, ao passo que os desagradáveis são evitados. São eles, sem dúvida, que conduzem a toda espécie de comportamentos inadequados, como o descomprometimento, a inibição e o desengajamento escolar.

Qualquer um que alcance êxito, ao fim de uma etapa de aprendizado rigoroso, conseguiu vencer as ciladas do percurso. Alguns são mestres em dominá-las, ao passo que outros experimentam grandes dificuldades. O sucesso e o bom êxito repousam essencialmente sobre a capacidade de transformar os desprazeres do percurso em prazeres antecipados ou mesmo no próprio prazer de cumprir a etapa. Segundo pensamos, o sentimento de competência do qual falamos anteriormente é adquirido não apenas quando conseguimos obter um resultado satisfatório, mas também quando conseguimos gerir as dificuldades encontradas pelo caminho. Eis um desafio para o educador e para aquele que aprende!

Os processos antagônicos no aprendizado

Os processos antagônicos aplicam-se, portanto, a todo processo de aprendizado. Com efeito, quando empreendemos o caminho de uma nova etapa do aprendizado, encontramo-nos rapidamente

12. Mook, D.G., *Motivation, the organization of action*. New York, W.W. Norton and Co., 1987.
13. Huffman, K., M. Vernoy e J. Vernoy, *Psychologie en direct*. Montreal, Modulo, 1994.

diante de muitas dificuldades. Essas são desprazeres a serem ultrapassados por meio da vontade; sem isso, eles podem provocar o desinteresse e mesmo o êxodo escolar. Por outro lado, os sucessos vêm compensar as dificuldades que se experimenta naquela determinada etapa. Nesse sentido, para obter êxito, é preciso ao menos duas coisas: primeiro, a vontade de persistir, a fim de ultrapassar os desprazeres ocasionados pelo esforço que exige o aprendizado; segundo, algum sucesso, um bom desempenho, necessários para contrabalançar os desprazeres causados pelo esforço do aprendizado. Sem esse mínimo de sucesso, a vontade termina por erodir-se e desaparecer. Sem vontade e sem persistência, é o fracasso escolar que nos espera. Mas, por outro lado, mesmo a maior boa vontade do mundo precisa ser regularmente reforçada por sucessos ocasionais. Trata-se, de algum modo, de estimular a vontade e a perseverança do educando sublinhando regularmente seus sucessos.

Enunciamos mais acima o postulado segundo o qual é *mais importante reforçar o sentimento de competência que o simples fato de obter bons resultados.* Eis agora outro postulado, que leva em consideração, dessa vez, a teoria dos processos antagônicos de Solomon:

Todo professor deve estimular duas coisas no aluno:

1. a vontade daquele que aprende, encorajando-o a enfrentar os desprazeres experimentados nas várias etapas do aprendizado;
2. o sentimento de competência do aluno, sublinhando cada pequeno sucesso obtido suscetível de conduzi-lo ao resultado final.

Em suma: é a vontade que conduz ao sucesso e é o sucesso que nutre a vontade. Como ilustra a figura 5.13, o processo antagônico conduz progressivamente o aluno, não a evitar as dificuldades do percurso, mas, ao contrário, a desejá-las, pois sabe que seus esfor-

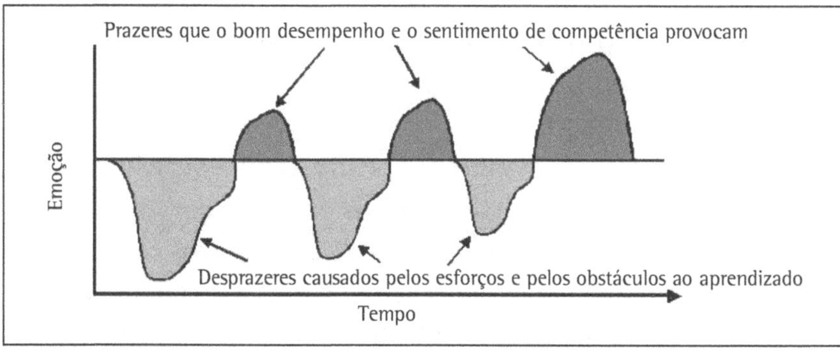

Figura 5.13 Ilustração do processo antagônico no curso de uma etapa do aprendizado. Em uma etapa vitoriosa, os desprazeres são, progressivamente, atenuados, à medida que os prazeres se acentuam.

ços serão recompensados com o bom êxito. Vê-se, portanto, que o aprendizado se faz em dois níveis. Há, de um lado, o aprendizado cognitivo ou técnico da matéria em si e, de outro lado, o aprendizado emocional subjacente ao aprendizado cognitivo ou técnico. O aprendizado cognitivo ou técnico depende, essencialmente, do aprendizado emocional. Sem esse aprendizado emocional, presente ao longo de todo o processo, qualquer passo no aprendizado cognitivo ou técnico fica comprometido. Mas, paradoxalmente, o aprendizado emocional repousa em parte sobre aquilo que se produz durante o aprendizado cognitivo ou técnico. Com efeito, se o aluno não obtém nenhum sucesso, ou se seu bom desempenho não for estimulado e valorizado seu sentimento de competência, o próprio percurso corre o risco de ser interrompido a qualquer momento, comprometendo todo o aprendizado.

Tirar proveito dos processos antagônicos na pedagogia emocional

Já sublinhamos que as emoções positivas podem facilitar o processo de aprendizagem, ao passo que as emoções negativas podem inibi-lo. Ora, tirar proveito dos processos antagônicos consiste, acima de tudo, em tomar consciência de que toda e qualquer etapa de aprendizado passa por fases de prazeres e desprazeres. Isso consiste em explorar os pequenos prazeres ocasionados por cada pequeno êxito que conduz ao sucesso final. O professor deve, portanto, estar consciente da importância de sublinhar para seus alunos esses pequenos sucessos, quando eles ocorrem. Para tanto, deve estar atento aos passos de cada um deles, tarefa nada simples para quem tem uma quantidade considerável de alunos. Assim, não pode ser o único a responsabilizar-se por isso. Deve solicitar ajuda a todos eles, de modo que cada um se veja implicado nos passos de todos os demais. Além disso, é importante que o educando possa ele próprio reconhecer seus próprios êxitos.

Eis um exercício a ser feito com os alunos ao cabo de uma etapa de aprendizado, de um trabalho ou de uma prova. Você perceberá que esse exercício é uma aplicação do método APIE[14] descrito no capítulo 4.

Exercício 5.1

Avaliação de uma etapa de aprendizado

Referindo-se à tabela abaixo, tente identificar as emoções que sentiu durante a explanação da matéria, ou durante o trabalho ou a prova que você acabou de fazer. Tente, além disso, precisar, na linha graduada da direita, a intensidade das emoções que sentiu:

---

14. **A**feto, a **P**ior dificuldade, a necessidade **I**rracional e a **E**.

CATEGORIA	EMOÇÕES	INTENSIDADE
		POUCO — MUITO
MEDO	Medo	
	Inquietação	
	Temor	
	Insegurança	
	Perplexidade	
RAIVA	Incômodo	
	Irritação	
	Frustração	
	Impaciência	
	Raiva	
TRISTEZA	Cansaço	
	Decepção	
	Desencorajamento	
	Desolação	
	Tristeza	
AVERSÃO	Amargura	
	Humilhação	
	Repulsa	
	Intimidação	
	Desgosto	
DESPREZO	Desprezo	
	Descrédito	
	Pouca estima	
	Revolta	
SURPRESA	Espanto	
	Surpresa	
	Estupefação	
	Impressão	
ALEGRIA	Alegria	
	Confiança	
	Contentamento	
	Entusiasmo	
	Otimismo	

O que você achou mais difícil nessa situação? Em outros termos, houve um momento em que se sentiu pior e, se sim, pode descrever esse momento?
(Por exemplo, quando o professor abordou tal conceito, eu não entendia mais nada e me senti ansioso e tolo, pois parecia que todos, exceto eu, tinham entendido tudo.)

Nesse momento (ver a pergunta 2), o que você gostaria que tivesse acontecido para que se sentisse melhor?
(Por exemplo, eu gostaria que o professor percebesse que eu não estava entendendo nada. Ou, ainda, eu gostaria de ter tido a coragem de dizer ao professor que eu não estava entendendo mais nada do que ele dizia.)

Na situação descrita anteriormente, tente indicar em que momento você obteve algum sucesso, mesmo mínimo, ou prazer, e precise qual emoção ou qual sentimento experimentou.

(Por exemplo, até o professor falar daquela coisa, eu me sentia bem, pois estava entendendo tudo. Ou, quando eu fiz essa ou aquela parte da prova eu sentia que ia tudo bem. Ou, ainda, quando o professor veio me perguntar se estava tudo bem, me senti apoiado.)

Quando você volta a pensar nesse êxito ou nesse prazer, como se sente?

(Por exemplo, isso me fez bem, pois percebo que não sou um incapaz como pensava. Ou isso me conforta, pois constato que nem tudo vai tão mal. Ou, ainda, fiquei confiante porque o professor preocupa-se com meu desempenho.)

Descreva em que sentido esse êxito ou esse prazer pode ajudar você a aprender essa matéria ou a fazer um bom curso.

(Por exemplo, isso me dá confiança em minha capacidade de ir bem mesmo numa matéria que não gosto. Ou, ainda, mesmo quando nem tudo vai muito bem, tenho pelo menos a certeza de ter o apoio do professor.)

* * *

Em suma, a teoria dos processos antagônicos de Solomon permite compreender todo o significado do prazer, por menor que seja ele, nas várias etapas do aprendizado. Aprender é necessariamente enfrentar dificuldades, superar os momentos desagradáveis, de dúvida ou mesmo de desencorajamento que toda aprendizagem comporta. Seria ilusório pensar que podemos aprender sem esforços e sem experimentar certos momentos desprazerosos. Mas também é ilusório crer que é possível aprender sem obter algum êxito e sem sentir bem-estar em determinados momentos.

Os bons êxitos e os prazeres sentidos durante o aprendizado são um verdadeiro antídoto à evasão escolar. Não pensemos apenas na evasão escolar no sentido em que é geralmente entendida; pensemos, mais amplamente, como um desengajamento diante do processo de aprendizagem. Todo indivíduo tem necessidade de sentir prazer e de ligar-se a alguma forma de prazer associada às etapas do aprendizado. Precisa sentir algo de positivo quando aprende. A perda de prazer conduz inexoravelmente à evasão, ao abandono escolar e, mais amplamente, ao fracasso.

Tente perguntar às pessoas que você conhece como elas gostam de aprender. Pergunte o que precisam sentir quando aprendem algo novo. Verá que nem todos funcionam da mesma maneira. Alguns precisam sentir-se apoiados pelo professor. Outros precisam entender o motivo, o por quê, daquilo que lhes é solicitado. Outros ainda querem experimentar pequenos êxitos ao longo do percurso. Há também aqueles que só se sentem bem quando têm o sentimento de apreender o conjunto. Suas próprias observações permitirão perceber que certas pessoas gostam de tudo que é novo e diferente e que, ao inverso, rejeitam o familiar e rotineiro. Sua experiência de professor já deve ter permitido constatar que alguns indivíduos simplesmente não reagem diante da ameaça de um eventual fracasso, ao passo que outros, muito ao contrário, reagem energicamente. Do mesmo modo, você já deve ter observado que uns buscam sua aprovação e seu apoio, ao passo que outros parecem totalmente insensíveis a eles.

No próximo capítulo, compreenderemos melhor as diferenças individuais. Veremos que certos traços de personalidade fazem com que o processo de aprendizado não seja igual para todos – nem todos aprendemos do mesmo modo – e, sobretudo, que não respondemos todos da mesma maneira aos sucessos e aos fracassos experimentados. Em outros termos, não reagimos todos igualmente aos prazeres e aos desprazeres, às recompensas e às punições, à antecipação de eventos positivos ou negativos etc.

6

Os perfis de personalidade, as relações professor/aluno e o aprendizado

Como sublinhado insistentemente ao longo desse livro, sustentamos que o verdadeiro aprendizado se faz quando se sente. A questão é que nem todos sentem da mesma maneira. Existem modos muito diversos de sentir as coisas. Não temos todos o mesmo *feeling* diante das situações da vida e, por conseguinte, não tiramos todos as mesmas lições das diferentes experiências que somos levados a enfrentar. Assim, o modo de perceber os estímulos do ambiente a nossa volta e, portanto, de reagir a ele, difere consideravelmente de um indivíduo a outro. Tudo isso provocará, evidentemente, impactos diferentes sobre nosso modo de aprender. É importante, pois, que o professor possua algumas noções relativas à personalidade, para poder aplicá-las a uma pedagogia emocional.

As três dimensões biológicas da personalidade

O neuropsiquiatra Robert Cloninger interessou-se especialmente pelos fundamentos psicobiológicos da personalidade.[1] Ainda que o modelo elaborado por Cloninger seja relativamente com-

1. Cloninger, C.R., D.M. Svrakic e T.R. Przybeck, "A psychobiological model of temperament and character", *Archives of General Psychiatry*, vol. 50(12), 1993, p. 975-990.

plexo em seu conjunto,[2] os elementos que retivemos aqui são de compreensão fácil. Graças aos preciosos dados de Cloninger, elaboramos nove perfis de personalidade. Esses perfis repousam sobre três componentes:

- **a busca permanente do novo,** isto é, a tendência a sempre buscar novidades e novos estímulos;
- **o evitamento da punição e da dor,** isto é, a tendência a reagir de modo intenso aos estímulos aversivos ou a adotar comportamentos destinados a evitar a punição;
- **a necessidade de recompensa e de afeto,** isto é, a tendência a reagir intensamente aos estímulos de recompensas e a tendência a perseverar no comportamento reforçado ou a resistir a sua extinção.

Examinemos, uma a uma, essas dimensões da personalidade que, segundo Cloninger, são por larga parte inatas e repousam sobre um funcionamento neurológico particular.

A busca da novidade

Para alguns indivíduos a busca incessante de novidades é tão desenvolvida que uma intensa necessidade de novas sensações neles se manifesta constantemente. O indivíduo está em busca de tudo que pode estimulá-lo, interessá-lo, animá-lo. Gosta de viver experiências novas e assumir riscos *físicos*. Gosta também de arriscar-se em relações sociais e afetivas.

---

2. O modelo de Robert Cloninger distingue duas dimensões: uma inata, que constitui o temperamento; outra adquirida, que constitui o caráter. Cloninguer distingue ainda quatro traços de temperamento: a busca de novidade, o evitamento da punição, a dependência da recompensa e a persistência. Cloninguer faz o mesmo indicando três traços de caráter: o domínio de si, a cooperação e a transcendência de si.

Manifesta ainda uma tendência a ser impulsivo e desordenado. Cansa-se com facilidade assim que as coisas se tornam rotineiras. A vantagem das pessoas com um traço de temperamento elevado na busca do novo é o entusiasmo e a rapidez com que se engajam em tudo aquilo que é para elas uma novidade. São pessoas bastante curiosas, que recebem bem as mudanças.

Em troca, muito freqüentemente ficam com raiva ou frustrados, quando suas necessidades e vontades não são satisfeitas. Têm, portanto, tendência a serem inconstantes diante do esforço requerido. Suas relações são geralmente instáveis e intempestivas.

Ao contrário dessas, as pessoas que demonstram um nível baixo de busca do novo são geralmente pouco curiosas e pouco entusiásticas. Não são muito expressivas; revelam-se mais reservadas e um tanto rígidas. Toleram bem a rotina e a monotonia. São mais estáveis no trabalho e em suas relações. São pacientes e toleram bem a frustração.

São geralmente pessoas refletidas, ordenadas, metódicas e bem organizadas. Seu defeito é que levam muito tempo para investir-se em algo que para eles é uma novidade, em novas idéias ou em novos modos de fazer as coisas. Tendem a se sentirem desestabilizadas quando seus hábitos e costumes são modificados.

Em suma, as pessoas que apresentam traços elevados de busca do novo revelam uma imensa necessidade de estímulo emocional. Tal necessidade, superior ao normal, seria explicável por um baixo nível de dopamina em certas áreas do cérebro.[3] A dopamina é o neurotransmissor do cérebro associado ao prazer e à ativação. Como a dopamina é cronicamente insuficiente entre as pessoas que apresentam traços elevados de busca do novo, essas tendem a compensar a carência adotando comportamentos orientados para a novidade, para tudo que pode estimular seu prazer, gerando um estado de

---

3. Souccar, T. "La biologie de la personnalité", *Sciences et avenir*, no. 652, 2001, p. 57-64.

ativação necessário a seu bem-estar. Apresentam também riscos de toxicomania e de alcoolismo e possuem um temperamento impulsivo que os incita a praticar esportes extremos, a entregar-se ao jogo e, muitas vezes, à delinqüência.

Em uma sala de aula, os alunos que apresentam um alto nível de busca do novo têm necessidade de muita atividade e estímulo. Precisam ser encorajados, solicitados, implicados no processo de aprendizado. Se conseguirmos interessá-los, serão capazes de concentração e investirão a fundo em seus estudos. Mas, se o professor é monótono ou pouco estimulante, esses alunos certamente perderão o interesse e poderão abandonar a escola. Com efeito, um estudo demonstrou que um resultado elevado na escala de busca do novo desenvolvida por Robert Cloninger é muito freqüente entre aqueles alunos que abandonam os estudos.[4]

Ao inverso, alunos que apresentam um nível baixo de busca de novidade toleram bem a monotonia e são capazes de se concentrar longamente em uma tarefa. São estáveis, preferem as situações familiares e não gostam de ser incomodados em sua rotina. Ao contrário de seus opostos, esses alunos sentem-se desestabilizados diante do novo. O que significa que nem todos os novos métodos pedagógicos que surgem a cada ano convêm igualmente a todos os perfis de alunos. Alguns gostam da novidade, outros reagem negativamente a ela.

A tabela 6.1 oferece um resumo das características das pessoas que apresentam um nível baixo de busca do novo e daquelas com um nível elevado de procura da novidade.

---

4. Wingerson, D., M. Sullivan, S. Dager, S. Flick, D. Dunner e P. Roy-Byrne, "Personnality traits and early discontinuation from clinical trials in anxious patients", *Journal of Clinical Psychopharmacology*, vol. 13(3), 1993, pp. 194-197.

Tabela 6.1 – As características da busca de novidade

BAIXA	ELEVADA
Pouco curioso e pouco entusiasta, pouco expressivo, reservado e rígido. Tolera a rotina e a monotonia. Reflexivo, ordenado, metódico e bem organizado. Lento para aceitar novas idéias ou novos modos de fazer as coisas. Paciente, tolera bem a frustração. Desestabilizado diante de mudanças. Estável no trabalho e nas relações.	Forte necessidade de sensações novas e de estímulos. Arrisca-se fisicamente. Arrisca-se em suas relações. Impulsivo e desordenado. Tolera mal a rotina. Entedia-se facilmente com a rotina. Entusiasta e apaixonado. Engaja-se rapidamente. Gosta de mudanças, curioso e aberto ao novo. Impulsivo e raivoso quando vê frustrados seus desejos. Inconstante diante do esforço. Relações instáveis e conturbadas.

O evitamento da punição e da dor

As pessoas que têm por traço de temperamento dominante o evitamento da punição e da dor são prudentes, tensas e temerosas. Tendem ao pessimismo e demonstram apreensão diante do fracasso e do malogro. Toleram mal a incerteza e as situações pouco familiares. Sentem-se angustiadas diante do desconhecido, mesmo quando não correm riscos aparentes. Assumem, aliás, pouquíssimos riscos.

Em suas relações sociais, são tímidas e falta-lhes confiança em si mesmas. Evitarão, portanto, aqueles que lhes são estranhos e precisam de sinais tangíveis de aceitação antes de buscarem qualquer contato. Essas pessoas possuem também um baixo nível de energia e sentem-se freqüentemente cansadas.

Esse traço de personalidade oferece como vantagem o fato dessas pessoas considerarem com atenção o perigo e, por conseguinte, tenderem a organizar com cuidado e rigor o que fazem.

Em contrapartida, são bastante temerosas, muitas vezes inutilmente.

Ao inverso, as pessoas que possuem um baixo nível de evitamento da punição e da dor são, com freqüência, despreocupadas, calmas e corajosas. São otimistas, mesmo em situações que outros julgariam inquietante. São ousadas, abertas ao outro e extrovertidas. São dinâmicas e possuem vigor e vitalidade.

Em resumo, as pessoas que apresentam um nível elevado de evitamento da punição e da dor são, em geral, tímidas, temem sofrer, são socialmente inibidas e pouco enérgicas. Esse traço de personalidade estaria associado a uma produção importante de serotonina. A serotonina é um neurotransmissor que age na inibição de inúmeras regiões do cérebro. Assim, alguém que possua uma taxa elevada de serotonina apresentará um significativo comportamento inibido e de evitamento da dor.[5] Os jovens com esse tipo de traço de personalidade, em geral, apreciam as drogas, que lhes facilitam a desinibição. O ecstasy é uma droga que tem por efeito diminuir a atividade da serotonina e, por conseguinte, aumentar a sociabilidade dos usuários.[6] Por isso, certamente, adolescentes introvertidos apreciam tanto essa droga, muito difundida nas *raves*.[7]

---

5. Hansenne, M. e M. Ansseau, "Harm avoidance and serotonin", *Biological Psychologyl*, vol. 51(1), 1999, p. 77-81.
6. Kalant, H., "The pharmacology and toxicology of 'ecstasy' (MDMA) and related drugs", *Canadian Medical Association Journal*, vol. 165(7), 2001, p. 917-928.
7. Deve-se também observar que o ecstasy é uma droga muito apreciada por jovens que apresentam traços elevados de busca de novidade. Ver Dughiero, G., F. Schifano e G. Forza, "Personality dimensions and psychopahological profiles of ecstasy users", *Human Psychopharmacology*, vol. 16(8), 2001, p. 635-639.

O aluno que apresenta traços elevados de evitamento da punição e da dor é muito tímido e fala pouco em sala de aula. Teme as críticas e os fracassos. O professor que percebe esses traços em um aluno deve ajudá-lo a ultrapassar o medo, conversando, confortando-o e encorajando-o quando o aluno dispõe-se a assumir certos riscos. Deve ter em mente que os alunos com traços elevados de evitamento da punição e da dor podem tender à depressão, sobretudo quando experimentam situações de fracasso.[8] Todavia, o educador deve também saber que esses alunos reagem em geral positivamente diante da apreensão. Em outros termos, em pequenas doses, a ameaça de punição pode perfeitamente funcionar com algumas dessas pessoas.

Ao inverso, o aluno que apresenta traços frágeis de evitamento da punição e da dor é extrovertido e pouco tímido. É quase cegamente otimista. A despreocupação com que lida com as coisas pode colocá-lo diante de riscos de fracasso sem que isso o incomode absolutamente. Praticamente não reage a lições de moral ou a ameaças. Nenhuma ameaça de "punição" exercerá efeito sobre ele. É preciso, portanto, encontrar outro meio para sensibilizar esse tipo de aluno.

A tabela 6.2 nos dá um resumo das características dessa dimensão da personalidade.

---

8. Hansenne, M., J. Reggers, E. Pinto, K. Kjiri, A. Ajamier e M. Ansseau, "Temperament and character inventory (TCI) and depression", *Journal of Psychiatric Research*, vol. 33(1), 1999, p. 31-36.

Tabela 6.2 – As características do evitamento da punição e da dor

BAIXA	ELEVADA
Despreocupado, tranqüilo e corajoso. Otimismo inquebrantável. Ousado, aberto ao outro e extrovertido. Confiante diante do perigo. Imprudente. Confiante mesmo diante da incerteza. Enérgico, dinâmico, vigoroso e cheio de vida.	Prudente, nervoso e temeroso. Tendência a ser pessimista. Teme o fracasso e o malogro. Tolera mal a incerteza e situações pouco familiares. Ansioso diante do desconhecido. Arrisca-se pouco. Tímido e sem confiança em si mesmo. Evita desconhecidos. Precisa de sinais tangíveis de aceitação dos outros. Tem pouca energia, está sempre cansado. Planeja tudo meticulosamente.

A necessidade de recompensa e de afeição

As pessoas com grau elevado de busca de afeto precisam da aprovação dos outros, dos apoios e das recompensas. São pessoas calorosas, sensíveis e devotadas. Buscam intensamente os contatos sociais e afetivos. Têm, portanto, facilidade em estabelecer relações amigáveis e íntimas. Demonstram, também, facilidade para expressar suas emoções e sua sensibilidade. São empáticas e generosas.

A vantagem desse traço de personalidade é a grande sensibilidade que demonstram diante dos sinais sociais, o que favorece relações calorosas e benevolentes.

A desvantagem é que sua busca incessante por elos e afetos pode conduzi-los a serem influenciáveis e a perderem a objetividade. Nos casos mais graves, pode também conduzir a uma dependência afetiva significativa.

Ao inverso, as pessoas em quem esse traço é pouco desenvolvido são frias, indiferentes e socialmente insensíveis. Bastam-se com sua solidão e não buscam a companhia do outro. São, portanto, distantes, e raramente encontram afinidades com os demais.

Um baixo nível de busca de afeição permite manter-se objetivo; o comportamento que marca esse traço não é movido pelo desejo de agradar ou de ser aceito. Em contrapartida, a ausência de sensibilidade torna a comunicação difícil e as relações afetivas pouco prováveis. Isso pode levar ao egocentrismo e à completa falta de empatia.

Em suma, aquelas pessoas que demonstram um elevado nível de necessidade de recompensa e de afeição sentem também uma significativa necessidade de aprovação e de laços afetivos importantes. Preocupam-se em agradar os outros. Esse traço é associado a uma frágil atividade da noradrenalina. A noradrenalina é um neurotransmissor que tem por papel modular a atenção e o aprendizado e facilitar os sinais de recompensa. Alguém com frágil funcionamento dos neurônios de noradrenalina tenderá a adotar um comporta-

Tabela 6.3 – As características da necessidade de recompensa e de afeição

BAIXA	ELEVADA
Frio e indiferente.	Necessidade de aprovação.
Socialmente insensível.	Necessidade de apoio e de recompensas.
Distante e solitário.	Caloroso, sensível e devotado.
Comunica-se pouco.	Busca os contatos sociais e afetivos.
Tem poucas afinidades com os outros.	Estabelece facilmente contatos amigáveis e íntimos.
Mantém-se objetivo.	Expressa facilmente suas emoções e seus sentimentos.
Não busca agradar nem ser aceito.	Empático e compreensivo.
É difícil comunicar-se com ele.	Influenciável.
Relações afetivas pouco prováveis.	Perde facilmente a objetividade.
Egocêntrico.	
Pouco empático e raramente compassivo.	

mento compensatório, buscando ainda mais a atenção dos outros e a apoiar-se em laços afetivos.

Em uma sala de aula, os alunos que possuem um nível elevado de necessidade de recompensa e de afeição buscam enormemente a apreciação dos demais. Solicitam, portanto, a aprovação do professor. Por isso, é importante ensiná-los a desenvolverem uma confiança em si, pois ficam desestabilizados quando recebem sinais de desaprovação ou quando perdem o afeto de alguém, particularmente daqueles que lhes são importantes, como os seus professores. Esses alunos correm atrás das recompensas. São estimuladas pelo sucesso, as boas notas, as marcas de atenção e de aprovação. As pessoas que têm um nível elevado de evitamento da punição e da dor mostram-se apreensivas diante das conseqüências negativas de seus atos e aquelas que têm uma necessidade elevada de recompensa e de afeição são sensíveis à idéia de perder o que têm. Enquanto uns temem sentir desprazer, outros temem não experimentar os prazeres.

Ao inverso, os alunos que apresentam um baixo nível de necessidade de recompensa e de afeição são frios e reservados. É judicioso encorajá-los a manter relações inter-pessoais. Por outro lado, é preciso estar consciente de que esses alunos pouco reagem à antecipação das recompensas; por isso, não buscam boas notas, bons resultados nem boas relações com seu professor. Dizer a eles que obterão êxito caso forneçam os esforços necessários não funciona com esse traço de personalidade.

Os nove perfis de personalidade

O modelo de Cloninger conduziu-nos a estabelecer nove perfis de personalidade.[9] Cada um desses perfis conhece suas particularidade, sua dinâmica emocional e seu modo de sentir e de aprender. A tabela 6.4 resume-os, em função dos três componentes do temperamento descritos precedentemente por Cloninger.

Tabela 6.4 - Os nove perfis de personalidade

TRAÇO DE PERSONALIDADE	BUSCA DO NOVO	EVITAMENTO DA PUNIÇÃO E DA DOR	NECESSIDADE DE RECOMPENSA E DE AFEIÇÃO
O temerário	Alta	Baixa	Baixa
O teatral	Alta	Baixa	Alta
O excessivo	Alta	Alta	Baixa
O astucioso	Alta	Alta	Alta
O meticuloso	Baixa	Alta	Baixa
O afetivo	Baixa	Baixa	Alta
O dócil	Baixa	Alta	Alta
O eremita	Baixa	Baixa	Baixa
O flexível	Média	Média	Média

Examinemos, um a um, cada perfil.

O temerário caracteriza-se por um nível elevado de busca de novidade, um baixo nível de evitamento da punição e da dor e um baixo nível de necessidade de recompensa e de afeto.

9. Note-se que o modelo tridimensional da personalidade descrito por Cloninger tem aplicações clínicas importantes. Quisemos ressaltar aqui alguns traços característicos de alunos que encontramos em nossas salas de aula e o modo de abordá-los.

A dinâmica do aluno temerário é a seguinte: visto que possui um fraco nível de necessidade de recompensa e de afeição, busca pouco o contato com o outro. Tem, portanto, tendência a ser frio, distante e solitário. Pode mesmo ser egocêntrico e pouco sensível ao próximo. Paradoxalmente, não é de modo algum um tímido: simplesmente não está interessado em estabelecer contato. Mas não terá, por exemplo, nenhuma dificuldade em dar sua opinião se for questionado, nem de participar em uma atividade de equipe. Poderia mesmo encontrar enorme prazer em chocar os demais, por meio de comportamentos ou falas marginais, pois seu baixo nível de evitamento da punição e da dor e sua baixa necessidade de recompensa e de afeto não lhe fazem temer a controvérsia e a rejeição. Ao contrário, pode até estimulá-lo.

Em geral, possui muita energia e vigor, mas cansa-se rapidamente caso as coisas se tornem para ele enfadonhas. Por isso, para esse tipo de aluno, a escola pode ser pouquíssimo estimulante.

> Sempre lembrar três coisas no caso de um aluno que apresenta um perfil temerário:
>
> - com ele, a punição não funciona, pois não teme a sanção nem suas conseqüências;
> - seduzi-lo tampouco funciona, pois ele não busca aprovação nem mesmo contato;
> - são os novos estímulos que funcionam com esse aluno: é receptivo a tudo que possa estimulá-lo e surpreendê-lo

Uma mescla de elevada busca de novidade e de baixo nível de evitamento da punição e da dor predispõe o indivíduo a experiências intensas, ou mesmo perigosas. Ele gosta de assumir riscos e de viver experiências extremas. É bastante audacioso e não busca evitar o sofrimento ou a dor. É notavelmente inclinado ao consumo de drogas, pois procura sensações fortes. Não tem medo de nada: só mesmo algo grandioso o faria temer.

Geralmente, é aquele aluno que se instala no fundo da classe, num canto apartado de todos. Trabalha sempre só, pois não busca contato.

Seu perfil funciona de tal modo que a ameaça de punição não surte nenhum efeito sobre ele. É completamente indiferente a qualquer sanção. Não teme a autoridade do professor nem o incomoda ver-se diante de uma reprovação ou de um fracasso.

A melhor maneira de favorecer o aprendizado dos alunos antisociais é, portanto, estimulá-los com novidades. Nas aulas expositivas, reagirá bem e manterá a atenção concentrada caso o professor, por exemplo, faça uso de anedotas um tanto extravagantes e surrealistas. No caso de trabalhos de pesquisa ou temáticos, é preciso encorajá-lo a buscar direções pouco ortodoxas, indicando-lhe todos os objetivos pedagógicos que deve atingir. Frente a frente, o professor deve evitar provocá-lo, pois ele não se deixará intimidar com facilidade. Raramente o braço de ferro garante vitória ao professor diante de um aluno assim temerário. Muito ao contrário, é preciso encorajar sua diferença e convidá-la a fazer o mesmo com os outros.

O teatral é caracterizado por um grau elevado de busca de novidade, um baixo nível de evitamento da punição e da dor e uma necessidade elevada de recompensa e de afeição.

Assim, como indica a denominação, o teatral é animado por uma necessidade permanente de se pôr em cena e de tudo exagerar. Seu elevado nível de busca da novidade torna-o alguém curioso, aberto de espírito e apaixonado, predisposto a tudo que se relaciona ao risco. Aliás, todos os componentes da busca da novidade relativos ao risco físico e relacional e às aventuras serão ainda mais exacerbados por um baixo nível de evitamento da punição e da dor. Com efeito, a energia que o habita, redobrada de uma despreocupação e de uma coragem cega diante dos perigos, fazem dele alguém verdadei-

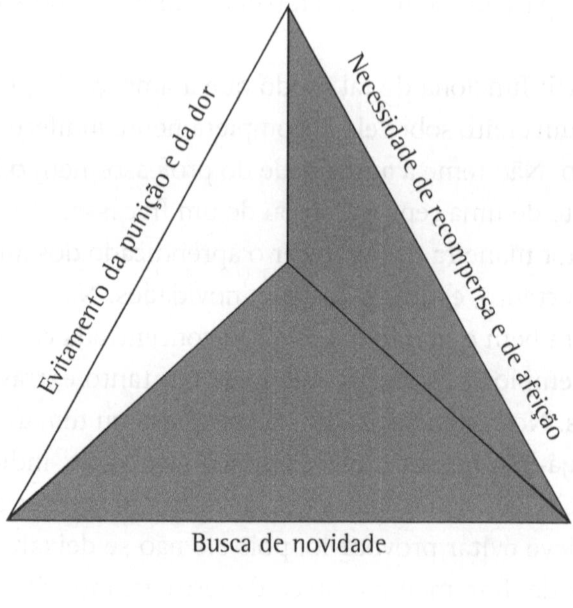

ramente imprudente, que se mexe e fala todo o tempo. Mesmo cansado, depois de longas atividades, o teatral ainda espera mais.

Por outro lado, o componente "necessidade de recompensa e de afeto elevado" torna-o muito sociável. O teatral nunca está só. Conhece centenas de pessoas e tem inúmeros amigos. É extravagante e de espírito bastante aberto. Aliás, ele parece conhecer todo mundo. É animado por um desejo permanente de ser um apreciado objeto de atenção.

Em geral, é fácil reconhecê-lo à primeira vista. Em uma sala de aula, é aquele que mais fala no início do curso. Faz piadas, chama a atenção e não hesita em ser o primeiro a responder às questões que o professor dirige aos alunos. No começo do ano, quando os professores convidam seus alunos a se apresentarem, o teatral surpreenderá a todos não apenas por sua facilidade em se expressar diante da classe, mas também pela soma de atividades em que se mostra engajado. Provoca a impressão de que ele gosta de tudo: de esporte, de artes, de todo tipo de lazer, das viagens, das baladas etc.

Como é lábil, agitado, ou mesmo excitado, é um aluno difícil de ser gerenciado. Tanto pode fazer rir os demais, distendendo o ambiente nas primeiras aulas, quanto pode irritá-los mais tarde. A título de exemplo, em todo início de ano letivo, em nossos cursos de comunicação, convidamos os alunos a nomearem um representante de classe. A história sempre se repete: a personalidade de tipo teatral propõe-se quase imediatamente à função ou é logo indicado por alguém, e seguramente será eleito. Todavia, depois de umas doze semanas de aula, se o sufrágio se repetir, não será mais ele o eleito. Seu comportamento já atraiu bastante antipatia e ninguém mais o quer como chefe, representante, líder ou animador.

Outro traço interessante do teatral: ele pode ser manipulador. Faz tudo para atingir seus fins. Dramatiza, se necessário. Pode ser mitômano e contar histórias do arco-da-velha para atraí-lo a um acordo quando, por exemplo, quer evitar um trabalho ou justificar uma falta ou um atraso. Faz o papel da vítima ou dá mostras de autocomplacência sem pudor algum, caso lhe renda frutos.

> Sempre lembrar três coisas no caso de um aluno que apresenta um perfil teatral:
>
> - a sanção não funciona, pois ele não teme a punição nem suas conseqüências;
> - como busca aprovação e contato, relações calorosas e atenção funcionam com ele;
> - novos estímulos funcionam muito bem com ele, pois é receptivo a tudo que pode estimulá-lo e surpreendê-lo.

Então, como agir com um teatral? É preciso intervir levando em conta seu temperamento paradoxal. O baixo nível de evitamento da punição e da dor que demonstra torna-o pouco sensível às ameaças de sanção. Todavia, sua necessidade elevada de recompensa e de afeto o fará sensível ao interesse que lhe devotamos. Em outros termos, se a punição não funciona com ele, a recompensa, ao contrário, funciona muitíssimo bem. Apreciará a atenção recebida e reagirá sempre favoravelmente a toda nova experiência

O excessivo caracteriza-se por um nível elevado de busca de novidade, um nível elevado de evitamento da punição e da dor e uma baixa necessidade de recompensa e de afeto.

A grande característica do excessivo reside no paradoxo que representa. Com efeito, como combina, ao mesmo tempo, traços elevados de busca de novidade e níveis altos de evitamento da punição e da dor, ele é atraído por toda espécie de novidade, mas é prudente e falta-lhe segurança. Gosta de tudo que é novo, mas leva muito tempo para engajar-se nas coisas. Antes de comprometer-se com uma nova atividade, ele se prepara, verifica inúmeras vezes se tudo está seguro e sob controle. Está constantemente dividido entre, de um lado, seu desejo de assumir riscos e viver novas experiências e, de outro, o temor de lançar-se às coisas e de se enganar ou esquecer algo. Em suma, todos os riscos que assume são calculados.

Suas relações interpessoais são essencialmente tributárias de sua impulsividade e de sua instabilidade, como permite presumir a dimensão "busca de novidade" de seu temperamento. Esse aspecto é tanto mais importante quanto mais o excessivo apresenta uma baixa necessidade de recompensa e de afeição. É difícil, portanto, estabelecer comunicação com ele, pois não busca muito os contatos sociais. Tem pouca afinidade com os demais, mantendo-se frio e distante. Ademais, seu nível elevado de evitamento da punição e da dor faz dele alguém ansioso, que tolera mal as situações pouco familiares e estressantes. Leva, aliás, muito tempo para se restabelecer de um stress ou de uma situação que tenha mobilizado suas energias.

O aluno excessivo tolera muito mal as incertezas e a insegurança. Por exemplo, deparado a um trabalho em que enfrenta dificuldades, torna-se impulsivo e sua reação tende a ser exagerada com relação à importância da situação. Pode mesmo manifestar raiva e vontade de

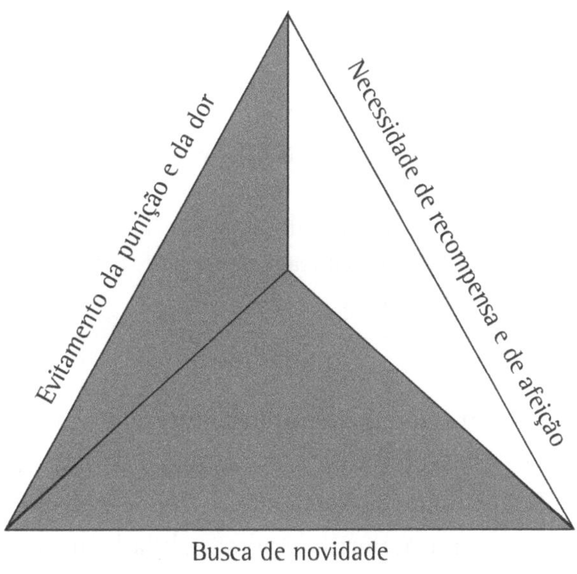

abandonar tudo. Você perceberá que suas relações são instáveis. Assim que algo não vai bem em suas relações de amizade ou amorosas, o resultado quase sempre é uma verdadeira tempestade emocional.

Embora sua inteligência racional seja em geral excelente, é um aluno instável emocionalmente. Isso torna sua vida escolar tumultuada e incerta.

Esse tipo de reação pode comprometer o bom desempenho dos alunos que apresentam esse tipo de personalidade. Os excessivos têm dificuldade para administrar suas relações e as dificuldades que se interpõem em seu caminho. O papel do professor é ajudar o excessivo a distinguir suas reações emocionais e as situações que precisa enfrentar. É preciso, de certo modo, ajudá-lo a relativizar as situações às quais ele reage fortemente. Por outro lado, sua elevada busca do novo pode ser uma porta aberta para estimulá-lo, pois, apesar do temor e da insegurança que o acompanham, é alguém aberto e pronto a considerar as coisas de um ângulo diferente.

Lembrar sempre três coisas no caso de um aluno que apresenta um perfil excessivo:

- novos estímulos funcionam perfeitamente com ele: é receptivo a tudo que pode estimulá-lo e surpreendê-lo;
- como teme a punição e as conseqüências do que faz, é sensível às sanções, aos erros e aos riscos;
- como ele não busca a aprovação dos outros, nem mesmo seu contato, mostra-se frio e distante e não reage positivamente às recompensas, nem à atenção dedicada a ele.

O astucioso caracteriza-se por um nível elevado de busca de novidade, por um nível elevado de evitamento da punição e da dor e por um nível elevado de necessidade de recompensa e de afeição.

O astucioso tem um perfil de personalidade que apresenta uma agressividade camuflada sob os ares da polidez e da amabilidade.

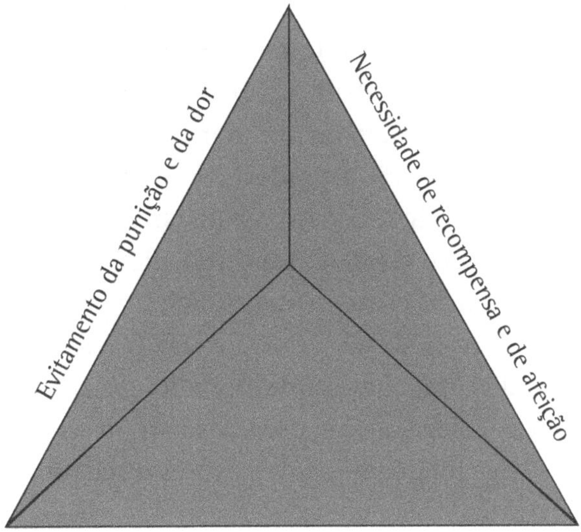

Como possui um elevado nível de desejo de recompensa e de afeto, busca muito a aprovação dos outros, além de apoio e reforço para tudo aquilo que diz ou faz. Mas seu nível também elevado de evitamento da punição e da dor torna-o muito prudente em suas relações e ele praticamente não ousa afirmar-se abertamente. Por exemplo, como quer, de um lado, ser amado e admirado e como, de outro, não quer ser rejeitado, ele evita aventurar-se em rumos incertos em sua relação com o outro. Seu nível elevado de busca de novidade, porém, faz com que se decepcione facilmente quando não obtém o que deseja. Torna-se frustrado e agressivo com aqueles que não lhe dão o que ele quer no plano relacional, mas jamais demonstra esses sentimentos, pois não quer ser rejeitado ou punido. Portanto, oculta sua agressividade, tornando-se rancoroso, lamuriento e, sobretudo, manobrando às costas de quem ele não gosta. À primeira vista, ele é educado e gentil, mas, por trás da gentileza, é sorrateiro e manipulador.

Tomemos o aluno astuto que, por exemplo, faz um trabalho em

equipe. Ele não tolera que os outros lhe digam o que deve fazer, pois não gosta de ser dirigido. Não tolera a crítica ou as observações negativas a respeito de seu trabalho ou de seu comprometimento com a equipe. Faz tudo para mostrar aos demais que seu desempenho é ótimo (para ter a aprovação de todos). Se alguém no grupo critica-o abertamente ou se alguém não trabalha o suficiente, chega atrasado ou não produz o resultado esperado, ele não lhe aponta direta e abertamente seu descontentamento. Pode, no máximo, fazer cara feia ou fechar-se em silêncios. Mas, por trás, vai se queixar ao professor, criará a discórdia na equipe, opondo uns aos outros, omitirá o nome de um colega que seja seu desafeto na assinatura do trabalho etc. Mas, aparentemente, jamais expressa seus desacordos, seus sentimentos ou suas discordâncias. Prefere os meios sub-reptícios para atingir seu alvo.

Não é fácil detectar, à primeira vista, o aluno astucioso, pois ele sempre se apresenta sob uma luz positiva e bastante amável. Só a observação indireta permitirá que você o detecte. Perceberá, então, que fala dos colegas "pelas costas", que se defende a todo instante, mesmo quando você nem mesmo o acusou. Verá, assim, que ele reage mal à autoridade, mas nunca de forma aberta e direta.

Portanto, diante de um aluno que apresenta esse tipo de comportamento, tome cada crítica que ele dirige aos colegas, cada reclamação, cada movimento mal-humorado como uma mensagem codificada que ele está tentando enviar. Depois, questione essa mensagem. Pergunte diretamente a ele o que não vai bem. Convide-o a expressar-se de maneira clara, para evitar o hábito que tem de mandar recados pouco explícitos. Quando critica um colega, diga que gostaria de discutir o problema na presença do outro. Se reclama, queixoso, ou envia uma mensagem equívoca, peça a ele que seja mais claro. Mas não o critique como um pai critica seu filho, nem lhe dê lições de moral. Não apele aos valores de bem e do mal. Limite-se a descrever aquilo que, em seu comportamento, é do seu desagrado ou não é justo.

> Lembrar sempre três coisas no caso de um aluno que apresenta um perfil astucioso:
>
> - os estímulos novos funcionam muito bem com ele: é receptivo a tudo que pode estimulá-lo e surpreendê-lo;
> - como teme a punição e as conseqüências do que faz, é sensível às sanções, aos erros e aos riscos;
> - como busca aprovação, reage positivamente às recompensas e à atenção a ele dedicada.

Enfim, não se deixe levar a uma escalada de represálias, de vinganças ou de réplicas. Volte ao segredo número um da inteligência emocional: incite-o a expressar claramente aquilo que sente.

O meticuloso. Esse perfil é caracterizado por um baixo nível de busca de novidade, um nível elevado de evitamento da punição e da dor e um baixo nível de necessidade de recompensa e de afeição.

Com o baixo nível de busca pelo novo mesclado a um baixo nível de necessidade de recompensa e de afeto, estamos diante de uma pessoa reservada, tímida e introvertida. Além do mais, seu nível elevado de evitamento da punição e da dor explica a razão pela qual tal pessoa deseje fazer tudo de modo absolutamente correto. Nesse nível em particular, é um obcecado. Portanto, a dúvida, a ordem, a busca de perfeição e o medo de não realizar a contento as tarefas são sentimentos que movem o aluno meticuloso.

Com efeito, esse aluno é relativamente fácil de ser detectado. Faz belos trabalhos, limpos e bem apresentados. Tem mesmo tendência a exceder-se na forma. Ao mesmo tempo, é conservador, pois não assume nenhum risco. Por exemplo: você pede a seus alunos que respondam a uma ou duas questões durante a semana. A maioria devolve a você uma folha escrita à mão, mas o meticuloso esmera-se num texto digitado, com uma página de capa e uma diagramação impecável. Percebe-se nitidamente que ele devotou tempo e energia ao exercício. Nas provas, quase sempre é o último a terminar. Revê muitas vezes suas respostas.

É fácil também supor que ele tolera muito mal os fracassos. Por exemplo: ele fez um bom trabalho, obteve uma boa nota, mas, na margem, o professor anotou alguns comentários críticos. Isso será o bastante para desmoralizá-lo. Esquecerá a boa nota e focalizará o detalhe.

Em resumo, tudo o obriga a consumir uma energia considerável e muitas vezes se vê cansado, ou mesmo doente.

A insegurança e a necessidade de ser perfeito são aspectos que o habitam permanentemente. Quando precisa tomar decisões, é lento e indeciso, pois sente apreensão diante de um eventual fracasso ou diante da possibilidade de cometer erros. Portanto, para ele, compreender aquilo que pedem é absolutamente fundamental. Como fala pouco e é muito reservado, não é fácil ajudá-lo. Mas um encontro frente a frente, em um clima apaziguado, permitirá ajudá-

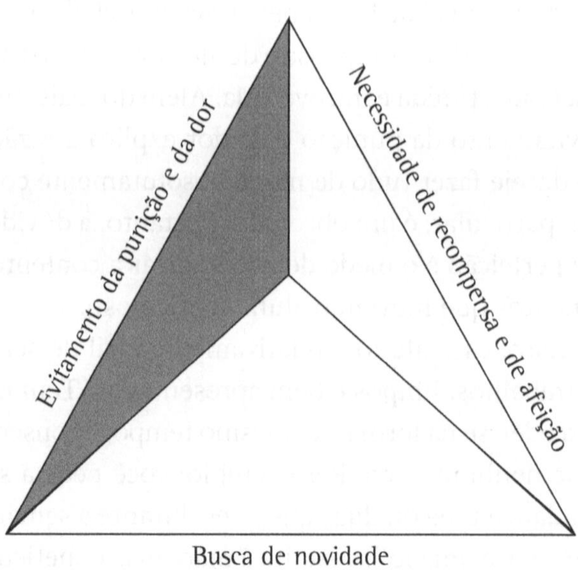

> Lembrar sempre três coisas no caso de um aluno que apresenta um perfil meticuloso:
>
> - como ele não busca muito a novidade, incomoda-o tudo que escapa ao hábito e à rotina;
> - como ele teme a punição e as conseqüências daquilo que faz, é sensível às sanções, aos erros e aos riscos;
> - como não busca a aprovação do outro e nem mesmo seu contato, é frio e distante e não reage positivamente às recompensas e à atenção que se dedica a ele.

lo. Ele precisa tomar consciência de que deve assumir riscos. Você poderá ajudá-lo valorizando a qualidade de seu trabalho e incitando-o a ousar sair dos caminhos batidos, para estimular sua confiança e sua criatividade.

O afetivo. Esse perfil caracteriza-se por um baixo nível de busca de novidade, um baixo nível de evitamento da punição e da dor e um nível elevado de necessidade de recompensa e afeto.

A princípio, um nível baixo de busca de novidade traduz-se por pouca curiosidade e entusiasmo e por uma atitude reservada e reflexiva. Todavia, a concomitância do baixo nível de evitamento da punição e da dor e do nível elevado de necessidade de recompensa e afeição fazem do afetivo uma pessoa aberta, extrovertida, calorosa, sensível e muito orientada ao relacional. Tem facilidade para fazer contato com os outros, mas não busca necessariamente a novidade e a diversidade (ao contrário do teatral). O que deseja são relações estáveis e contínuas.

O baixo nível de evitamento da punição e da dor faz do afetivo alguém otimista e relativamente relaxado e tranqüilo. Todavia, sua excessiva despreocupação pode lhe pregar peças e afetar suas relações e, por conseguinte, a si próprio.

Como o centro desse perfil é o relacional, tudo gira em torno

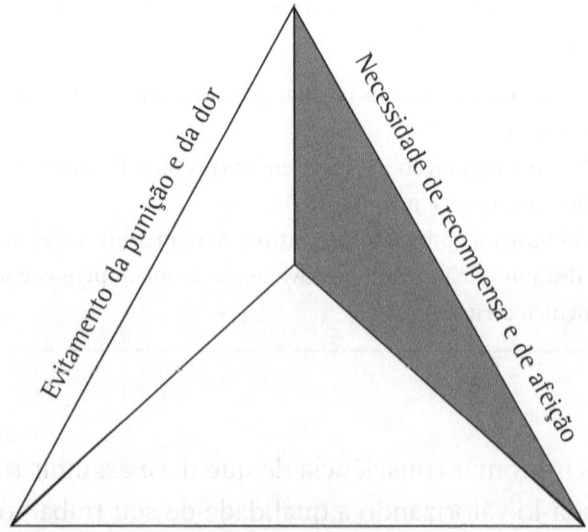

desse elemento, incluída a escola. Sua prioridade são as relações: seus amigos, seus amores, sua família, seu professor. Quando suas relações vão bem, seu desempenho é bom. Ao contrário, quando vive um conflito, uma relação amorosa conturbada ou uma tensão qualquer com alguém importante em sua vida, seu desempenho escolar ressente-se imediatamente. Por isso, esse perfil é qualificado como *up and down*. Seus laços afetivos são o barômetro de seu humor. Se suas relações vão bem, ele vai bem. Se as relações desequilibram-se, ele se desequilibra também. Se suas relações são ensolaradas, ele é luminoso e, se são sombrias, ele próprio se apaga. Seu humor é ajustado pelo diapasão de sua vida afetiva.

Duas coisas são importantes quando se considera o aluno de tipo afetivo. Antes de tudo, é preciso manter uma boa relação com ele. O que é relativamente fácil, pois, muito rapidamente, ele busca estabelecer um elo com seu professor. Vem vê-lo, se você o chamar, e também quando não o chama. Portanto, para ajudá-lo, é preciso gostar dele. Faça-o sentir que você o valoriza e ele ficará bem e confiante em si.

> Lembrar sempre três coisas no caso de um aluno que apresenta um perfil afetivo:
>
> - como ele busca contatos amigáveis e a aprovação do outro, reage positivamente às recompensas e à atenção que se dedica a ele;
> - como ele não busca muito a novidade, tem dificuldades em aceitar tudo que sai de seu hábito e de sua rotina;
> - como ele não teme a punição e as conseqüências do que faz, é pouco sensível às sanções, e pouco tímido.

Mas é importante, por outro lado, ajudá-lo a reforçar seu plano afetivo e a aprender a mover-se na vida, qualquer que seja o estado de suas relações. Ele precisa aprender a viver com seu temperamento mutável. Portanto, precisa aprender, em certa medida, a distanciar-se dos outros e dos acontecimentos. Você pode ajudá-lo a refocalizar suas energias onde for necessário, pois seus resultados escolares disso depende diretamente.

O dócil caracteriza-se por um nível elevado de evitamento da punição e da dor, um nível elevado de necessidade de recompensa e de afeição (neste caso, podemos nos referir à dependência afetiva) e um baixo nível de procura pelo novo.

Se o afetivo coincide seu humor com suas relações afetivas, pode-se facilmente dizer que o dócil permite, sistematicamente, que os acontecimentos exteriores dirijam sua vida. Falta-lhe confiança, tanto no que faz quanto em suas relações. Nunca sabe que música dançar. Tem, portanto, tendência a deixar que as situações e os outros decidam por ele. Nunca se arrisca, nem nas relações, nem naquilo que faz. É lento nas reações e demora a assumir compromissos, pois nunca sabe o que fazer nem o que decidir. Vive temendo ser abandonado. É possuído, com muita freqüência, por um sentimento de impotência e de incompetência. Submete-se passivamen-

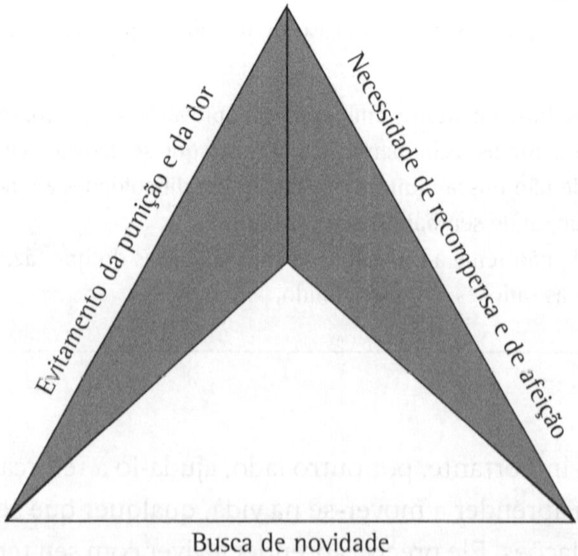

te à vontade do outro e experimenta dificuldades para enfrentar as exigências da vida cotidiana. Uma falta de energia pode manifestar-se no domínio intelectual ou emocional.

Na escola ou no trabalho, o dócil raramente toma alguma iniciativa. Faz tudo que lhe pedem, pois precisa de aprovação e de afeição, mas nada mais que isso. Por outro lado, visto seu nível elevado de evitamento da punição e da dor, é movido pelo temor de se enganar ou de fazer as coisas de modo errado. Isso o conduz a ser pouco pró-ativo em seus trabalhos, em suas tarefas e atividades. Acompanha aquilo que é proposto, mas nunca sugere nada. É bastante influenciável em suas opiniões, pois não quer desagradar, nem correr o risco de ser rejeitado.

Por outro lado, será sempre generoso. Pode dar tudo que tem se for solicitado.

A relação com o dócil não é fácil, pois, não importa o que você lhe diga, ele está sempre de acordo e nunca opõe resistência a nada que lhe seja proposto. Isso, de certo modo, torna difícil localizar e dar con-

> Sempre lembrar três coisas no caso de um aluno que apresenta um perfil dócil:
>
> - como ele não busca muito a novidade, tudo que sai de seus hábitos e da rotina o incomoda;
> - como ele teme a punição e as conseqüências do que faz, é sensível às sanções, aos erros e aos riscos;
> - como ele busca a aprovação dos outros e seu contato, reage positivamente às recompensas e a atenção que recebe.

tinuidade ao *feedback* que você dirige a ele. Ele diz sim, mas age pouco. Não quer se enganar (medo da punição), quer agradar (necessidade afetiva) e refugia-se na familiaridade e na rotina (baixo nível de busca de novidade). É muito freqüente que repita os mesmos erros.

O eremita é caracterizado por um baixo nível de busca de novidade, um baixo nível de evitamento da punição e da dor e um baixo nível de necessidade de recompensa e de afeição.

Digamos imediatamente: eis um raro perfil, mas eis também um perfil que comporta um risco elevado de êxodo escolar. A combinação de um baixo nível nas três dimensões da personalidade conforma um indivíduo que vive retirado do convívio social e das relações afetivas, que prefere privilegiar seu mundo interior, a solidão e a introspecção.

O eremita não busca nem aprecia as relações mais próximas, mesmo com os membros de sua família. Quase sempre prefere atividades solitárias. Tem pouco ou nenhum interesse pelas relações sexuais e não experimenta prazer a não ser em raras atividades. Por isso, é muito difícil mantê-lo no ambiente escolar. Não tem amigos próximos, menos ainda confidentes. É indiferente aos elogios ou à crítica alheia e demonstra frieza e distância.

É como se nada o tocasse. Uma bomba pode explodir a seu lado e ele não se moverá.

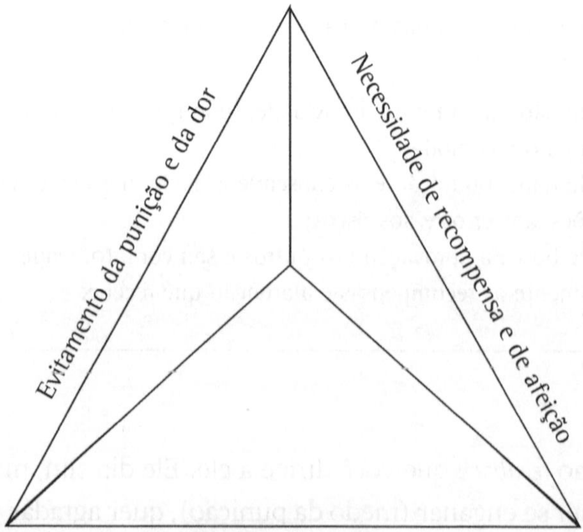

Tentar conscientizá-lo, avançando as conseqüências negativas de seus gestos, não serve, neste caso, para nada. Apresentar-lhe as vantagens de coisas pelas quais não tem nenhum interesse prévio tampouco o convencerá. Só se interessa pela novidade em alguns poucos casos. Todavia, assim pouco predisposto à novidade e como, por outro lado, o evitamento da punição e da dor nele atinge

> Sempre lembrar três coisas no caso de um aluno que apresenta um perfil eremita:
>
> - como ele não busca muito a novidade, tudo que sai de seus hábitos e de sua rotina o incomoda;
> - como não teme a punição e as conseqüências do que faz, é insensível às sanções e às ameaças;
> - como busca pouco a aprovação dos outros e seu contato, é frio e distante e não reage positivamente às recompensas e à atenção.

um nível muito baixo, pode ser que aprecie atividades rotineiras. É mesmo possível que cumpra rituais em sua vida pessoal. Portanto, é preciso conhecer seus interesses. Explorar seus interesses é o único caminho para que se sinta bem na escola e que esta ofereça algo que possa, minimamente, adequar-se à sua personalidade.

O flexível é caracterizado por um nível médio de busca de novidades, de evitamento da dor e da punição e de necessidade de recompensa e de afeição. Como seu nome indica, a personalidade flexível tem um perfil relativamente dócil, pois, tendo uma dosagem média de cada um dos componentes da personalidade, ele oferece todas as portas que dão acesso a ele. Sem pender para um lado ou para outro, esse tipo de indivíduo é maleável e aberto a diferentes abordagens.

A estabilidade, a constância e a boa medida são suas principais qualidades. Nem é explosivo, nem frio e distante. Gosta de novidades, mas nada em excesso. Reage normalmente à punição e apre-

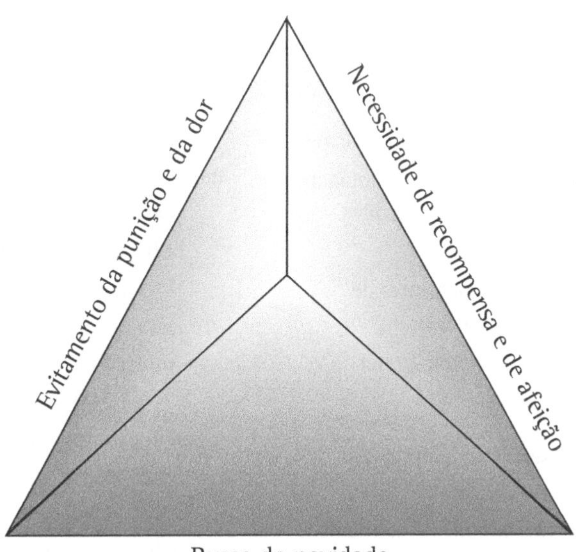

senta um patamar de tolerância à dor bem dosado. Aprecia também a recompensa e as marcas de afeição, sem ser delas dependente. Em suma, na sala de aula, os alunos flexíveis são aqueles que todos nós gostaríamos de ter. Mas a natureza humana sendo o que é, todo colorido é bem-vindo, pois é isso que faz sua beleza.

Como reconhecer os perfis de personalidade

A tabela abaixo fornece os indícios que ajudarão você a identificar melhor o perfil de cada um de seus alunos.

Tabela 6.5 – Indícios relacionados aos três componentes da personalidade

A BUSCA DE NOVIDADE

Alunos com baixo nível de busca de novidade têm tendência a:	Alunos com nível elevado de busca de novidade têm tendência a:
Buscar a rotina e as situações familiares; Quererem ser persuadidos das vantagens antes de adotar novos métodos.	Explorar as situações novas e pouco familiares; Engajar-se rapidamente em novas idéias e novas técnicas; Entediar-se com a rotina.
Analisar os detalhes antes de tomarem uma decisão; Refletir e concentrar-se por longos períodos.	Serem impulsivos; Tomarem decisões baseadas em sua intuição e em suas emoções, sem refletir muito.
Serem reservados, controlados e dono de si; A não gastarem inutilmente seu tempo, seu dinheiro e sua energia.	Serem extravagantes e buscar impressionar os demais; Serem pouco econômicos; Não planejarem seu tempo, seus gastos de dinheiro e de energia.

continuação

Tabela 6.5 – Indícios relacionados aos três componentes da personalidade

A BUSCA DE NOVIDADE	
Alunos com baixo nível de busca de novidade têm tendência a:	**Alunos com nível elevado de busca de novidade têm tendência a:**
Serem ordenados, organizados e metódicos; Seguir as regras; Serem pacientes e tolerarem a frustração.	Serem desorganizados, pouco metódicos e desordenados; Rejeitarem as regras; Evitarem tudo que é desconfortável ou frustrante.
EVITAMENTO DA PUNIÇÃO E DA DOR	
Alunos com baixo nível de evitamento da punição e da dor tendem a:	**Alunos com nível elevado de evitamento da punição e da dor tendem a:**
Ser otimistas e pouco se preocuparem com as dificuldades; Ser despreocupados e ligeiros; Não temer os riscos e assumi-los.	Ser inquietos e antecipar o infortúnio e o fracasso em tudo que fazem; Demonstrar dificuldades para enfrentar os fracassos e a humilhação.
Ser confiantes, calmos e seguros em quase todas as situações; Assumir riscos; Adaptar-se facilmente às mudanças e aos imprevistos.	Tolerar mal a incerteza e ser ansiosos diante do desconhecido; Assumir poucos riscos; Demonstrar dificuldade de adaptar-se às mudanças.
Ser dispostos e abertos de espírito; Dar sua opinião sem dificuldade; Não serem tímidos nem vacilantes diante da novidade.	Ser tímidos e sem confiança em si nas situações sociais; Evitar contatos pouco familiares; Precisar de sinais tangíveis de aceitação antes de buscarem contato.
Ser enérgicos e dinâmicos; Ser persistentes nos esforços e a recuperar-se com facilidade dos insucessos.	Ser astênicos e demonstrarem menos energia que a média; Precisar de repouso; Recuperar-se lentamente do cansaço, da doença ou do stress.

continuação

Tabela 6.5 – Indícios relacionados aos três componentes da personalidade

A NECESSIDADE DE RECOMPENSA E DE AFEIÇÃO	
Alunos com baixo nível de necessidade de recompensa e de afeição têm tendência a:	**Alunos com nível elevado de necessidade de recompensa e de afeição tendem a:**
Ser frios e distantes; Faltar-lhes empatia e compaixão; Mostrar-se pouco dispostos à sentimentalidade e ao romantismo.	Demonstrar facilmente suas emoções; Viver intensamente as emoções alheias; Ser sentimentais, compassivos e receptivos às emoções alheias.
Ser solitários e reservados quanto à sua intimidade; Revelar pouco interesse pelas relações sociais.	Buscar a intimidade; Falar abertamente de suas emoções e de sua vida privada; Buscar laços duradouros; Ser sensíveis à rejeição.
Ser independentes, auto-suficientes e insensíveis à pressão social, à crítica ou à rejeição; Não buscar a aprovação do outro, nem agradá-lo. Curvar-se raramente aos desejos dos outros.	Ser dependentes da opinião dos outros; Buscar a aprovação do outro e querer agradar aos demais; Temer a rejeição e o abandono; Ser sensíveis aos sinais sociais de rejeição ou de desaprovação; Mudar de idéia só para agradar.
Ser indolentes, inativos e instáveis; Não ser confiáveis; Não trabalhar com mais afinco, mesmo quando uma recompensa é antecipada; Não ser movidos por um salário melhor, uma boa nota ou um bom resultado; Tolerar mal a frustração; Abandonar tudo diante da frustração;	Não buscar ultrapassar a si mesmo; Ser operosos, persistentes e perseverantes; Ser generosos e oferecer seus préstimos; Aumentar o esforço quando uma recompensa é antecipada; Ser perfeccionistas e buscar constantemente aperfeiçoar-se.

Estimular os alunos em função de seu perfil de personalidade

No início desse capítulo, mencionamos que nem todos os indivíduos sentem as mesmas coisas nas mesmas circunstâncias. Compreendemos, com os três componentes inatos da personalidade descobertos por Robert Cloninger, que não reagimos todos da mesma maneira, nem às mesmas coisas. Alguns reagem muito fortemente à novidade, enquanto outros se sentem desestabilizados diante daquilo que é novo para ele. Alguns possuem um patamar muito elevado de tolerância à punição, à dor ou ao desprazer, ao passo que outros se mostram bastante sensíveis. Alguns, enfim, são mais sensíveis à recompensa, aos reforços sociais e materiais, enquanto outros se mostram praticamente indiferentes a eles. A tabela 6.6 apresenta cada um dos nove perfis de personalidade e suas particularidades emocionais, suas necessidades dominantes e oferece ainda alguns conselhos ao educador em função das características de cada uma das personalidades.

Tabela 6.6 – Os nove perfis de personalidade e suas particularidades

PERFIS DE PERSONALIDADE	DINÂMICA EMOCIONAL	NECESSIDADES PREDOMINANTES	CONSELHOS AO EDUCADOR
 O TEMERÁRIO	Negativa: • agressividade; • despreocupação; • insensibilidade; • falta de empatia. Positiva: • calma; • coragem.	• ser estimulado; • novidade; • ser diferente.	• estimulá-lo com novidades; • utilizar o bom humor e as metáforas; • encorajá-lo a ir em direções pouco ortodoxas em seus trabalhos; • evitar provocá-lo; • encorajá-lo em sua diferença e convidá-lo a fazer o mesmo com os outros; • lançar-lhe desafios.
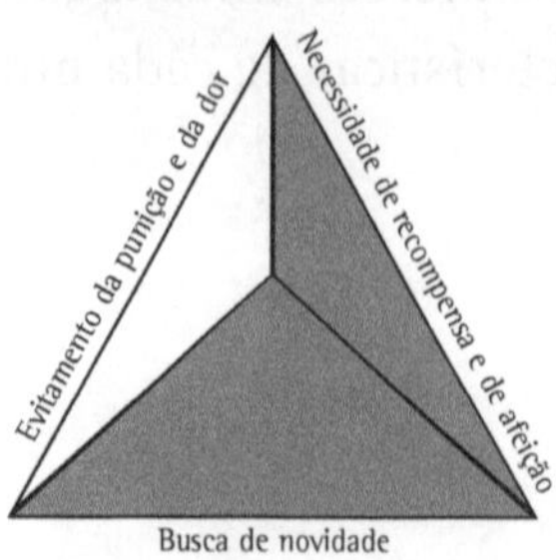 O TEATRAL	Negativa: • tristeza; • raiva; • instabilidade; • inconstância. Positiva: • curiosidade; • alegria; • coragem.	• ser apreciado; • ser reconhecido; • ser admirado; • ser útil; • novidade; • brilhar.	• evitar ameaçá-lo pela punição; • dar-lhe atenção apenas quando merece; • dar-lhe ocasião de valorizar-se; • propor novas experiências; • apelar a sua criatividade, que é bem grande.

continuação

Tabela 6.6 – Os nove perfis de personalidade e suas particularidades

PERFIS DE PERSONALIDADE	DINÂMICA EMOCIONAL	NECESSIDADES PREDOMINANTES	CONSELHOS AO EDUCADOR
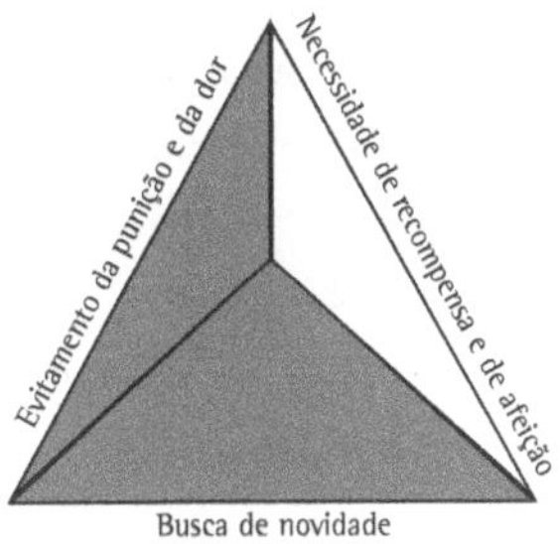 O EXCESSIVO	Negativa: • medo; • raiva; • impulsividade; • instabilidade; • ansiedade; • insegurança. Positiva: • abertura de espírito; • entusiasmo.	• segurança; • ser valorizado; • novidade.	• evitar pressioná-lo; • ajudá-lo a distinguir os fatos, suas interpretações e suas emoções; • ajudá-lo a relativizar as coisas; • estimulá-lo pela novidade e, ao mesmo tempo, garantir-lhe segurança.
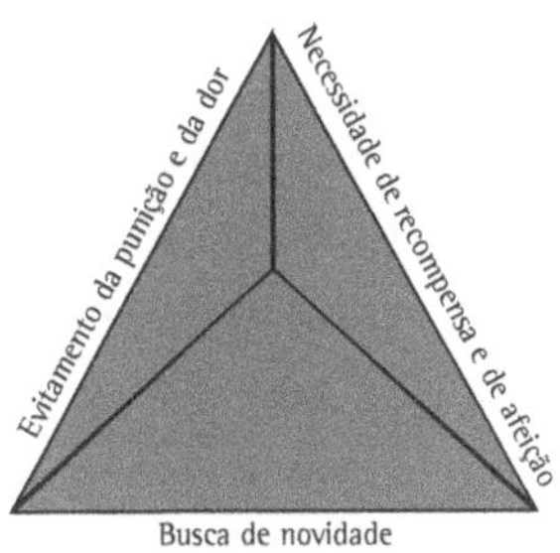 O ASTUCIOSO	Negativa • medo; • tristeza; • agressividade; • insegurança. Positiva • alegria; • gentileza.	• ser aprovado; • ter razão; • ser amado; • controlar.	• interrogá-lo sobre seus comportamentos e reações; • convidá-lo a expressar-se clara e diretamente; • abrir a discussão com ele; • evitar criticá-lo, como faria um pai, dando-lhe lições de moral.

continuação

Tabela 6.6 – Os nove perfis de personalidade e suas particularidades

PERFIS DE PERSONALIDADE	DINÂMICA EMOCIONAL	NECESSIDADES PREDOMINANTES	CONSELHOS AO EDUCADOR
 O METICULOSO	Negativa: • timidez; • insegurança; • ansiedade. Positiva: • discrição; • disciplina.	• ser perfeito; • ser confortado; • ser valorizado pelo que faz.	• assegurar-se de que ele entendeu a matéria; • dar-lhe as informações de que precisa; • fazê-lo tomar consciência de que ele deve assumir riscos; • ajudá-lo, valorizando a qualidade daquilo que faz; • convidá-lo a ousar, a sair de sua zona de conforto. • estabelecer limites; • estimular sua confiança e sua criatividade.
 O AFETIVO	Negativa • tristeza; • despreocupação; • instabilidade emocional. Positiva • sensibilidade; • abertura; • simpatia.	• ser amado; • ser apreciado; • ser valorizado.	• ter uma relação calorosa; • fazê-lo sentir que é amado; • fazê-lo sentir que tem valor a seus olhos; • ajudá-lo a ser reforçado no plano afetivo; • ajudá-lo a tomar distância "afetiva" em suas relações; • ajudá-lo a refocalizar sua energia onde necessário.

continuação

Tabela 6.6 – Os nove perfis de personalidade e suas particularidades

PERFIS DE PERSONALIDADE	DINÂMICA EMOCIONAL	NECESSIDADES PREDOMINANTES	CONSELHOS AO EDUCADOR
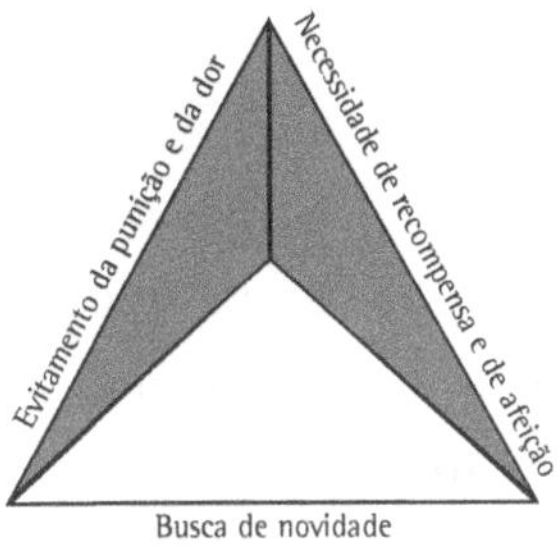 O DÓCIL	Negativa • tristeza; • medo; • insegurança; • ansiedade. Positiva • sensibilidade; • generosidade; • gentileza e amabilidade.	• ser amado; • ser confortado; • ser apreciado.	• abordá-lo de modo caloroso; • expressar claramente o que se espera dele; • ajudá-lo a afirmar-se e a dar sua opinião; • ajudá-lo a assumir riscos; • ajudá-lo a tomar iniciativas.
 O EREMITA	Negativa • indiferença. Positiva • estabilidade.	• regularidade.	• perguntar quais são seus interesses, no intuito de saber em que a escola pode ajudá-lo nesse sentido; • abordá-lo por meio de seus interesses; • propor-lhe atividades rotineiras.
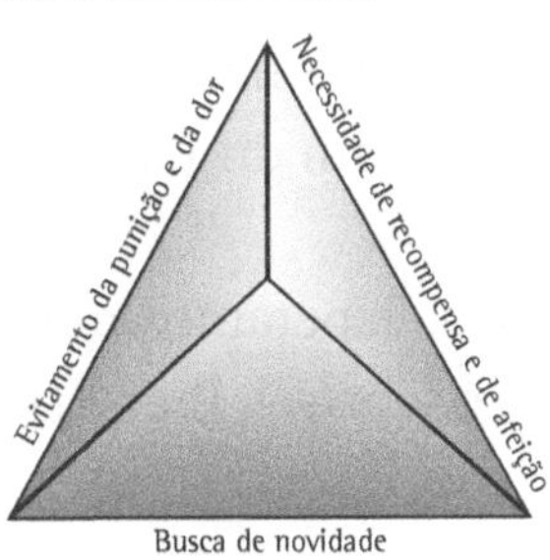 O FLEXÍVEL	Negativa • caráter indiscernível. Positiva • inflexibilidade.	• variedade; • boa dose de ser amado, de recompensa, de novidade e de segurança.	• confiar nele; • variar e mesmo testar os ângulos a partir dos quais abordá-lo (novidade, punição, reforço).

Conclusão

Ao longo de todo esse livro, insistimos no fato de que o verdadeiro aprendizado não é cognitivo, mas emocional. Ora, a leitura de um livro é em boa e grande parte um exercício cognitivo. Esperamos que essa leitura tenha despertado em você o desejo de "chegar mais perto" daquele que educa. Esperamos não apenas que você tenha entendido algumas coisas, mas igualmente que as tenha sentido, enquanto lia e refletia em sua realidade de professor e formador.

Temos consciência, porém, de que apesar dos exercícios de reflexão e dos instrumentos pedagógicos contidos nesse livro a integração em profundidade da pedagogia emocional deve ser mais ampla. Por isso, fundamos a APIE (Academia de Prazerologia e de Inteligência Emocional) e o EPI (Instituto de Pedagogia Emocional) para organizar formações e seminários destinados a aprofundar tudo o que apresentamos neste livro. Nossas formações, além de ensinar a Pedagogia Emocional, também as aplica. Fornecemos uma formação certificada àquelas e àqueles que desejam difundir a Pedagogia Emocional em seu ambiente.

Acreditamos nessa abordagem e, por isso, esperamos que ela se expanda o máximo possível. O ser humano é sensível. Precisa sentir para aprender.

Para entrar em contato conosco:

Académie de Plaisirologie et d'Intelligence émotionnelle – APIE
Boîte Postale 47054 – CP Place LaSalle
LaSalle (Québec) – Canada
H8P 3V9

Telefone : 1-877-365-8290
Fax : 514-365-7837
Endereço eletrônico:
apie@apie.ca ou epi@emotionalpedagogy.com
www.apie.ca
www.emotionalpedagogy.com

Os autores

Daniel Chabot é professor de psicologia no ensino médio desde 1987. É também autor de várias obras de psicologia traduzidas em várias línguas. Em 1998, foi o primeiro autor francófono a publicar um livro sobre a inteligência emocional (*Cultivez votre intelligence émotionnelle*, edições Québecor). Fundou em seguida uma sociedade de formação e, desde então, vem ministrando conferências e seminários no Canadá, nos Estados Unidos e na Europa.

Michel Chabot é conselheiro pedagógico. Também foi professor de matemática no ensino médio durante 15 anos. É um dos pioneiros da aplicação da inteligência emocioanl nos meios educacionais. Já formou centenas de professores em pedagogia emocional.

Daniel e Michel Chabot são co-fundadores do Instituto de pedagogia emocional (EPI) onde professores do mundo inteiro podem obter formação em inteligência emocional e em pedagogia emocional.

Bibliografia

Afranas L.I. Golocheikine S.A. (2001). Human anterior and frontal midline theta and lower alpha reflect emotionally positive state and internalized attention: high-resolution EEG investigation of meditation. *Neuroscience letters*, vol. 310(l), p. 57-60.

al'Absi M, Hugdahl K, Lovallo W .R. (2002). Adrenocortical stress responses and altered working memory performance. Dans *Psychophysiology*, vol. 39(1), p. 95-99.

Assor A, Kaplan H, Roth G. (2002). Choice is good, but relevance is excellent: autonomy-enhancing and suppressing teacher behaviours predicting students' engagement in schoolwork. Dans *The British journal of eucational psychology*, vol. 72 (Pt 2), p. 261-278.

Baving L., Laucht M, Schmidt MH. (2002). Frontal brain activation in anxious school children. Dans *Journal of child psychology and psychiatry, and allied disciplines*, 43(2), p. 265-74.

Benson E (2002): The synaptic self Without synaptic plasticity, learning-and the self—would be impossible, Monitor on psychology, *American Psychological Association*, Volume 33, No. 10 November 2002.

Benson, H (1975). *The refletion response*, New-York, Morrow.

Berry D.S., Pennebaker J.W. (1993). Nonverbal and verbal emotional expression and health. Dans Psychotherapy and psychosomatics, vol. 59(l), p. 11-19.

Bischof-Kohler D. (1994). Self object and interpersonal emotions. Identification of own mirror image, empathy and prosocial behavior in the 2nd year of life. Dans *Z Psychol Z Angew Psychol*, vol. 202(4), p. 349-377.

Bloch, S. (1989). Émotion ressentie, émotion recréée, dans *Science & Vie, no. 168*, p. 68-75.

Boone R.T., Cunningham J.G., (1998). Children's decoding of emotion in expresssive body movement: the development of cue attunement. Dans *Developmental psychology*, vol. 34(5), p. 1007-1016.

Boyatzis, R. (2002). Core Competencies in Coaching Others to Overcome Dysfunctional Behavior. Dans www.eiconsortium.org.

Bremner J.D. (2002). Neuroimaging of childhood trauma. Dans *Serminars in Clinical Neuropsychiatry*, vol. 7(2): 104-12.

Bremner J .D. (2002). Neuroimaging studies in post-traumaric stress disorder. Dans *Current psychiatry reports*, vol. 4(4), p.254-63.

Breur, H. (2003). Les neurones de la sympathie. Dans *Cerveau & psycho*, no. 1, p.40-41.

Bulletin statistique de l'education, Abandon er décrochage scolaires, les concepts. No. 25, Mars 2003, Ministère de l'éducation du Québec, www.meq.gouv.qc.ca

Chabot, D. (1996). *Émotions et adaptation*, CCFG et Ministère de l'education du Québec.

Chabot, D. (1998). *Cultivez votre intelligence émotionelle.* Montréal : Quebecor.

Chabot, D. (2000). *La magie du plaisir, la plaisirologie.* Montréal, Quebecor.

Choi, C. (2003). *Brain feels empathy by imitation*, Dans http://www.upi.com/view.cfm?StoryID 20030405-081743-6763r

Cloninger C.R., Svrakic D.M., Przybeck T.R. (1993). A psychobiological model of temperament and character. Dans *Archives of general psychiatry*, vol. 50(12), p. 975-990.

Coffman, Stephan L. (1981). Empathy as a Relevant Instructor Variable in the Experiential Classroom. Dans *Group and Organization Studies, vol. 6*, p. 114-120.

Colt, E.W., Wardlaw S.L.et Frantz A.G. (1981). The effect of running on plasma ß-endorphin, dans *Life Sciences*. no 28, p.1637-1640.

Comunian A.L. (1993). Anxiety, cognitive interference, and school performance of Italian children. Dans *Psychol Rep*, vol. 73(3 Pt 1), p. 747-54.

Cormier N. et julien, D. (1996). Relation entre l'ajustement marital et des mesures subjectives et objectives de soutien conjugal. Dans *Canadian Journal of Behavioural Science*, Volume 28, no. 4.

Cyrulnik, B. (1999). *Un merveilleux malheur.* Paris, Odile Jacob.

Damasio, A. (1994). *L'erreur de Descartes, la raison des émotions*, Éditions Odile Jacob.

Damasio, A. (1999). *Le sentiment même de soi, corps, émotions, conscience*, Paris : Éditions Odile Jacob.

Davidson R.J. (2000). Affective style, psychopathology, and resilience: brain mechanisms and plasticity. *The American psychologist*, vol. 55 (11): 1196-214.

Davidson R.J., Lewis D.A., Alloy L.B., Amaral D.G., Bush G., Cohen J.D., Drevets W.C., Farah M.J., Kagan J., McClelland

J.L., Nolen-Hoeksema S., Peterson B.S. (2002) : Neural and behavioral substrates of mood and mood regulation, *Biological psychiatry*, 52(6):478-502.

Davidson, R. (1987): Des humeurs bien partagées, *Sciences et Vie (hors eérie)*, 168 : 50-57.

Davidson, R. J., Kabat-Zinn, J., Schumacher, J., Rosenkrantz, M., Muller, D., Santorelli, S. F. et al. (2003). Alterations in brain and immune function produced by mindfulness meditation. Dans *Psychosomatic Medicine, 65*, 564-570.

Davidson, R. J. (1998): Affective stylle and Affective disorders : Perspectives from Afectives Neuroscience. Dans *Cognition and Emotion* : 12(3), 307-330.

Davidson, R. J. (2001). Toward a Biology of Personality and Emotion, *Annuals of the New York Academy of Sciences, 935*, 191-207.

Davidson, R. J., (2002). Toward a biology of potivive affect and compassion. Dans R.J. Davidson et A. Harrington (Editors), *Vision of Compassion, western scientist and tibetan Buddhists examine human nature*, Oxford University Press, p. 170-130.

Delmonte, M.M. (1985). Biochemical indices associated with meditation practice : a litterature review, dans *Biobehavioral Reviews*, no 9, p. 557-561.

Dolan, R.J. (2002). Emotion cognition, and behavior. Dans *Science*, 298, p. 1191-1194.

Dughiero G, Schifano F, Forza G. (2001). Personality dimensions and psychopathological profiles of Ecstasy users. Dans *Human psychopharmacology*, vol. 16(8), p. 635-639.

Ekman, P. & Davidson, R.J. (1993). Volontary smiling changes regional brain activity. Dans *Psychological Science*, vol. 4, p. 342-345.

Ekman, P. (1996). Why Don't We Catch Liars? Dans *Social Research*, Vol. 63(3), p. 801-817.

Ekman, P., Levenson R. W. et Friesen W.V. (1983). Autonomic nervous system activity distinguishes among emotions. Dans *Science*, no. 221, p. 1208-1210.

Ekman, Paul. *Emotion in the human face*, Second Edition. Cambridge University Press, 1982.

Etcoff N.L., Ekman P., Magee J.J., Frank M.G. (2000). Lie detection and language comprehension. Dans *Nature*, vol. 405 (6873), p.l39.

Eustachem T. (2000). Arrêt sur images, dans *Science & Vie*, no. 212, p. 66-73.

Field, 'I'., & Walden, T. (1982). Production and discrimination of facial expressions by preschool children. Dans *Child Development, 53*, p.1299-1311.

Fox N. A., Rubin K.H., Calkins S.D., Marshall T.R., Coplan R.J., Porges S.W., Long J.M., Stewart S, (1995). Frontal activation asymmetry and social competence at four years ot age. Dans *Child Developement*, vol. 66(6), p. 1770-1784.

Gardner, H. (1983), *Frames of minds: the theory of multiple intennigences*. New York: Basic books.

Goleman, D. (1997). *L'intelligence émotionnelle, accepter ses émotions pour développer une intelligence nouvelle*. Paris: J'ai lu, p. 59.

Goleman D., Boyatzis, R. McKee, A. (2002). *L'intelligence au travail*. Paris : Le village mondial, p. 313.

Gosselin, P. (1995). Le développement de la reconnaissance des expressions faciales des émotions chez l'enfant. Dans *La revue canadienne des sciences du comportement, vol.* 27, no.2.

Gotttman, J. M. et Sulver, N. (2000). *Les couples beureux ont leurs secrets*. Pocket, J. C. Lattès.

Grover P.L. & Smith D. U. (1981). Academic anxiety, locus of control, and achievement in medical school. Dans *Journal of medical Education*, vol. 56(9 Pt 1), p. 727-36.

Hansenne M., Ansseau M. (1999). Harm avoidance and serotonin. Dans *Biological Psychology*, vol. 51(1), p. 77-81.

Hansenne M., Reggers J., Pinto E., Kjiri K., Ajamier A., Ansseau M. (1999). Temperament and character inventory (TCI) and depression. Dans *Journal of psychiatry research*, vol. 33(1), p.31-36.

Hopko D.R., Ashcraft M.H., Gute J., Ruggiero K.J., Lewis C. (1998). Mathematics anxiety and working memory: support for the existence of a deficient inhibition mechanism. Dans *Journal of Anxiety Disorder*, vol. 12(4), p. 343-355.

Howden, J. et Kopiec, M. (2000). *Ajouter aux compétences : enseigner coopérer et apprendre au postsecondaire*. Montréal: Chenelière/McGraw-Hill.

Huffman, K., M. Vernoy et J. Vernoy (1995). *Psychologie en direct*, Montréal, Modulo.

Huffman, K., Vernoy, M. et Vernoy, J. (2000). *Psychologie en direct 2ième édition*, Montréal : Modulo.

Hughes C., White A., Sharpen J., Dunn J. (2000). Antisocial, angry, and unsympathetic: "hard-to-manage" preschoolers' peer problems and possible cognitive influences. Dans *Journal of child psychology and psychiatry, and allied disciplines*, vol. 41(2):169-79.

Jaffard, R. (2000). Les labyrinthes de la mémoire animale. Dans *Sciences & Vie*, no 212, p.44-51.

Jannelle C.M. (2002). Anxiety, arousal and visual attencion: a mechanistic account of performance variability. Dans : *Journal of sports sciences*, vol. 20(3), p. 237-51.

Janowiak J.J., Hackman R. (1994). Meditation and college students' self-actualiation and rated stress. Dans *Psychol Rep*, vol. 75(2), p.1007-1010.

Jevning, R., Wilson, A.F. et Smith W.R. (1978). The transcendental meditation techinque, adrenocortical activity and implications for stress, dans *Experientia*, no 34, p. 618-619.

John P.K., Blackhart G.C., Woodward, K.M. Williams S.R. and Schwartz G.E.R. (2000) Anterior electroencephalographic asymmetry changes in elderly women in response to a pleasant and an unpleasant odor, *dans Biologycal Psychology*, vol. 52(3), p. 241-250.

Jones, N. A., Field T. (1999). Massage and music therapies attenuate frontal EEG asymmetry in depressed adolescents.

Dans *Adolescence* vol. 34(135), p. 529-534.

Kalant H. (2001). The pharmacology and toxicology of "ecstasy" (MDMA) and related drugs. Dans *Canadian Medical Association journal,* vol. 165(7), p. 917-928.

Kellogg J.S., Hopko D.R., Ashcraft M.H. (1999). The effects of time pressure on arithmetic performance. Dans *Journal of Anxiety Disorders,* vol. 13(6) p. 591-600.

Kirsh S.J., Olczak P.V. (2002). Violent comic books and judgments of relational aggression. *Violence Vict,* vol.17(3), p. 373-80.

Kolb, B., & Whishaw, I. Q. (1996). *Fundamentals of human neuropsychology* (4th edition). San Francisco: W. H. Freeman.

Krause N. (2003). Religious meaning and subjective well-being in late life. Dans *The journals of gerontology. Series B, Psychological sciences and social sciences.* vol .58(3), p.160-170.

Labarbera, J.D., Izard,C.E., Vietze, P., & Parisi, S.A. (1976). Four-and six-month-old infants' visual responses to joy, anger, and neutral expressions. Dans *Child Development, 47,* p. 535-538.

Laird, J. D. (1974). Self-attribution of emotions : the effects of expressive behavior on the quality of emotitional experience, dans *Journal of personality and social psychology,* no 29, p.475-486.

Lane R.D. Sechrest L., Reidel R., Weldon V, Kaszniak A, Schwartz G.E. (1996). Impaired verbal and nonverbal emotion recognition in alexithymia. Dans *Psychosomatic Medicine,* vol. 58(6), p.581.

Larson, C.L., Sutton, S.K., & Davidson, R.J. (1998). Affective style, frontal EEG asymmetry and time course of the emotion-modulated startle, dans *Psychophysiology,* vol. 35, S52.

Lazarus, R. S. (1991). *Emotion and adaptation,* New York, Oxford University Press.

LeDoux, J. (2001). Peur et mémoire inconsciente. Dans *Pour la science,* dossier no.31, p. 104-109.

Ledoux, J.E., (1994) : Emotion, memory and the brain. *Scientific American.*; 270(6):50-7.

Lenti C., Lenti-Boero D, Giacobbe A. (1999). Decoding of emotional expressions in children and adolescents. Dans *Perceptual and motor skills,* vol.89(3 Pt 1), p. 808-814.

Leon M.R., Revelle W. (1985). Effects of anxiety on analogical reasoning: a test of three theoretical models. Dans : *Journal of personality and social psychology,* vol.49(5), p.1302-1315.

Lieberman, J.A., Stuard, M.R. (1999). The BATHE Method: incorporating counseling and psychotherapy into the everyday management of patients. Dans *Journal of Clinical Psychiatry,* Vol.1 (2), p.35-39.

Malatesta C.Z., Izard C. E., Culver C., Nicolich M. (1987). Emotion communicantion skills in young, middle-aged, and older women. Dans *Psychological Aging,* vol. 2(2):193-203.

Milathi A, Damodaran A. (1999). Stress due to exams in medical students—role of yoga. Dans *Indian Journal of Physiology and Pharmacology,* vol. 43(2), p.218-224.

Mayer, J. D. & Salovey, P. (1997). What is emotional intelligence? In P. Salovey & D. Sluyter (Eds). *Emotional Development and Emotional Intelligence: Implications for Educators.* (p.3-31). New York: Basic Books.

McCraty, R. (2002). *The scientific role of the heart in learning and performance.* Institute of HeartMath.

McCraty, R., Tomasino, D., Atkinson, M. Aasen, P., Thurik, S. J. (2000). *Improving Test-Taking Skills and Academic Performance in High School Students Using HeartMath Learning Enbancement Tools.* HeartMath Research Center, Institute of HeartMath. Publication No. 00-010. Boulder Creek, CA.

McCook, A. (2003). *When you hurt, my brain says I hurt, too: study.* Dans http://healthinfo.carolinas.org/HealthNews/reuters/NewsStory03252003l.htm

Mook, D.G. (1987). *Motivation, the organization of action,* New York, W. W. Norton and Co.

Morgan, W.P., et Horstmann D.H. (1976). Anxiety reduction following acute physical activity, dans *Medicine and Science in Sports,* vol. 8, p. 62.

Newberg A, Alavi A, Baime M, Pourdehnad M, Santanna J, d'Aquili E. (2001). The measurement of regional cerebral blood flow during the complex cognitive task of meditation: a preliminary SPECT study. Dans *Psychiatry Research,* vol. 106(2), p.113-22.

Nowicki S., Duke M. (1989). A measure of nonverbal social processing ability in children between 6 and 10. Paper presented at the *American Psychological Society Meeting.*

OCDE (2002). *Comprendre Ie cerveau : vers une nouvelle science de l'apprentissage.* Paris : Les editions de l'OCDE.

Öhman, A. (2001). Mémoire et phobie. Dans *Pour Ia Science,* dossier no 31, p. 110-115.

Pelletier, L. G. Ct et Vallerand, R. J. (1993). Une perspective humaniste de la motivation : les théories de la compétence et de l'autodéterminantion. Dans R. J. Vallerand et E. E. Thil *Introduction à la psychologie de la motivation,* Montréal, Études Vivantes, p.233-281.

Phelps, E. (2000). Quand l'émotion renforce la mémoire, dans *Sciences & Vie,* no 212, p.94-98.

Phillips L.H., MacLean R.D., Allen R. (2002). Age and the understanding of emotions: neuropsychological and sociocognitive perspectives. Dans *The journals gerontology. Series B, Psychological sciences and social sciences* vol.57(6), p.526-530.

Reynonds W.J., Scott B. (1999). Empathy: a crucial component of the helping relationship. Dans *Journal of psychiatric and mental health nursing,* vol. 6(5), p. 363-370.

Rogers, C. (1968). *Le dévelopement de Ia personne.* Paris : Dunod.

Rosenberg, M. B. (1999). *Les mots sont des fenêtres (ou des murs). Introduction à la communication non-violente.* Genève : Jouvence éditions.

Rudrauf, D. (2003). Éprouver pour apprendre, dans *Science & Vie*, no. 222, p 82-91.

Salovey P. & D. Sluyter. (1997). *Emotional Development and Emotional Intelligence: Implications for Educators*, New York: Basic Books.

Salovey, P. & Mayer, J.D. (1990). Emotional intelligence. *Imagination, Cognition, and Personality, 9*, 185-211.

Savitsky J. C. Czyzewski D. (1978). The reaction of adolescent offenders and nonoffenders to nonverbal emotion displays. Dans *Journal of abnormal child psychology*, vol. 6(1), p.89-96.

Searching For Meaning In Life May Boost Immune System. Dans http://www.sciencedaily.com/releases/2003/04/030429083520.htm

Seipp. B. (1991). Anxiety and academic performance : a meta analysis. Dans *Anxiety research*, vol. 4(1).

Servan-Schreiber, D. (2003). *Guérir Ie stress, I'anxietè et la dépression sans médicaments ni psychanalyse*, Paris, Robert Laffont.

Shah A.H., Joshi S.V., Mehrotra P.P., Potdar N, Dhar H.L. (2001). Effect of Saral meditation on intelligence, performance and cardiopulmonary functions. Dans *Indian Journal of Medical Science*, vol. .55(11), p. 604-608.

Shapiro K. L, Lim A. (1989). The impact of anxiety on visual attention to central and peripheral events. Dans *Behaviour research and therapy*. Vol. 27(4), p.345-51.

Shapiro S.L., Schwartz G.E., Booner G. (1998). Effects of mindfulnessbased stress reduction on medical and premedical students. Dans *Journal of behavioral medicine*, vol. 21(6), p. 581-599.

Shapiro S.L., Shapiro D.E., Schwartz G.E. (2000). Stress management in medical education : a review of the literature. Dans *Academic medicine : journal of the Association of American Medical Colleges*, vol. 75(7), p. 748-759.

Sobotka S.S., Davidson R.J., Senulis J.A. (1992): Anterior brain electrical asymmetries in response to reward and punishment. *Electroencephaliography and clinical neurophysiology.*; 83(4):236-47.

Solomon, R.L. (1980). The opponent-process theory of acquired motivation : the costs of pleasure and the benefits of pain. Dans *American Psychologist*, 35,691-712.

Souccar, T. (2001). La biologie de la personalité. Dans *Sciences et avenir, no* 652, p. 57-64.

Spearman, C. (1927), *The abilities of man*, London: Macmillan.

Squire, L. et Kandel. E. (2001). La mémoire des habiletés. *Pour Ia science, dossier no 31, p.86-93.*

Squire, L. et Kandel. E., *op. cit.* p. 90.

Steptoe A., Butler N. (1996). Sports participation and emotional wellbeing in adolescents, dans *Lancet*, vol.347(9018), p. 1789-1792.

Sternberg, R. (1988), *The triarchic mind: A new theory of human inteligence.* New York: Viking.

Stewart S.M., Lam T.H., Betson C.L., Wong C.M., Wong A.M. (1999). A prospective analysis of stress and academic performance in the first two years of medical school. *Medical education*, vol.33(4), p. 243-50.

Strack, F., Martin L.L. et Stepper S. (1988). "Inhibiting and facilitating conditions of the human smile : A nonobstructive rest of facial feedback hypothesis", dans *Journal of Personality and Social Psychology*, no 54, p. 758-777.

Strickland, D. (2000). Emotional intelligence : the most potent factor in the success equation. Dans *Journal of Nursing Administration*, vol. 30(3), p.112-117.

Tardif, J. *Pour un enseignement stratégique, l'apport de la psychologie cognitive*, Montréal : Les éditions Logiques, 1997.

Terry W.S., Burns J.S. (2001). Anxiety and repression in attenttion and retention. Dans *T'he Journal of general psychology*, vol. 128(4), p.422-32.

Tomarken A.J., Davidson R. J., Wheeler R.E., Doss R.C. (1992). Individual differences in anterior brain asymmetry and fundamental dimensions of emotion. Dans *Journal of personality and social psychoology*, vol. 62(4), p. 676-87.

Tomarken A.J., Davidson R.J., Henriques J.B. (1990). Resting frontal brain asymmetry predicts affective responses to films, Dans *Journal of personality and social psychology*, vol .59(4), p. 791-80.

Uma K, Nagendra H.R., Nagarathna R., Vaidehi S., Seethalakshmi R. (1989). The integrated approach of yoga: a therapeutic tool for mentally retarded children: a one-year controlled study. Dans *Journal of Mental Deficit Research*, vol. 33(Pt 5), p. 415-21.

Vallerand, R. J. (1993). La motivation intrinsèque et extrinséque en contexte nuturel : implications pour les secteurs de l'éducation, du travail, des relations interpersonnelles et des loisirs. Dans R. J. Vallerand et E. E. Thil, *Introduction à la psychologie de la miotivation*, Montréal, Études Vivantes, p. 533-581.

Watson, J. B., et R. Rayner. (1920) Conditioned emotional reactions, dans *Journal of experimental Psychology*, no. 3, p. 1-14.

Wingerson D., Sullivan M., Dager S., Flick S., Dunner D., Roy-Byrne P. (1993). Personality traits and early discontinuation from clinical trials, in anxious patients. Dans *Journal of clinical psychopharmacology*, vol. 13(3), p.194-l97.

Índice

D

E

F

G

H

I

J

L

M

N

O

P

Q

R

S

T

U

V

W

Esta obra foi composta por
2 Estúdio Gráfico
nas fontes Iowan e Rotis